MINERVA
はじめて学ぶ教科教育
7

吉田武男
監修

初等音楽科教育

笹野恵理子
編著

ミネルヴァ書房

監修者のことば

　本書を手に取られた多くのみなさんは，おそらく学校の教師，とくに小学校の教師になること
を考えて，教職課程を履修している方ではないでしょうか。それ以外にも，中等教育の教師の免
許状とともに，小学校教師の免許状も取っておこうとする方，あるいは教育学の一つの教養とし
て本書を読もうとしている方も，わずかながらおられるかもしれません。

　どのようなきっかけであれ，本シリーズ「MINERVA はじめて学ぶ教科教育」は，小学校段階を
中心にした各教科教育について，はじめて学問として学ぶ方に向けて，教科教育の初歩的で基礎
的・基本的な内容を学んでもらおうとして編まれた，教職課程の教科教育向けのテキスト選集です。

　教職課程において，「教職に関する科目と教科に関する専門科目があればよいのであって，教
科教育は必要ない」という声も，教育学者や教育関係者から時々聞かれることがあります。しか
し，その見解は間違いです。教科の基礎としての学問だけを研究した者が，あるいは教育の目的
論や内容論や方法論だけを学んだ者が，小学校の教科を 1 年間にわたって授業を通して学力の向
上と人格の形成を図れるのか，と少し考えれば，それが容易でないことはおのずとわかるでしょ
う。学校において学問と教科と子どもとをつなぐ学問領域は必要不可欠なのです。

　本シリーズの全巻によって，小学校教師に必要なすべての教科教育に関する知識内容を包含し
ています。その意味では，少し大げさにいうなら，本シリーズは，「教職の視点から教科教育学
全体を体系的にわかりやすく整理した選集」となり，このシリーズの各巻は，「教職の視点から
各教科教育学の専門分野を体系的にわかりやすく整理したテキスト」となっています。もちろ
ん，各巻は，各教科教育学の専門分野の特徴と編者・執筆者の意図によって，それぞれ個性的で
特徴的なものになっています。しかし，各巻に共通する本シリーズの特徴は，多面的・多角的な
視点から教職に必要な知識や知見を，従来のテキストより大きい版で見やすく，「用語解説」「法
令」「人物」「出典」などの豊富な側注によってわかりやすさを重視しながら解説されていること
です。また教科教育学を「はじめて学ぶ」人が，「見方・考え方」の資質・能力を養うために，
各章の最後に「Exercise」と「次への一冊」を設けています。なお，別巻は，教科教育学全体と
その関連領域から現代の学力論の検討を通して，現在の学校教育の特徴と今後の改革の方向性を
探ります。

　この難しい時代に子どもとかかわる仕事を志すみなさんにとって，本シリーズのテキストが各
教科教育の大きな一つの道標になることを，先輩の教育関係者のわれわれは心から願っています。

2018年

吉　田　武　男

はじめに

「何故，学校に音楽という教科があるの？」「何のために学校で音楽を勉強するの？」「音楽って教科として必要？」……

こうした子どもたちの素朴な疑問は，音楽科教育の意味を，教師に，大人たちに，社会に，鋭く問うている。音楽科教育に関わる一人ひとりが，この問いに対する答えを求められている。

「音楽科教育とは何か」「何のために学ぶのか」，これらの問いに答えることは簡単ではないが，自らが問いを立て，自分なりの答えを考え，自分の言葉で語れることは素晴らしいことでもある。

本書『初等音楽科教育』は，大学における初等音楽科教員養成用テキストとして，初等音楽科教育をはじめて学ぼうとする人たちのために，基礎的・基本的な内容を網羅しつつ，「音楽科教育とは何か」について，自ら「問い」を立て，「考え」，自分の言葉で「語る」ことができるよう意図して編集した。

将来教師を志す人たち，音楽科教育を学ぼうとしている人たちに必要なことは，音楽の学問的知識の獲得や技能の習得，教育の諸理論の理解であることは言うまでもない。しかし，それと同時に，まずもって必要で大切なことは，音楽科教育について，自分なりの課題意識をもって「考え」，自分自身の音楽科教育観を確立していくことであろう。音楽の学問的な知識や技能，そして教育の諸理論は，自身の音楽科教育に対する深い問題意識や音楽科教育観に支えられて，はじめて意味をもつものとなる。

そして，そうしたものの根底にあるものは，「音楽」と「子ども」と「教育」をつなぐ視点である。この3者をどうつなぐのかという点に，教科教育学としての音楽教育学の独自性と特殊性がある。音楽科教育について大学で学ぶ意味はここにあると言ってよい。

本書は，以上のようなことを意識して，第Ⅰ部「初等音楽科教育の理念と理論」，第Ⅱ部「初等音楽科教育の実践」，第Ⅲ部「初等音楽科教育の課題と展望」，第Ⅳ部「初等音楽科教育の教材研究」，第Ⅴ部「初等音楽科教育の資料研究」の5部から構成されている。

第Ⅰ部は，「理論研究編」として，初等音楽科教育の理念と理論について概説している。ここでは「音楽科教育とは何か」について，理論的な側面から考えていただきたい。現在にいたる歴史的変遷も踏まえ，音楽は，何故，何のために，学校で学ぶ必要があるのか，小学校ではどう学ばれる必要があるのか，初等音楽科教育の全体像を把握しつつ，自分なりの問題意識をもっていただきたいと思う。

第Ⅱ部は，「実践研究編」として，初等音楽科教育の実践的な諸課題について取り上げた。第Ⅰ部であたためた自分なりの問題意識を，授業実践の場面に引き付けて，実際の授業を通して深めていただきたい。どのような理論や理念も，教育実践のなかに実現される。具体的な実践研究を通して，理論的な問題意識を深めていくことは，教科教育学を学ぶわれわれにとって大切なことである。理論に裏打ちされない独りよがりの実践ではいけないし，同時に実践から遊離した理論や紋切り型の教条的理論も意味がない。第Ⅱ部で見出した実践的な問いを，第Ⅰ部の理論と往還させることで，より深めていただきたい。

第Ⅲ部「課題と展望編」では，現代の初等音楽科教育の諸課題を幅広く取り上げた。多角的な視野か

ら，初等音楽科教育の全体的なマップのなかに自分の課題を位置づけ，自分なりに今後の音楽科教育について展望していただきたいと思う。

第Ⅳ部「教材研究編」は，より具体的，実践的な活用を目指して，実際的な教材研究を展開した。自分の問題意識を具体的な教材のレベルに落とし込んで，より掘り下げて考えていただきたい。ここでは，「音楽」と「子ども」と「教育」をつなぐ視点から，音楽科の教材研究を深めてほしい。例えば弾き歌いや伴奏の技能学習においても，子どもの音楽活動を豊かにする視点から学んでいただきたい。

第Ⅴ部「資料研究編」では，学習指導案や年表，「特色ある音楽教育」の紹介など，初等音楽科教育を理論的，実践的に考えるうえで実際的で有益な資料を提示した。

その他，「コラム」として，初等音楽科教育をめぐるトピックスを適所に配している。日本音楽や諸民族の音楽，古楽，アウトリーチ活動や日本人学校，生涯音楽学習，震災など，いずれも初等音楽科教育の重要な側面を描いたものばかりである。

2017（平成29）年３月に公示された新学習指導要領では，初等音楽科の目標として，表現及び鑑賞の活動を通して，「音楽的な見方・考え方」を働かせ，「生活や社会の中の音や音楽と豊かに関わる資質・能力」を育成することが示されている。そのためには，自分の感覚や生活文化と切り結んだなかで音楽科教育を考えていくことが不可欠となる。各章の最後に設けている「Exercise」と「次への一冊」は，初等音楽科教育を学ぶ学習者自身の「音楽的な見方・考え方」を確立するのに有益なものとなるであろう。

以上の構想で本書にご執筆いただいた方々は，いずれも音楽科教育研究のエキスパートとしてそれぞれの分野でご活躍されている方々ばかりである。編者の無力を補ってあまりあるこれ以上にない布陣で，専門的知見にすぐれた最新の成果を結集して，本書を構成することができた。このような方々とともに，本書を世におくりだす過程にかかわれたことはこのうえない幸運であったと思う。

本書の編集の過程では，実に多くの方にご尽力を賜った。とくに，津田正之氏（国立教育政策研究所），菅道子氏（和歌山大学），寺田貴雄氏（北海道教育大学）には，編集に際して多くのご助言やご示唆を賜った。ここにあえてお名前を記し，感謝を申し上げたい。また教材研究の楽譜の編集，索引等については，樫下達也氏（京都教育大学），鈴木慎一朗氏（鳥取大学），山口博明氏（京都教育大学）に，多大なご貢献を賜った。心より感謝を申し上げたい。

最後に，本書を刊行する機会を与えて下さった吉田武男先生（筑波大学人間系），刊行にあたって，幾度もの煩雑な調整や打ち合わせを重ね，ご尽力いただいたミネルヴァ書房，河野菜穂氏に，心よりお礼申し上げたい。音楽というやや特殊な分野にもかかわらず，こうしてシリーズのなかの１巻として刊行にいたったのは，ひとえに吉田先生と河野氏のご尽力の賜物である。

初等音楽科教育に真摯に向き合い，学ぼうとする方々に，本書が少しでも役立ち意味あるものになってくれれば，そして音楽科教育について考える一つの糸口になってくれれば幸いである。

2018年３月

初等音楽科教育への期待を込めて

編著者　笹野恵理子

目　次

監修者のことば
はじめに

第 I 部　初等音楽科教育の理念と理論

第1章　初等音楽科教育の意義 … 3
 1　初等音楽科教育を行う法的な論拠 … 3
 2　音楽，音楽活動，音楽教育 … 4
 3　学習指導要領における音楽を学ぶ意義 … 5

第2章　初等音楽科教育のねらい … 9
 1　時代的，社会的な背景 … 9
 2　音楽科の目標 … 10
 3　学年の目標 … 12
 4　目標を立体的に捉えるために … 13

第3章　初等音楽教育の歴史 … 14
 1　近代学校教育制度における音楽教育の黎明 … 14
 2　教育勅語に基づく教育体制と唱歌教育の普及 … 15
 3　芸術教育思潮を背景にした童謡運動と「唱歌」から音楽教育への発展 … 16
 4　国民学校期の「芸能科音楽」 … 18
 5　戦後教育改革と「音楽科」の出発 … 18
 6　戦後の「音楽科」の発展 … 19

第4章　初等音楽科教育の学習指導の内容 … 22
 1　小学校音楽科の学習指導の構成とその内容 … 22
 2　学習活動を結び付ける「音楽を形づくっている要素」 … 27

第5章　初等音楽科教育の学習指導の計画 … 30
 1　音楽科の教育内容と教材 … 30
 2　音楽科の指導計画 … 31
 3　音楽科の学習指導案 … 33

第6章　初等音楽科教育の評価 ………………………………………… 38

1　教育評価の考え方 ……………………………………………………… 38

2　評価の方法 ……………………………………………………………… 40

3　質の高い学習をもたらす評価に向けて ……………………………… 44

第Ⅱ部　初等音楽科教育の実践

第7章　初等音楽科教育の授業づくり …………………………………… 49

1　子どもの音楽的発達 …………………………………………………… 49

2　小学校の授業づくり …………………………………………………… 52

第8章　初等音楽科教育の実践①──A表現(1)歌唱 …………………… 57

1　声は自己表現の道具 …………………………………………………… 57

2　発声法の基礎 …………………………………………………………… 58

3　発声法の展開──声区の使い分けから融合へ ……………………… 60

4　歌唱表現へのステップ ………………………………………………… 62

第9章　初等音楽科教育の実践②──A表現(2)器楽 …………………… 65

1　器楽活動の意義と役割 ………………………………………………… 65

2　楽器の奏法と指導 ……………………………………………………… 66

3　器楽活動の特性を生かした学習 ……………………………………… 71

第10章　初等音楽科教育の実践③──A表現(3)音楽づくり ………… 73

1　音楽づくりの位置づけと内容 ………………………………………… 73

2　「(ｱ)」の「音遊びや即興的に表現する」活動と「(ｲ)」の「音を音楽へと構成する」
活動のつながり ………………………………………………………… 73

3　活動を発展させるために ……………………………………………… 75

4　適切な条件の設定 ……………………………………………………… 76

5　指導上のポイント ……………………………………………………… 77

6　主体的な音楽表現に向けて …………………………………………… 78

第11章　初等音楽科教育の実践④──B鑑賞 …………………………… 81

1　鑑賞指導の現状と課題 ………………………………………………… 81

2　音楽鑑賞とは何か ……………………………………………………… 82

3　鑑賞指導における教育内容 …………………………………………… 84

4　音楽鑑賞指導のポイント ……………………………………………… 85

5　音楽鑑賞指導の拡がり …………………………………………………………… 87

第12章　初等音楽科教育の実践⑤──〔共通事項〕について …… 89
　1　〔共通事項〕とは ………………………………………………………………… 89
　2　〔共通事項〕を意識すると授業が変わる ……………………………………… 91

第13章　初等音楽科教育の実践⑥──各活動の関連 …………… 94
　1　各活動の関連を図った学習指導の意義 ………………………………………… 94
　2　表現領域における各活動の関連 ………………………………………………… 95
　3　表現と鑑賞の関連 ………………………………………………………………… 97
　4　全活動相互の関連 ………………………………………………………………… 98

第Ⅲ部　初等音楽科教育の課題と展望

　1　多様な音楽文化の諸相と音楽教育 …………………………………………… 103
　　日本の音楽 ………………………………………………………………………… 103
　　諸外国（諸民族）の音楽 ………………………………………………………… 104
　　サウンド・エデュケーション ………………………………………………… 106
　　ポピュラー音楽 ………………………………………………………………… 107
　　多文化音楽教育──外国につながりのある子どもと音楽教育 …………… 108
　　コラム①　民謡をうたう ……………………………………………………… 109
　　コラム②　能はおもしろい …………………………………………………… 109
　　コラム③　私とサムルノリ …………………………………………………… 109
　　コラム④　古楽が捉える音楽における大切なもの ………………………… 110
　2　多様な学校音楽教育の諸相 …………………………………………………… 111
　　音楽教育と他教科との連携 …………………………………………………… 111
　　特別活動における音楽教育 …………………………………………………… 112
　　特別支援教育における音楽科教育 …………………………………………… 113
　　グローバル社会における音楽教育 …………………………………………… 114
　　幼保小接続 ……………………………………………………………………… 115
　　小中接続 ………………………………………………………………………… 116
　　ゲスト・ティーチャーとの連携 ……………………………………………… 117
　　コラム⑤　アウトリーチ活動と音楽教育 …………………………………… 118
　　コラム⑥　生涯音楽学習とミュージッキング ……………………………… 118
　　コラム⑦　日本人学校における音楽教育 …………………………………… 118
　　コラム⑧　震災と音楽教育 …………………………………………………… 119

目　次

3　音楽科教育の ICT 化 ……………………………………………………………… 120

4　音楽科教育に求められる教師の力量 …………………………………………… 122

第Ⅳ部　初等音楽科教育の教材研究

1　指揮と伴奏 …………………………………………………………………………… 127

　指揮法 ………………………………………………………………………………… 127

　伴奏法 ………………………………………………………………………………… 129

2　楽　典 ………………………………………………………………………………… 131

3　教材研究 ……………………………………………………………………………… 136

　歌唱共通教材の研究 ……………………………………………………………… 136

　歌唱教材の研究 …………………………………………………………………… 192

　器楽教材の研究 …………………………………………………………………… 194

　音楽づくり教材の研究 …………………………………………………………… 197

　鑑賞教材の研究 …………………………………………………………………… 200

第Ⅴ部　初等音楽科教育の資料研究

1　学習指導案 …………………………………………………………………………… 211

2　特色ある音楽教育 …………………………………………………………………… 222

　ダルクローズのリトミック ……………………………………………………… 222

　オルフの音楽教育 ………………………………………………………………… 222

　コダーイの音楽教育 ……………………………………………………………… 223

　創造的音楽学習（Creative Music Making ＝ CMM）………………………… 223

3　音楽史・音楽教育史年表 ………………………………………………………… 224

4　小学校学習指導要領　音楽 ……………………………………………………… 226

事項・人名索引

楽曲索引

第 I 部

初等音楽科教育の理念と理論

第1章
初等音楽科教育の意義

〈この章のポイント〉

なぜ，児童が教科としての音楽を学ぶことが必要なのか。教師はこの本質的な問いに対して，自分なりに考え，自分の言葉で語れるようにすることが大切である。本章では，初等音楽科教育を行う法的な論拠，学習の対象となる音楽および音楽活動の特質，音楽教育の特質，小学校の新学習指導要領に示された音楽科で育成を目指す資質・能力から，初等音楽科教育の意義について学ぶ。

義務教育において音楽は，戦後，一貫して教科目として位置づけられており，学校教育において音楽科が教育課程に示されていることは，自明のこととなっている。

だが，保護者から「なぜ児童が教科として音楽を学ぶ必要があるのか」と問われたとき，児童から「どうして音楽の授業があるの」と聞かれたとき，教師は何と答えるだろうか。

1 初等音楽科教育を行う法的な論拠

初等音楽科教育の意義について，まず，法律として示されているものから考えてみよう。

「学校教育から音楽がなくなるのではないか。なくならないにしても，大幅に削減されるのではないか」。学習指導要領の改訂期によく聞かれる声である。教師や学生に，「学校教育から音楽がなくなる可能性はあると思いますか」と聞くと，多くの教師や学生が「ある」と答える。実際はどうだろうか。結論からいうと，現状では考えにくい。なぜかといえば，学校教育法第21条において，次の目標が示されているからである。

> 義務教育として行われる普通教育は，教育基本法（略）に規定する目的を実現するため，次に掲げる目標を達成するよう行われるものとする。（略）
> 九 生活を明るく豊かにする音楽，美術，文芸その他の芸術について基礎的な理解と技能を養うこと。

義務教育は，学校教育法に示された目標を達成するように行われる。この目標は，芸術の一つである「音楽」が，「生活を明るく豊かにする」ものであ

▷1 初等音楽科教育
ここでいう「初等音楽科教育」とは，小学校の教育課程を編成する教科としての「音楽」の教育をさす。特別活動や総合的な学習の時間などで行う音楽活動は含まない。

▷2 学校教育法
教育基本法に基づく，学校教育に関する，基本的かつ総合的な法律。第21条，一～十には，義務教育として行われる教育の目標が示されている。九は，芸術教育に関する目標である。

り，義務教育では，音楽についての基礎的な理解と技能を養うことが必要であることを示している。初等音楽科教育の意義を考えるにあたって，この法文が，小学校および中学校の教育課程に音楽科を位置づける論拠となっていることを理解する必要がある。

2　音楽，音楽活動，音楽教育

次に，初等音楽科教育において学習の対象となる音楽，および音楽活動の特質，さらに音楽教育の特質について考えてみよう。

［1］　音楽の特質

世界には，多様な人間の集団が存在するが，人間の集団であれば必ずもっているものが言語と音楽である。音楽は，言語と同じく人間に固有の文化であり，多様な集団において伝承され継承されてきた文化である。

音楽は，音を時間の流れのなかで組織づけることによって成り立つ。音楽が時間的な芸術といわれる所以であり，このことは音楽を他の芸術と区別するものである。そして，音をどのように組織づけるのかは，集団によって多様である。多様な音楽が，各地域において継承，発展，創造されている。そのため，「音楽とは，人間が組織付けた音響である[3]」という幅広い考え方に立つことが重要である。

一方，音楽は，音響としてのみ存在するのではない。その音楽が生み出され演奏されてきた社会的・文化的な脈絡と結びついて意味あるものとして存在している。

また，音楽は，個人で演奏されたり鑑賞されたりすることはあっても，集団を形成する人々の間で共有されてきたものである。音楽は，さまざまな集団がつくり上げてきた文化の所産なのである。

［2］　音楽活動の特質

人間が音楽活動するうえで重要なのは仲間の存在である。音楽活動では，仲間と一緒に演奏したり音楽をつくったり聴いたりすることが大切にされる。個人で音楽を演奏したりつくったりする行為も，その音楽を聴いてくれる仲間がいて意味をもつと言えよう。

音楽を表現するためには，歌う，楽器を演奏する，音楽をつくるといった技能を身につけることが必要であり，技能の習得は，地道な練習の積み重ねが必要となる。また，表現や鑑賞を深めていく過程において，音楽作品の理解を深めながら，このように表したい，この曲のよさを伝えたいという考えが生まれ

▷3　人間が組織付けた音響である
徳丸吉彦は，旋律・和声・リズムが音楽の三要素である，といった昔の狭い考え方では，人間の多様な音楽を理解できないとし，このような広い考え方に立つことを主張している（徳丸，2012，15ページ）。

る。集団で表現や鑑賞を高めていくときには，互いに考えを交流しながら，思いや意図を共有していくことが必要となる。

さらに，音や音楽と主体的に関わっていくとき，その音楽を生み出し大切に継承してきた人々の生活や社会，伝統や文化などに目を向けることになる。

意味ある音楽活動を展開することは，例えば，ねばり強く物事に取り組む態度，協調性，コミュニケーション力，主体性，全体を見通す力，創造性，多様性や文化の理解，感性や情操など，人が人としてよりよく生きていくための資質・能力を育成することにもつながるものである。

[3] 音楽教育の特質

人間の集団が何らかの音楽を共有し，それが次世代に伝承されているとき，そこには，音楽を教え学ぶという広義の音楽教育が存在している。音楽教育とは，何らかの意図をもち，表現や鑑賞の学習活動を通して，音楽的な成長と人間的な成長を実現していく営みである。

現在，音楽を教えることは，学校，社会，家庭などさまざまな場で行われているが，このうち，最も組織的に，そして制度として行われているのが，義務教育における音楽科教育ということができる。

ところで，どのような音楽教育の場においても，何らかの形で次の二つの要素が含まれるものである。一つは，音楽の資質・能力の育成を目指す教育である「音楽の教育」，もう一つは，音楽によって何らかの汎用的な資質・能力の育成を目指す「音楽による教育」である。

学校教育の場でいえば，初等音楽科教育は「音楽の教育」である。一方，特別活動などで行う教育は「音楽による教育」である。初等音楽科教育においては，「音楽による教育」の要素も大切であるが，そのことを直接的な目的にすべきではない。個の学びを深める過程，ともに学び高め合う過程などを大切にした「音楽の教育」を充実することによって，結果的に，個性，他者と協働する力，コミュニケーション力，創造性などの「音楽による教育」が実現する，という理解をもつことが大切である。

3　学習指導要領における音楽を学ぶ意義

[1]　生活や社会における音や音楽と豊かに関わる資質・能力の育成

新学習指導要領では，「この教科を学ぶことで何が身に付くのか」という，教科等を学ぶ意義を明確にしたことが特徴である。そのことを端的に表しているのが，各教科等の目標である。

▷4　音楽の教育
音楽の教育では，例えば，表現や鑑賞に必要となる音楽の知識や技能，音楽表現や，曲のよさなどを見出す力，音楽活動を楽しむ態度などの育成を目指す。

▷5　音楽による教育
音楽による教育では，例えば，音楽によって，個性，他者と協働する力，コミュニケーション力，多様性を尊重する態度，主体性，創造性などの育成を目指す。

第Ⅰ部　初等音楽科教育の理念と理論

▷6　教科の目標〔柱書〕
「表現及び鑑賞の活動を通して，<u>音楽的な見方・考え方を働かせ，生活や社会の中の音や音楽と豊かに関わる資質・能力</u>を次のとおり育成することを目指す。」
（下線，筆者）

▷7　教科の目標(1)〜(3)
(1)「知識及び技能」
曲想と音楽の構造などとの関わりについて理解するとともに，表したい音楽表現をするために必要な技能を身に付けるようにする。
(2)「思考力，判断力，表現力等」
音楽表現を工夫することや，音楽を味わって聴くことができるようにする。
(3)「学びに向かう力，人間性等」
音楽活動の楽しさを体験することを通して，音楽を愛好する心情と音楽に対する感性を育むとともに，音楽に親しむ態度を養い，豊かな情操を培う。（「　」は筆者）

▷8　音楽的な見方・考え方
「小学校学習指導要領解説音楽編」において，次のように説明されている。
音楽に対する感性を働かせ，音や音楽を，音楽を形づくっている要素とその働きの視点で捉え，自己のイメージや感情，生活や文化などと関連付けること。

　音楽科の教科の目標の柱書には，音楽科が「生活や社会の中の音や音楽と豊かに関わる資質・能力」を育成する教科であることが明記されている。したがって，「なぜ小学校の授業で音楽を学ぶのか」の答えは，「生活や社会の中の音や音楽と豊かに関わる資質・能力を育成するため」ということになる。

　児童の生活や，生活を営む社会の中には，さまざまな音や音楽が存在し，人々の生活に影響を与えている。生活や社会の中の音や音楽と豊かに関わる資質・能力を育成することによって，児童が音楽と自ら関わりを築き，生活を明るく豊かなものにしていくことは，音楽科の大切な役割の一つである。

　生活や社会における音や音楽との関わり方には，歌う，楽器を演奏する，音楽をつくる，音楽を聴くなどさまざまな形がある。そのいずれもが，児童が音や音楽に目を向け，その働きについて気付くことを促すとともに，音楽文化を継承，発展，創造していこうとする態度の育成の素地となるものである。

　音楽科では，この目標を実現することによって，生活や社会の中の音や音楽と豊かに関わることのできる人を育てること，そのことによって心豊かな生活を営むことのできる人を育てること，ひいては，心豊かな生活を営むことのできる社会の実現に寄与することを目指しているのである。

　このことは，先に述べた学校教育法第21条の目標九に示されている「生活を明るく豊かにする音楽，（略）について基礎的な理解と技能を養うこと」とも関連するものである。

　生活や社会の中の音や音楽と豊かにかかわる資質・能力は，教科の目標の(1)から(3)に示されているものである。(1)は「知識及び技能」の習得，(2)は「思考力，判断力，表現力等」の育成，(3)は「学びに向かう力，人間性等」の涵養に関するものである。

　また，このような資質・能力を育成するためには，「音楽的な見方・考え方」を働かせることが必要であることが，柱書に示されている（▷6二重下線参照）。

2　音楽科と社会とをつなぐ「音楽的な見方・考え方」

　新学習指導要領には，すべての教科等の目標において，資質・能力が育成されるようにするため，各教科等の特質に応じた「見方・考え方」を働かせることが必要であることが示されている。

　「見方・考え方」とは，どのような視点で物事を捉え，どのような考え方で思考していくのか，という，物事を捉える視点や考え方であり，教科等ごとに特質があり，各教科等を学ぶ本質的な意義の中核をなすものとして，教科等の教育と社会をつなぐものである。

　音楽科において，どのような視点で音や音楽を捉え，どのような考え方で思考していくのか。それが，教科の目標に示された「音楽的な見方・考え方」で

ある。

　音楽の学習は，感性を働かせることによって成立するものである。音楽に対する感性とは，音楽的感受性であると同時に，音や音楽の美しさなどを感じ取るときの心の働きを意味している。音楽に対する感性を働かせることによって，音楽科の学習が成立し，その学習を積み重ねていくことによって音楽に対する感性が一層育まれていくのである。

　「音や音楽を，音楽を形づくっている要素とその働きの視点で捉え」（▷8参照）とは，音や音楽を「音響」として捉えることである。音や音楽は，鳴り響く音や音楽を対象として，音楽がどのように形づくられているか，また音楽をどのように感じ取るかを明らかにしていく過程において捉えることができる。

　一方，音響としての音や音楽は，「自己のイメージや感情」「生活や文化」などとの関わりにおいて，意味あるものとして存在している。したがって，音や音楽とそれらによって喚起される自己のイメージや感情との関わり，音や音楽と人々の生活や文化などの音楽の背景との関わりについて関連づけて考えることが大切である。

　このことは，第2節の 1 「音楽の特質」とも関連することである。

　「音楽的な見方・考え方」を働かせることによって，表現領域では，思いや意図をもって歌ったり楽器を演奏したり音楽をつくったりする学習が，鑑賞領域では，曲や演奏のよさなどを見いだし，曲全体を味わって聴く学習が，一層充実するのである。また，このような学習の過程を積み重ねることによって，「音楽的な見方・考え方」も鍛えられ，豊かで確かなものになっていくのである。

　さらに，「音楽的な見方・考え方」は，音楽科の学習の中だけで働くものではなく，大人になって明るく豊かな生活をしていくにあたっても重要な働きをするものである。社会生活において，さまざまな音楽を聴いたり表現したりする際，学校教育において身に付けた「音楽的な見方・考え方」が働き，生活や社会の中の音や音楽と豊かに関わっていくことが期待される。

3 　初等音楽科教育を学ぶ意義を確かなものにするために

　「音楽的な見方・考え方」を働かせた学習活動によって，生活や社会の中の音や音楽と豊かに関わる資質・能力を着実に育成し，児童が音楽を学ぶことのよさを実感できるようにするためには，例えば，次のことが重要である。

・児童が音楽科の学習で学んだことと，学校内外のさまざまな音楽活動とのつながりを意識できるようにすること。

・「主体的・対話的で深い学び」の視点から音楽の授業改善・充実を図ること。

▷9　主体的・対話的で深い学び

学習・指導方法の改善・充実のための重要な視点である。小学校の新学習指導要領「第2章 第6節 音楽」の「第3 　指導計画の作成と内容の取扱い」1の⑴には，次のように示されている。

⑴題材など内容や時間のまとまりを見通して，その中で育む資質・能力の育成に向けて，児童の主体的・対話的で深い学びの実現を図るようにすること。その際，音楽的な見方・考え方を働かせ，他者と協働しながら，音楽表現を生み出したり音楽を聴いてそのよさなどを見いだしたりするなど，思考，判断し，表現する一連の過程を大切にした学習の充実を図ること。

7

第Ⅰ部　初等音楽科教育の理念と理論

Exercise

① なぜ，児童が教科としての音楽を学ぶことが必要なのか。保護者や児童を想定して，説得力のある説明を考えてみよう。

② 児童が，音楽科の学習で学んだことと学校内外のさまざまな音楽活動とのつながりを意識できるようにするためには，どのような指導計画や指導方法が考えられるのか。具体的な事例をもとに考えてみよう。

📖次への一冊

中島寿・髙倉弘光・平野次郎著，小島綾野聞き手・構成『音楽の授業で大切なこと――なぜ学ぶのか？　何を，どのように学ぶのか？』東洋館出版社，2017年。
　　「何のために音楽の授業をするのか」。本書を貫く問いである。児童の学びの姿を通して，実感をもって語る三人の教師の答えは豊かで深い。

引用・参考文献

中央教育審議会「幼稚園，小学校，中学校，高等学校及び特別支援学校の学習指導要領等の改善及び必要な方策等について（答申）」2016年12月。
　　http://www.mext.go.jp/b_menu/shingi/chukyo/chukyo0/toushin/__icsFiles/afieldfile/2017/01/10/1380902_0.pdf
国立教育政策研究所「小学校学習指導要領実施状況調査教科別分析と改善点（音楽）」2015年12月。
　　https://www.nier.go.jp/kaihatsu/shido_h24/05.pdf
教育課程企画特別部会「論点整理」2015年8月。
　　http://www.mext.go.jp/component/b_menu/shingi/toushin/__icsFiles/afieldfile/2015/12/11/1361110.pdf#search=%27%E8%AB%96%E7%82%B9%E6%95%B4%E7%90%86%27
文部科学省『小学校学習指導要領（平成29年告示）解説音楽編』東洋館出版社，2018年。
徳丸吉彦「学校での音楽教育の役割」『教育研究』平成24年10月号，2012年，14〜17ページ。

第2章
初等音楽科教育のねらい

〈この章のポイント〉

　小学校の新学習指導要領では，現代社会の抱えるさまざまな課題に対応するため，教科目標と学年目標の構造が大きく変更された。初等音楽科教育のねらいを読み解くために，本章では「音楽的な見方・考え方」「生活や社会の中の音や音楽」，そして資質・能力の三つの柱「知識及び技能」の習得，「思考力，判断力，表現力等」の育成，「学びに向かう力，人間性等」の涵養の各観点を関連づけ，目標を立体的に捉えることを学ぶ。

1　時代的，社会的な背景

　現代は，グローバル化の進展や技術革新などによって，社会構造の変化が急速に進み，少子高齢化や環境保全への対策など，さまざまな課題を抱えている。今の子どもたちが成人する頃には，こうした傾向がますます強くなると考えられる。

　「小学校学習指導要領解説」（2017年）の総説には，現代社会の抱える問題と学校教育の果たすべき役割が述べられている。その内容は，予測困難な時代にあって，子どもたちが幸福な人生とよりよい社会の創り手となるために，自らさまざまな変化に立ち向かい，状況を見極め，情報を再構築したり他者と協働したりして，課題を解決できるようにすることが必要だというものである。

　これは，従来，日本の学校教育が大切にしてきたことであるが，学校の抱える問題がますます複雑かつ困難になるなか，「よりよい学校教育を通じてよりよい社会を創る」という目標を学校と社会とが共有し，それぞれの学校で，必要な教育内容をどのように学び，どのような資質・能力を身に付けるようにするのかを明確にしながら，社会との連携・協働によってその実現を図っていくことが求められるようになった。これが，いわゆる「社会に開かれた教育課程」である。そのため，各教科等で，新しい時代に必要となる資質・能力が三つの柱（後述）に沿って見直され，目標や内容が構造的に示されたのである。

　では，初等教育において音楽科が担うべき役割とはいかなるものであろうか。本章では，教育課程の基準である小学校の新学習指導要領のうち，音楽科の目標と学年の目標に基づいて，そのねらいを読み解いていきたい。

▷1　ここで言う「初等音楽科教育」とは，初等教育すなわち小学校と義務教育学校の前期課程，中学校併設型小学校における教育のうち，教科「音楽」の教育のことを意味する。

▷2　教育課程の基準
学校教育法施行規則では，義務教育学校前期課程と中学校併設型小学校については，小学校学習指導要領のほかに特例規定を設けるとしている。

9

第 I 部　初等音楽科教育の理念と理論

2　音楽科の目標

▷3　教科の目標
（下線は筆者。二重線は表現および鑑賞，波線は表現，破線は鑑賞に関する目標を，それぞれ示す）
（柱書）
　表現及び鑑賞の活動を通して，音楽的な見方・考え方を働かせ，生活や社会の中の音や音楽と豊かに関わる資質・能力を次のとおり育成することを目指す。
（知識及び技能に関する目標）
(1)　曲想と音楽の構造などとの関わりについて理解するとともに，表したい音楽表現をするために必要な技能を身に付けるようにする。
（思考力，判断力，表現力等に関する目標）
(2)　音楽表現を工夫することや，音楽を味わって聴くことができるようにする。
（学びに向かう力，人間性等に関する目標）
(3)　音楽活動の楽しさを体験することを通して，音楽を愛好する心情と音楽に対する感性を育むとともに，音楽に親しむ態度を養い，豊かな情操を培う。

　教科の目標[43]は，まず柱書部分で，音楽科において育成を目指す資質・能力が「生活や社会の中の音や音楽と豊かに関わる資質・能力」と規定された。これは，資質・能力別に示された(1)，(2)および(3)の目標を，総括的に示したものである。また，資質・能力の育成にあたっては，児童が「音楽的な見方・考え方」を働かせて学習活動に取り組めるようにする必要があるとされている。

1　音楽的な見方・考え方

　まず，柱書に示された「音楽的な見方・考え方」について確認をしておきたい。
　音楽的な見方・考え方は，「小学校学習指導要領解説音楽編」において，「音楽に対する感性を働かせ，音や音楽を，音楽を形づくっている要素とその働きの視点で捉え，自己のイメージや感情，生活や文化などと関連付けること」と概念規定されている。
　ここには，音楽科の特質が表れている。すなわち，いかなる学習も，感性という児童一人ひとりの心の働きなくして成立しないということである。音楽に対する感性とは，音や音楽の美しさを感じるときの心の働きを意味すると同時に，音楽的な刺激に対する感受性でもあるとされている。児童が音楽を形づくっている要素を聴き取り，それらの働きが生み出すよさや面白さ，美しさを感じ取ることを支えとして，自ら音や音楽を捉えていくとき，児童の音楽に対する感性が働く。
　また，音楽科での学習を意味あるものとするためには，音響として音や音楽を捉えるだけではなく，音や音楽と児童一人ひとりの内部に生じた「イメージや感情」との関わり，音や音楽と人々の「生活」や「文化」など背景との関わりについて，関連付けて考えることが大切である。このような見方・考え方を働かせることによって，思いや意図をもって音楽表現したり，曲全体を見通しながら音楽の美しさを味わったりする学習が充実する。そして，こうした学習を積み重ねることによって，音楽的な見方・考え方そのものも，広がったり深まったりして，その後の人生において生きて働くものとなるのである。

2　柱　書

　柱書は，三つの部分からなっている。
　まず，「表現及び鑑賞の活動を通して」は，音楽科における活動の領域が，表現と鑑賞という2つの領域からなることを示している。つまり，音楽科の目標を達成するには，歌唱や器楽，音楽づくり，鑑賞のさまざまな活動を通し

て，幅広い体験をすることが重要であること，そして児童の感性からかけ離れた単なる知識の獲得や機械的な技能の錬磨に陥らないように注意する必要があるということである。

「音楽的な見方・考え方を働かせ」ることは，前項で述べたとおり，音楽科における学習の特質を表しており，学習の充実の鍵となるものである。

そして，「生活や社会の中の音や音楽と豊かに関わる資質・能力」の育成は，児童が教科としての音楽を学ぶことの意味を明確に示している。音楽は本来，生活や社会の中で生まれ，育まれてきたものであるから，授業で学んだことを生かして音楽と自ら関わりを築くことは，心豊かな生活を営むことにつながるとともに，学習したことの有用性に気づく好機になると考えられる。したがって，これは「社会に開かれた教育課程」の理念とも関わる目標であると言える。

③ 育成を目指す資質・能力の「三つの柱」

柱書の部分で述べた「生活や社会の中の音や音楽と豊かに関わる資質・能力」は「三つの柱」に基づいて示されている。(1)は「知識及び技能」の習得に関する目標，(2)は「思考力，判断力，表現力等」の育成に関する目標，そして(3)は「学びに向かう力，人間性等」の涵養に関する目標である。

(1)の前半は知識に関する目標，後半は技能に関する目標となっている。ここで重要なのは，知識と技能を，思考力，判断力，表現力等と一体的に育むという点にある。知識は，音楽の記号や用語，曲名など丸暗記が可能なものではなく，児童の感じ方や考え方に応じて習得されるものであり，技能も，児童の思いや意図に合った音楽表現をするために必要なものとされていることに注目したい。

(2)には，曲の特徴に合った音楽表現を工夫したり，全体のまとまりを考えて音楽をつくったり，自分にとっての音楽のよさや面白さなどを見出しながら曲全体を聴き深めたりする力が示されている。ただし，ここで言う表現力は，音楽表現の技能のことではなく，表現に対する思いや意図，自己のイメージや感情などを音や言葉などで友だちと伝え合う力のことであるため，注意が必要である。

(3)には，児童が音楽科の学習に対して主体的，創造的に取り組むために必要となる楽しさの体験，音楽を好きだという気持ちや美しいものに感動する心，多様な音楽や音楽活動に積極的に関わろうとする態度などが示されている。これらを支えとして，豊かな情操，すなわち美や真理，善なるものや崇高なるものを受け入れ求めようとする，社会的価値をもった高次な心が培われるのである。

第Ⅰ部　初等音楽科教育の理念と理論

▷4　学年の目標

（下線と網掛けは筆者。二重線は表現および鑑賞，波線は表現，破線は鑑賞に関する目標を，それぞれ示す。網掛けは学年進行による語句の違いを示す）

知識及び技能

〔第1学年及び第2学年〕
(1)　曲想と音楽の構造などとの関わりについて気付くとともに，音楽表現を楽しむために必要な歌唱，器楽，音楽づくりの技能を身に付けるようにする。

〔第3学年及び第4学年〕
(1)　曲想と音楽の構造などとの関わりについて気付くとともに，表したい音楽表現をするために必要な歌唱，器楽，音楽づくりの技能を身に付けるようにする。

〔第5学年及び第6学年〕
(1)　曲想と音楽の構造などとの関わりについて理解するとともに，表したい音楽表現をするために必要な歌唱，器楽，音楽づくりの技能を身に付けるようにする。

思考力，判断力，表現力等

〔第1学年及び第2学年〕
(2)　音楽表現を考えて表現に対する思いをもつことや，曲や演奏の楽しさを見いだしながら音楽を味わって聴くことができるようにする。

〔第3学年及び第4学年〕
(2)　音楽表現を考えて表現に対する思いや意図をもつことや，曲や演奏のよさなどを見いだしながら音楽を味わって聴くことができるようにする。

〔第5学年及び第6学年〕
(2)　音楽表現を考えて表現に対する思いや意図をもつことや，曲や演奏のよさなどを見いだしながら音楽を味わって聴くことができるようにする。

学びに向かう力，人間性等

〔第1学年及び第2学年〕

3　学年の目標

　学年の目標[*4]は，柱書こそないものの，教科の目標と同様，育成を目指す資質・能力の「三つの柱」に基づいて示されている。ここでは，発達の段階や学習の系統性を踏まえて，どのような学習の変容が求められるかを中心に見ていく。

1　「知識及び技能」の習得

　知識は，すべての学年で「曲想と音楽の構造などとの関わり」がその対象とされ，第1学年～第4学年では気付く，第5学年～第6学年では理解すると示されている。児童が自ら気付き理解することを繰り返すことで，実感をともなった知識の獲得が実現する。

　技能は，表現の各分野における技能のうち，第1学年～第2学年では音楽表現を楽しむため，第3学年～第6学年では表したい音楽表現をするために必要なものを身に付けるとされ，技能が思いや意図と関連し合って高まるように期待されている。

2　「思考力，判断力，表現力等」の育成

　「音楽表現を考え」ることについては，第1学年～第2学年では「このような音楽にしたい」という思いをもつこと，第3学年～第6学年では「このように表現することで，このような音楽にしたい」という思いや意図をもつことと示されている。

　鑑賞では，すべての学年で「音楽を味わって聴くこと」が示され，そこに至る過程には，第1学年～第2学年で曲や演奏の楽しさを，第3学年～第6学年でよさなどを見出すことが位置づけられて，音楽の聴き方の変化や味わい方の深まりが求められている。

3　「学びに向かう力，人間性等」の涵養

　まず，音楽と関わることについて，楽しく（第1学年～第2学年），進んで（第3学年～第4学年），主体的に（第5学年～第6学年）と質的な高まりが示された後，友だちと「協働して音楽活動をする楽しさ」が，全学年で示されている。親しむ音楽については，身の回りの様々な音楽（第1学年～第2学年）から様々な音楽（第3学年～第6学年）へと，範囲の広がりが見られる。

　そして，「音楽経験を生かして生活を明るく潤いのあるものにしようとする態度を養う」ことがすべての学年で示されて，教科の目標である「生活や社会の中の音や音楽と豊かに関わる資質・能力」を育成することとの整合性がとら

れている。

4 目標を立体的に捉えるために

これまで述べてきたとおり，教科目標と学年目標が育成を目指す資質・能力の「三つの柱」に沿って整理されたが，これらは本来，一体となって働くべきものであり，特定の順序で育成されるべきものではない。また，知識にせよ技能にせよ，経験を積み重ねることにより，単なる量的な増加ではなく，応用性の高まりという質的な変容も期待されていることに留意したいところである。

音楽科の学習では，あらゆる場面で，知性と感性の豊かな働きが求められる。身体的な感覚をも駆使しながら，児童が自らの感性を研ぎ澄まし，自己を形成していきながら，新しい意味や価値を創造していけるようにすることが，初等音楽科に限らず，芸術系教科・科目の担うべき役割であると言えるだろう。

Exercise

① 教科目標と学年目標に示された，初等音楽科で育成を目指す資質・能力を立体的に捉えて，図示してみよう。

📖 次への一冊

山下薫子編著『小学校新学習指導要領ポイント総整理 音楽』東洋館出版社，2017年。
　　新学習指導要領のポイントを簡潔に示すとともに，鍵となる概念の理解を深めることができるよう，改訂の背景や具体的な指導の展開例についても丁寧に解説した一書。

(3) 楽しく音楽に関わり，協働して音楽活動をする楽しさを感じながら，身の回りの様々な音楽に親しむとともに，音楽経験を生かして生活を明るく潤いのあるものにしようとする態度を養う。
〔第3学年及び第4学年〕
(3) 進んで音楽に関わり，協働して音楽活動をする楽しさを感じながら，様々な音楽に親しむとともに，音楽経験を生かして生活を明るく潤いのあるものにしようとする態度を養う。
〔第5学年及び第6学年〕
(3) 主体的に音楽に関わり，協働して音楽活動をする楽しさを味わいながら，様々な音楽に親しむとともに，音楽経験を生かして生活を明るく潤いのあるものにしようとする態度を養う。

第3章
初等音楽教育の歴史

〈この章のポイント〉

　日本の初等音楽教育は，「唱歌」として誕生後，「芸能科音楽」「音楽科」と名称が変わり，その目的も，徳性や忠君愛国精神の涵養，修身，国語，地理，歴史等他教科のための唱歌の活用，子どもの自由な表現の発露，音楽美の感得等，時代とともに変化し続けてきた。このように音楽教育のあり方は多様であり，移り変わっていく一方で，普遍的な価値も創造され継承されてきた。歴史的変遷を学ぶなかで，現在の音楽科を相対化して捉え，教科の特性や問題点，今後のあり方について探求してみよう。

1　近代学校教育制度における音楽教育の黎明

1　「学制」の発布と「唱歌」開始に向けた音楽取調掛の諸施策

▷1　「唱歌」という言葉は教科名として用いられる場合と，文部省が作成した教材としての歌曲をさす場合がある。本章では，教科名の場合はカッコ付きで「唱歌」，教材としての歌曲をさす場合はカッコなしで唱歌と表記する。

　日本の近代公教育制度は1872年の「学制」の発布により始まる。この時音楽教育は，尋常小学では「唱歌」，下等中学では「奏楽」として設定された。しかし，2つの科目には「当分之ヲ欠ク」（「奏楽」では「当分欠ク」）との但し書きが付せられ，具体的な目途は何ら立っていなかった。

▷2　音楽取調掛
1879年10月に文部省内に設立された音楽の調査・研究・教育機関である。御用掛長となった伊澤修二の下，日本の音楽（唱歌）教育の基盤形成を担った。東京音楽学校を経て後に東京芸術大学音楽学部となる。

　その「唱歌」の実施に向け，1879年文部省内に音楽取調掛が設置された。御用掛（後に掛長）に任命された伊澤修二は，かねてより唱歌教育の必要性を唱えていた人物であり，就任後ただちに「音楽取調ニ付見込書」を文部卿に提出した。「見込書」には，1．東西二洋ノ音楽ヲ折衷シテ新曲ヲ作ル事，2．将来国楽ヲ興スベキ人物ヲ養成スル事，3．諸学校ニ音楽ヲ実施スル事，の3点があげられた。この事業推進のため，伊澤は米国留学時代の恩師であったL.W.メーソンを招聘した。メーソンは伝習生の教育とともに東京師範学校，東京女子師範学校並びに附属小学校等において唱歌教育を試行し，それをもとに音楽取調掛は，『唱歌掛図』の開発，唱歌教科書の作成を行った。

▷3　伊澤修二（1851～1917）
日本の教育者。1870年大学南校入学後，72年文部省に出仕し，1875～78年米国に留学。1878年帰国後東京師範学校長，1879年音楽取調掛御用掛，1888～91年まで東京音楽学校長となる。日本の音楽教育の基本方針を立て教科書編纂，教員養成，音楽教育の実施に尽力した。

2　国内初の唱歌教科書『小学唱歌集』（文部省編）の発行

　音楽取調掛は，試行錯誤を重ね，国内初の唱歌教科書『小学唱歌集』（全3巻）を編纂し，1882～84年の間に文部省が発行した。同唱歌集初篇の「緒言」において，教育の目的は徳性を涵養することを要とし，音楽の特性は，人の心

を正しその風化を助けることにあると位置づけられた。所収曲を見ると，花鳥風月，孝行・忠義等の徳育や皇室礼賛を謳った歌詞が多く，旋律は外国民謡や讃美歌を原曲とするもの（《蝶々》，《蛍の光》（原題：蛍），《アニーローリー》（原題：才女）等）が含まれた。これら唱歌教材は伝習生の教育並びに小学校の「唱歌」の教材として使用された。

一方，全国で「唱歌」を開設・実施するためには，各府県の師範学校において唱歌と音楽理論の指導可能な教員の養成が必要であった。そのため音楽取調掛は，1884年より府県派出の音楽伝習生の募集・養成を開始し，1887年には**東京音楽学校**となった。その卒業生たちは地方に戻ると師範学校または小学校で「唱歌」の普及に携わり，また1886年の諸学校令以降，師範学校出身の小学校教員も増加した。このように最初の唱歌教科書の編纂，唱歌教員の養成，加えて次項で述べる**儀式用唱歌**の導入，教科書検定制度による多様な教科書教材の刊行等の諸要因が相まって，教科としての「唱歌」は次第に普及していった。

2　教育勅語に基づく教育体制と唱歌教育の普及

1　「小学校祝日大祭日儀式規程」の制定と教科書検定制度

1890年発布の「教育勅語」は，政府が天皇制国家主義体制を敷くなかで，教育の根本を示すものであった。その施策の一環として1891年6月に「**小学校祝日大祭日儀式規程**」（文部省令第四号）が出され，「教育勅語」の奉読とともにその祝祭日の唱歌を合唱することが定められた。続いて1893年8月には《君が代》《勅語奉答》等8曲の儀式用唱歌を掲載した『祝日大祭日歌詞並楽譜』（文部省告示第三号別冊）が発表され，これを実施するために随意科目の「唱歌」を開設する学校が増加した。その後，儀式用唱歌は教育勅語に基づく臣民教育を徹底するための道具立てとして機能し，第二次世界大戦終結まで歌われた。

1886年の小学校令により，教科書は文部大臣が検定したものに限ると定められ，教科書検定制度が設けられた。そのため「唱歌」についても民間から検定教科書が刊行され，多種多様な唱歌教材が創出された。このことが結果として「唱歌」普及の一端を担った。代表的なものをいくつか見てみよう。

一つは**軍歌**である。日清・日露戦争の時期には戦意高揚，忠君愛国の精神陶冶に軍歌の効用が説かれ，多くの軍歌集が出版された。七五調の歌詞と付点リズムを多用し，力強さと軽快さを顕した軍歌は，検定を経て学校教育にも入り込んでいった。もう一つは，大和田建樹・上真行・多梅稚編『**地理教育鉄道唱歌**』（1900年）を筆頭に数多く作られた郷土地理唱歌である。これらの唱歌は，軍歌と同じ音楽的特徴を兼ね備え，加えて，歌いながら地理，歴史，名

伊澤修二（1851～1917）

▷4　メーソン，ルーサー・ホワイティング（Mason, Luther Whiting, 1818～96）
19世紀の米国の音楽教育者。ルイビル市，シンシナティ市の音楽教師，ボストン市の小学校音楽視学官を歴任。1880～82年に来日し音楽取調掛の最初の御用外国人教師となった。メーソンは，19世紀米国音楽教育界の主流であったペスタロッチ式の教授理念と指導方法に基づいて指導助言し，日本の唱歌教育の成立に影響を与えた。

L. W. メーソン（1818～96）
▷5　文部省編『小学唱歌集　初篇』（1881年）の「緒言」には「小学ニ在リテハ最モ宜ク徳性ヲ涵養スルヲ以テ要トスヘシ今夫レ音楽ノ物タル性情ニ本ツキ人心ヲ正シ風化ヲ助クルノ妙用アリ」と記されている。

第Ⅰ部 初等音楽科教育の理念と理論

▷6 儀式用唱歌
小学校祝日大祭日儀式で用いる唱歌のこと。1893年8月12日文部省告示第三号において,「小学校ニ於テ祝日大祭日ノ儀式ヲ行フノ際唱歌用ニ供スル歌詞並楽譜別冊ノ通選定ス」と公示され,別冊として,『祝日大祭日歌詞並楽譜』(「官報」第3037号の附録)に《君が代》《勅語奉答》《一月一日》《元始祭》《紀元節》《神嘗祭》《天長節》《新嘗祭》が発表された。儀式用唱歌はこれら8曲を指す。

所,名産が覚えられることから,各地の郷土地理唱歌が編纂され大流行した。その他,納所弁次郎・田村虎蔵共編『**教科適用幼年唱歌**』(全10冊,1900〜02年)は,教訓的で文語的な歌詞を改め,口語体で歌う**言文一致唱歌**(《金太郎》《兎と亀》等)として編み出されたものだった。田村らは,お伽噺の他,修身,国語読本,地理,歴史,理科等から題材を選んで口語体の歌詞を当て,旋律は付点を含んだリズム反復やヨナ抜き音階等,快活で歌詞が乗りやすいものを用いた。この言文一致唱歌のように,他教科の教授内容の理解を深めることに重点を置いた,いわゆる教科統合の考え方は,その後の唱歌教育の主流となった。

なお1902年には教科書検定にかかわる贈収賄の大規模な摘発検挙(教科書疑獄事件)があり,その後修身,国語読本,日本歴史,地理等の教科書は国定化された。しかし唱歌教科書は国定にはならず,検定教科書の利用が続いた。

2 尋常小学校「唱歌」の必修化と『尋常小学唱歌』の発行

1907年「小学校令」の改正により,尋常小学校の「唱歌」はようやく必修科目となった。文部省は,この改正を機に国定教科書に準ずる教科統合の唱歌教科書を示そうと,1910年に『**尋常小学読本唱歌**』(全27曲)を発行した。これに所収された曲は,国語読本の韻文に旋律を付したものであり,1911〜14年発行『**尋常小学唱歌**』(全6巻)にすべて引き継がれた。『尋常小学唱歌』の所収曲は,作詞・作曲各8名からなる委員会の合議によって作られたもので,外国曲を含まず全曲邦人の手によるものとなった。また『尋常小学唱歌』は,軍歌や言文一致唱歌等で培われた唱歌教材の音楽的特徴を受け継いだものでもあった。所収曲の《春が来た》《虫のこえ》《富士山》《紅葉》《朧月夜》《故郷》《我は海の子》等は,今も「学習指導要領」の歌唱の共通教材として歌い継がれている。

3 芸術教育思潮を背景にした童謡運動と「唱歌」から音楽教育への発展

1 童謡運動の隆盛

▷7 鈴木は「芸術としつ(ママ)真価ある純麗な童話と童謡を創作する」と述べている(鈴木三重吉「創作に際してのプリント 童話と童謡を創作する最初の文学的運動」『赤い鳥』鈴木三重吉追悼号,1936年10月,290ページ)。

大正期には,芸術教育思想の影響を受けた在野の芸術家たちによって,それまでの学校唱歌の批判の下に,新しい子どもの歌の創造と普及を目指した**童謡運動**が隆盛した。それは,1918年創刊の雑誌『赤い鳥』を端緒とし,編集者の鈴木三重吉は,子どものための芸術として価値ある童話と童謡を創作することを趣旨とした。そこで発表された《かなりや》(西条八十作詞,成田為三作曲)は,口語調の詩と言葉の抑揚に合わせて作られた伴奏付の旋律をもち,初めての童謡曲として脚光をあびた。その後『金の船(後に金の星)』等の児童用雑誌

『赤い鳥』創刊号

のなかで数多くの童謡曲が創作発表され，広く歌われるようになった。同時期にプロレタリア文化運動[48]も起こり，守田正義等の手によるプロレタリア童謡[49]も創作された。しかしここでの童謡曲は，プロレタリア運動の思想，メッセージの伝達手段として位置づけられたため，歌詞偏重の楽曲が多く，一般に普及するまでには至らなかった。

2 「唱歌」から音楽教育への発展

　同時代，欧米の新教育運動の影響を受けた音楽教師たちは，唱歌教育以外の領域にも目を向けその実践に取り組んだ。例えば，広島高等師範学校附属小学校の山本壽は，「児童の音楽性の陶冶」と「国民音楽の建設」を目的として唱歌と関連づけた**鑑賞教育**を試みた。奈良女子高等師範学校附属小学校の幾尾純は，自由画や自由詩が子どもから生まれるように，その胸中には旋律が流れていると考え，**創作教育**の先駆的実践を行った。また広島高等師範学校附属小学校の小原国芳と山本壽は，1914年の学芸会において児童たちが演じる**唱歌劇**「天の岩戸」等を上演し，その後成城学園でも実践し学校劇として発展させた。このように1910～20年代の時期は，師範学校附属小学校や私立学校の教師たちを中心として先駆的試みが行われ，「唱歌」という教科から鑑賞，創作，唱歌劇等を含む音楽教育へと発展拡充していく萌芽が見られた時代であった。

　1926年の「小学校令」の改正では，高等小学校の「唱歌」も必修科目となった[10]。その後1932年には，『尋常小学唱歌』の所収曲の再選定とともに，新曲を加えた**『新訂尋常小学唱歌』**（全6巻）が発行された。この時には，唱歌曲のみの児童用教科書とともに，初めて伴奏付きの教師用教科書も編纂される等の動きがあり，唱歌教育の音楽的発展の一端を示した。また所収曲の《牧場の朝》《スキーの歌》等は今も歌唱の共通教材となっている。

　1920～30年代は，新聞，出版，ラジオ放送等のマスメディアが発達し文化の大衆化が進んだ時代である。例えば，**児童唱歌コンクール**（日本音楽教育協会主催，1932年開始）がラジオ放送されると，児童らの声が直接聴けるようになり，その歌声や発声法についての教師たちの関心は高まりを見せた。また，出版物では，音楽教育関係者による機関誌が複数創刊された。代表的なものとして**『教育音楽』**（日本教育音楽協会，1923年1月創刊）と**『学校音楽』**（学校音楽研究会，1933年9月創刊）があげられる。とくに『学校音楽』の編集には尋常小学校，高等小学校の教師たちも参加し，誌上において各学年の教案例や簡易楽器指導の公開授業と研究会記録等を掲載した。これらは，それまで附属小学校や私立学校を中心に行われていた実践研究が，一般の教師たちにも拡大したことを示すものであった。

▷8　プロレタリア文化と運動
1920～30年代，労働者・農民・勤労市民およびその子どもたちの解放を目的とし，階級闘争の一翼を担った教育運動，文化運動の総称。音楽関係では，日本無産者芸術団体協議会（ナップ）から独立した「日本プロレタリア音楽同盟」（PM）を1930年に設立し活動した。

▷9　プロレタリア童謡は童話作家であった槇本楠郎が発行する童謡集のなかに楽譜を掲載したものが始まりである。とくに1931年発行の『小さい同志』にはプロレタリア童謡集と明記され，作曲は守田正義，露木次男が担当し，《汽車ポッポ》《小さい同志》《憎いこん畜生》の楽譜が掲載された。

▷10　1926（大正15）年4月22日勅令第73号「小学校令ノ改正」では「第二十条，高等小学校ノ教科目ハ修身，国語，算術，国史，地理，理科，図画，手工，唱歌，実業（農業，工業，商業ノ一科目又ハ数科目）トシ女児ノ為ニハ家事，裁縫ヲ加フ」と記された。

17

第Ⅰ部　初等音楽科教育の理念と理論

4　国民学校期の「芸能科音楽」

　1941年4月，「**国民学校令**」が施行され，明治以来の教科「唱歌」は「**芸能科音楽**」に名称が変わった。それと同時に教科書も国定となり，また教師用指導書も発行された。同年の「国民学校令施行規則」では，歌唱に加えて鑑賞指導も行うことが定められ，器楽指導を許可する，との文言も挿入された[11]。また歌唱指導では単音唱歌（斉唱）だけでなく複音唱歌（合唱）を，さらに音楽理論の初歩的な内容や，聴音の練習も指導することになった。

　「芸能科音楽」の目標は，「皇国民の錬成」がめざされた国民学校期の教育のなかにあって，「歌曲ヲ正シク歌唱シ音楽ヲ鑑賞スルノ能力ヲ養ヒ国民的情操ヲ醇化スルモノトス」とされた（傍点は引用者）。このような「皇国民の錬成」や「国民的情操の醇化」という目標は，教科書や実際の教育にも反映した。例えば，現在も広く知られている唱歌《ウミ》は，1941年発行の国定音楽教科書初出であるが，当時はその指導の目標として「海事思想を鼓吹し，明朗闊達の精神を養う」ことが掲げられた[12]。また芸能科音楽の時代に各地の学校で行われた聴音の練習も，その目的は「鋭敏ナル聴覚ノ育成」（国民学校令施行規則）であり，この「鋭敏ナル聴覚」は国防上の意義として解釈された。当時の音楽教育をリードする人々は，聴音練習の，ひいては音楽教育の国防的使命を強調したとされる。実際，多くの国民学校では絶対音感の育成を目指す和音聴音の練習が行われたが，なかにはレコードで戦闘機の爆音を再生し，子どもに敵機を当てさせる「訓練」を行う学校もあった。

　このように，国民学校期の「芸能科音楽」は，「唱歌」よりも指導内容が拡充され，より現在の音楽科に近い内容へと一歩前進したと見ることができる。一方，その目標とそれに従って行われた実践を見ると，音楽教育の軍事的利用ともいえる側面があった。

5　戦後教育改革と「音楽科」の出発

　1945年8月，日本は敗戦し，戦後の教育改革は連合国軍最高司令官総司令部（GHQ）による占領政策の下で進められた。この戦後教育改革において，日本の初等音楽教育は「音楽科」として再出発した[13]。戦後の民主的な教育にふさわしい教科書が発行されるまでの間，戦中の音楽教科書の軍国主義的な記述を墨で消したいわゆる**墨塗り教科書**が使用された。その後，文部省は暫定教科書（1946年），最後の文部省著作教科書『一ねんせい〜六年生の音楽』（1947年）[14]を発行した。1949年以降は民間発行の検定教科書の使用が開始された。

▷11　「国民学校令施行規則」第14条（芸能科音楽に関する条）には，指導する内容として「初等科ニ於テハ平易ナル単音唱歌ヲ課シ適宜輪唱歌及重音唱歌ヲ加ヘ且音楽ヲ鑑賞セシムベシ又器楽ノ指導ヲ為スコトヲ得」と記された。

▷12　本書第Ⅳ部の「歌唱共通教材の研究」の項（136ページ）も参照のこと。

▷13　現在一般に「音楽科」と呼ばれる教科は，学習指導要領における教科名としては「音楽」と表記される。本章では一般に浸透している「音楽科」という表現をカッコ付きで用いる。

▷14　国定音楽教科書6冊の個別の書名は『一ねんせいのおんがく』『二年生のおんがく』『三年生の音楽』『四年生の音楽』『五年生の音楽』『六年生の音楽』である。

1947年，文部省は「学習指導要領音楽編（試案）[15]」を発表し，戦後の音楽教育は，歌唱，器楽，鑑賞，創作の活動を総合的に行うとの方針を示した。そこには「音楽美の理解・感得を行ひ，これによって高い美的情操と豊かな人間性とを養ふ」ことが目標として掲げられ，音楽美の理解と感得が直ちに美的情操の育成につながるとされた。徳育の手段や「国民的情操の醇化」の手段であった戦前・戦中の音楽教育からの大きな転換であった。

一方，この新たな理念の音楽教育は，それが提示されてから直ちに全国で実践されたわけではない。そもそもこの時代の学習指導要領はあくまで「試案」であり，実際の教育課程は各自治体や各学校の自主的な作成が求められていた。また文部省の学習指導要領を参考にしようとしても，日本全土が慢性的な物資不足に陥っている状況で，レコードや蓄音機が必要な鑑賞や，楽器が必要な器楽の指導を行うことは困難であり，多くの教師が指導経験のない創作や器楽の活動をすぐに実践することは難しかった。こうしたなか，現場教師たちはさまざまな民間の団体を組織し，戦後の「音楽科」のあり方を模索した。例えば全国規模で組織された**日本教育音楽協会**[16]は，各地で講習会を開催し，新たな理念に基づく指導法を各地の学校現場に届け，現在まで刊行が続く雑誌『教育音楽』[17]を創刊する等，戦後「音楽科」の実践研究の礎を築いた。一方，文部省も**実験学校**[18]における研究に取り組み，楽器産業界と連携して教育用楽器を確保する等，実践的な研究と設備面の整備を進めた。

このように戦後改革期の音楽教育は，音楽美の理解・感得が美的情操の育成につながるという理念のもと，民間団体と行政の両者がそれぞれに実践的研究や設備面の整備を行い，その後の音楽教育の基盤を築いたのであった。

6　戦後の「音楽科」の発展

1　学習指導要領の「告示」と実践的研究の深化

1958年の改訂以降，学習指導要領は「告示」されるようになり，その後はおおむね10年ごとに改訂されながら現在に至る[19]。「告示」されるようになった学習指導要領は法的拘束力をもつとされ，全国の小学校ではこれを基準として教育課程を編成することとなった。例えばこれ以降の学習指導要領では**共通教材**[20]が指定されるようになったが，それは，全国のすべての子どもが同じ楽曲を学ぶことを意味した。また，戦後改革期に各地域や学校の事情で指導が十分に行われなかった器楽教育の実施が徹底され，地域間の格差が是正された。

一方，学習指導要領に示された基準に従って全国の学校および教師たちが教育活動を行うという状況は，国家による教育の統制という側面をもつことか

▷15　1951年には全面的に改訂された「学習指導要領音楽編（試案）」（第2次学習指導要領）が発行された。そこでは「芸術としての音楽」を重視する理念は継承しつつ，人間形成のための音楽教育という側面や，音楽と社会生活とのつながりの重要さが強調されたとされる。

▷16　**日本教育音楽協会**
戦前の「日本音楽教育協会」に所属していた一部の教師たちが中心となって，戦後新たに結成した団体である。当初は「教育音楽協会」であったが「教育音楽家協会」を経て現在は「日本教育音楽協会」である。

▷17　**教育音楽**
戦前の同名誌『教育音楽』とは異なる雑誌である。1957年に小学版と中学版の2誌に分割，現在は小学版と中学・高校版の2誌が発行されている。

▷18　**実験学校**
音楽を研究課題とした文部省初等教育実験学校は，1950年度指定の横浜国立大学学芸学部附属小学校以降，15校が指定され，読譜や歌唱，器楽等の指導方法および児童の実態について調査研究した。

▷19　1958年以降の学習指導要領は次のように改訂されてきた。1958年（第3次学習指導要領，以降「告示」。共通教材の提示），1968年（第4次，「基礎」領域の設定），1977年（第5次，内容を精選して「表現」「鑑賞」の2領域に整理），1989年（第6次，「つくって表現する」項目の導入），1998年（第7次，さらなる内容の精選。鑑賞の

ら、「音楽科」に限らず、現場の教師たちを中心に批判が広がった。こうした批判の代表的なものは日本教職員組合教育研究集会においてなされた。

この教育研究集会では1955年以降、音楽教育も取り上げられるようになり、ここに参加した教師たちが、1957年に音楽家や教育学者の協力を得て「音楽教育の会」を結成した。同研究会は、戦後の音楽教育は技術偏重で子ども不在の教育だと批判し、すべての子どもを歌えるようにする「生命力を育てる音楽教育」を目指して「わらべうたを出発点とする音楽教育」の構想を打ち出した。[21]

同時期の1962年に結成された「音楽統合学習全国連盟」は、音楽の諸要素を統合的に扱う「統合学習」の原理と実践を研究した。この団体が開発した、一つの楽曲のなかで歌唱、器楽、創作、鑑賞領域を統合的に扱う学習のあり方は、1968年の学習指導要領の改訂に影響を与えた。

1960年代には岐阜県古川小学校の「ふしづくりの教育」も全国の注目を集めた。同校は、全校をあげて1966年からの10年にわたる研究に取り組み、小学校6年間で身につけるべき音楽の基礎的な能力を整理し、これを「ふしづくり一本道」と「教材指導カリキュラム」の二本立てカリキュラムで学習する実践を行った。[22]

1970年には、斎藤喜博が指導した群馬県の境小学校と島小学校の子どもによる合唱のレコードが発売され、そのレコードの名前から「風と川と子どもの歌」[24]論争と呼ばれる議論が起こった。そのレコードへの批判は、子どもの歌声に基礎的な発声の技術が欠けており、これは合唱ではなく「雑唱」であるというものであった。これに対して、この歌声には技術の習得以前にある、子ども自身の音楽する喜びが表現されているとの主張がなされた。

1960年代から70年代の音楽教育の実践的研究は、音楽の基礎的な能力の獲得と、子どもの自由な表現の発露の両方をどのように保障し両立するのかという課題に取り組んだという側面があった。「風と川と子どもの歌」論争は、その両立の難しさを端的に表しているといえるだろう。

2　海外の教育思潮の紹介と教材・教具の多様化

教師たちの研究や、行政による学習指導要領の改訂には、海外の音楽教育思潮の影響があった。例えば先に見た「音楽教育の会」提唱の「わらべうた」による音楽教育は、Z. コダーイの音楽教育理論が理論的根拠となり、C. オルフの理論は日本の器楽教育に大きな影響を与えた。また J. ペインターの思想に基づく「**創造的音楽学習**」や R. マリー・シェーファーのサウンドスケープの思想は、学習指導要領の「音楽づくり」の活動にも影響を与えた。[25]

戦後には「音楽科」で扱われる教材や教育用楽器が多様になっていった。1970年代以降はポピュラー音楽、1980年代以降は日本の伝統音楽や**諸外国の音楽**が教材として扱われるようになった。その背景には西洋音楽（いわゆるクラ

共通教材を廃止）、2008年（第8次、〔共通事項〕の提示）、2017年（第9次）。第9次学習指導要領については本書第Ⅴ部を参照のこと。

▷20　1958年（第3次）学習指導要領には鑑賞と歌唱の共通教材が示された。1998年（第7次）以降、鑑賞の共通教材は廃止され、現在まで歌唱共通教材のみ提示されている。

▷21　具体的には、「現在もっている技術を駆使して多面的な音楽活動を経験させる」ことと「わらべうたの音組成から出発して音楽の法則性を系統立てて教える」ことの二つを並行して進める「二本立て方式」のカリキュラムの枠組みを提示し、1960～70年代にかけて現場教師たちに影響を与えた。

▷22　「ふしづくり一本道」とは、30段階100のステップの活動からなる作曲指導のカリキュラムである。一方「教材指導カリキュラム」は、さまざまな楽曲で表現方法を学んでゆくカリキュラムである。

▷23　斎藤喜博（1911～81）戦前から戦後にかけての優れた授業実践家として知られる。音楽教育に限らず、学校教育全般に関する著作があり、民間教育研究団体や教授学研究に影響を与えた。

▷24

レコード「風と川と子どもの歌」（筑摩書房、レコード製作・東芝音楽工業）盤面

シック音楽）を中心に据える音楽教育から脱却し，世界の音楽を相対的に捉えていく文化相対主義的な考え方があった。また器楽教育の普及と相まって国内の楽器産業界が発展し，多様な楽器が開発・生産され学校現場に導入された。例えば，樹脂製リコーダーや鍵盤ハーモニカ，電子オルガン，伝統音楽の学習のための和楽器等があげられる。VHSやDVDを用いる等，映像を活用した鑑賞教育も可能になった。さらに近年はプログラミング教育との関わりからタブレット端末を用いた創作指導のためのソフトが開発される等，「音楽科」の授業で活用できる機器類の多様化はなおも進行している。

▷25 個々の教育理論の詳細については本書第Ⅴ部を参照のこと。

　戦後の初等音楽教育は着実な発展を遂げた。それは官民のさまざまな取り組みや，海外の教育思潮の影響，教材や教育用楽器の多様化，教育機器の発展等が複合的に絡み合って果たされたものであった。

Exercise

① 音楽（唱歌）教育の進展において，現場の実践家や研究会組織が果たした役割は大きい。ここで取り上げた実践家や研究会で興味のあるものを取り上げ，彼らの具体的な問題意識と教授方法について，さらに調べてみよう。

② 教材や楽器，教育機器は今後も多様化し，音楽科を取り巻く環境はさらに豊かになると思われる。そのような時代に音楽科を担う教師にはどのような力が求められるだろう。本章で見た歴史を振り返りながら討論してみよう。

📖次への一冊

日本音楽教育学会編『日本音楽教育事典』音楽之友社，2004年。
　　「飛鳥・奈良時代」〜「昭和後期」までの項目があり近世以前も含めた各時代の音楽教育の動向を「思想」「制度」「人物」等の視点から調べられる。
本多佐保美ほか編著『戦時下の子ども・音楽・学校――国民学校の音楽教育』開成出版，2015年。
　　国民学校の音楽教育実践の具体像を，当時子どもであった人々へのインタビューや学校所蔵史料を収集して丹念に描出しており，興味深く読める一冊。

＊ 本章の本文中のゴシック文字は，音楽教育史においてとくに注目したい重要語句である。「次への一冊」とあわせて，関連論文を検索したりして，理解を深めてほしい。

引用・参考文献

岩井正浩『子どもの歌の文化史』第一書房，1998年。
河口道朗監修『音楽教育史論叢』第Ⅰ〜Ⅲ巻，開成出版，2005年。
日本近代教育史事典編集委員会『日本近代教育史事典』平凡社，1971年。
田中耕治編著『戦後日本教育方法論史（下）――各教科・領域等における理論と実践』ミネルヴァ書房，2017年。

第4章
初等音楽科教育の学習指導の内容

〈この章のポイント〉

　小学校の音楽科授業において何を指導し学習するのか，その内容を確認する。はじめに新学習指導要領の「音楽科の目標」と「各学年の目標」の関係を確認した後，指導内容である「Ａ　表現（歌唱，器楽，音楽づくり）」と「Ｂ　鑑賞」，〔共通事項〕について解説する。さらに「Ａ　表現」と「Ｂ　鑑賞」の学習活動を結びつける〔共通事項〕について指導例に沿って整理する。これにより小学校音楽科の学習指導の内容を大まかに掴んでほしい。

1　小学校音楽科の学習指導の構成とその内容

　新学習指導要領においても，従前どおり「Ａ　表現（歌唱，器楽，音楽づくり）」，「Ｂ　鑑賞」，〔共通事項〕で構成されている。まず音楽科の目標と各学年の目標が育成を目指す資質・能力に関わる「三つの柱」である「知識及び技能」「思考力，判断力，表現力等」「学びに向かう力，人間性等」に沿って設定されたうえで，それを反映する形で「Ａ　表現」「Ｂ　鑑賞」の各領域と〔共通事項〕で扱う学習指導の内容が「ア：思考力，判断力，表現力等に関する事項」「イ：知識に関する事項」「ウ：技能に関する事項（表現領域のみ）」として示されている。

▷1　ここで言う「知識」とは，単に名前を知っていて暗記するにとどまるものではなく，その働き等を自分なりに整理し（構造化），活動を通じて実感をともないながら理解したこと（再構築）が，新たに上書きされ蓄積されていく（更新）ものである。

　また，音楽では「知っていることとできることは違う」といわれる。知識と技能を結び付け，関連付けながら身に付けることが大切である。

▷2　ここで言う「表現力」とは，ソーシャルスキル（自己表現力や伝達力）に類するものである。

教科の目標	知識及び技能		
	思考力，判断力，表現力等		
	学びに向かう力，人間性等		
各学年の内容	Ａ　表現 歌唱・器楽・音楽づくり	ア イ ウ	思考力，判断力，表現力等 知識 技能
	Ｂ　鑑賞	ア イ	思考力，判断力，表現力等 知識
	〔共通事項〕	ア イ	思考力，判断力，表現力等 知識

第4章　初等音楽科教育の学習指導の内容

1　各学年の目標の深まり方の確認

　以下，本節では新学習指導要領の目標および内容を整理し，適宜解説を加える。なお，引用は「第1学年及び第2学年」のそれをベースとして「第3学年及び第4学年（中学年と記す）」および「第5学年及び第6学年（高学年と記す）」と異なる部分は下線で表し，続くカッコ書きで相違する各学年の記述を示すので，それぞれの発達段階について理解すること。なお，単に言葉の違いとして受けとるのではなく，そこに込められた一貫性や系統性について考え，扱う内容の深化を正しく理解すること。

> 「知識及び技能」
> 曲想と音楽の構造などとの関わりについて気付く（高学年：理解する）とともに，音楽表現を楽しむために（中高学年：表したい音楽表現をするために）必要な歌唱，器楽，音楽づくりの技能を身に付けるようにする。
> 「思考力，判断力，表現力等」
> 音楽表現を考えて表現に対する思い（中高学年：思いや意図）をもつことや，曲や演奏の楽しさ（中高学年：よさなど）を見いだしながら音楽を味わって聴くことができるようにする。
> 「学びに向かう力，人間性等」
> 楽しく（中学年：進んで）（高学年：主体的に）音楽に関わり，協働して音楽活動をする楽しさを感じながら（高学年：味わいながら），身の回りの様々な音楽（中高学年：様々な音楽）に親しむとともに，音楽経験を生かして生活を明るく潤いのあるものにしようとする態度を養う。

2　各領域や分野，〔共通事項〕の内容

　2学年ごとに「ア　思考力，判断力，表現力等」に関する事項，「イ　知識」に関する事項，「ウ　技能」に関する事項として示されている。ただし「ウ　技能」があるのは「A　表現」だけである。

A　表現（歌唱）▷3

> ア　歌唱表現についての知識や技能を得たり生かしたりしながら，曲想を感じ取って表現（中学年：曲の特徴を捉えた表現）（高学年：曲の特徴にふさわしい表現）を工夫し，どのように歌うかについて思い（中高学年：思いや意図）をもつこと。

　「思考力，判断力，表現力等」に関する事項であり，どのように歌いたいのか等の「思いや意図」について，考えたり試したりするなどの思考をともなっ

▷3　教材は以下のものを扱う。世代を超えてそのよさを共有できるように全学年4曲ずつ「歌唱共通教材」が設定されている。第1学年から第4学年までは各学年で示された4曲全てを，第5学年及び第6学年では3曲を必ず扱う。
　第1学年及び第2学年は斉唱及び輪唱で歌う曲，第3学年及び第4学年は斉唱及び簡単な合唱で歌う曲，第5学年及び第6学年は斉唱及び合唱で歌う曲を扱う。
　選曲の際には，我が国や郷土の音楽へ愛着をもてるようにするために，長い間親しまれてきた唱歌，それぞれの地方で伝承されているわらべうたや民謡などの，日本のうたも含めることが大切である。

23

第Ⅰ部　初等音楽科教育の理念と理論

た試行錯誤による演奏表現の創意工夫を求めている。

> イ　曲想と音楽の構造との関わり，曲想と歌詞の表す情景や気持ちとの関わり（中高
> 学年：曲想と音楽の構造や歌詞の内容との関わり）について気付くこと（高学年：
> 理解すること）。

　「知識」に関する事項であり，「曲想と音楽の構造との関わり」に気づいた
り，理解したりするために必要な知識を身につけることを求めている。名称や
働きを覚えさせるだけではなく，それに気づかせたり，理解を促したりする活
動を適切に積み重ねることで，器楽や音楽づくり，鑑賞にも結びついていく生
きた知識として更新し続けるように導くことが大切である。

> ウ　思い（中高学年：思いや意図）に合った表現をするために必要な次の(ア)から(ウ)ま
> での技能を身に付けること。
> (ア)範唱を聴いて歌ったり（中高学年：範唱を聴いたり），階名で模唱したり暗唱し
> 　たりする（中学年：ハ長調の楽譜を見たりして歌う）（高学年：ハ長調及びイ短
> 　調の楽譜を見たりして歌う）技能
> (イ)自分の歌声及び発音（中高学年：呼吸及び発音の仕方）に気を付けて歌う技能
> 　（中学年：自然で無理のない歌い方で歌う技能）（高学年：自然で無理のない，響
> 　きのある歌い方で歌う技能）
> (ウ)互いの歌声（中学年：互いの歌声や副次的な旋律）（高学年：各声部の歌声や全
> 　体の響き）や伴奏を聴いて，声を合わせて歌う技能

　「技能」に関する事項であり，「ア」で思考判断した「思いや意図」を表現す
るために必要な歌唱の技能を示している。表面的に見栄えの良い演奏のための
技能ではなく，思いや意図を適切に表現するために必要な技能を求めているこ
とに注意する。

A　表現（器楽）

> ア　器楽表現についての知識や技能を得たり生かしたりしながら，曲想を感じ取って
> 　（中学年：曲の特徴を捉えた）（高学年：曲の特徴にふさわしい）表現を工夫し，ど
> のように演奏するかについて思い（中高学年：思いや意図）をもつこと。

　「思考力，判断力，表現力等」に関する事項であり，どのように演奏したい
のか等の「思いや意図」について，考えたり試したりするなどの思考をとも
なった試行錯誤による演奏表現の創意工夫を求めている。

▷4　教材は，以下のもの
を扱う。既習の歌唱曲も含
め，第1学年及び第2学年
では主旋律に簡単なリズム
伴奏や低声部などを加えた
曲，第3学年及び第4学年
では簡単な重奏や合奏など
の曲，第5学年及び第6学
年では楽器の演奏効果を考
慮し簡単な重奏や合奏など
の曲を扱う。

▷5　楽器は次のものを扱
う。木琴，鉄琴，和楽器，
諸外国に伝わる様々な打楽
器。旋律楽器は，第1学年
及び第2学年ではオルガン，
鍵盤ハーモニカなどの中か
ら扱い，これに加えて第3
学年及び第4学年ではリ
コーダーや鍵盤楽器，和楽
器など，第5学年及び第6
学年では電子楽器，和楽器，
諸外国に伝わる楽器など。

24

第4章　初等音楽科教育の学習指導の内容

イ　次の(ア)及び(イ)について気付く（高学年：理解する）こと。

　(ア)曲想と音楽の構造との関わり

　(イ)楽器の音色（中学年：楽器の音色や響き）（高学年：多様な楽器の音色や響き）
　　と演奏の仕方との関わり

　「知識」▷6に関する事項であり，「曲想と音楽の構造との関わり」や「楽器の音色と演奏方法の関わり」に気付いたり，理解したりするために必要な知識を身に付けることを求めている。

▷6　▷1参照。

ウ　思い（中高学年：思いや意図）に合った表現をするために必要な次の(ア)から(ウ)までの技能を身に付けること。

　(ア)範奏を聴いたり，リズム譜（中学年：ハ長調の楽譜）（高学年：ハ長調及びイ短調の楽譜）などを見たりして演奏する技能

　(イ)音色（中高学年：音色や響き）に気を付けて，旋律楽器及び打楽器を演奏する技能

　(ウ)互いの楽器の音（中学年：互いの楽器の音や副次的な旋律）（高学年：各声部の楽器の音や全体の響き）や伴奏を聴いて，音を合わせて演奏する技能

　「技能」▷7に関する事項であり，「ア」で思考判断した「思いや意図」を表現するために必要な楽器の演奏技能を示している。

▷7　表面的に見栄えの良い演奏のための技能を求めている訳ではないことに注意する。

A　表現（音楽づくり）

ア　音楽づくりについての知識や技能を得たり生かしたりしながら，次の(ア)及び(イ)をできるようにすること。

　(ア)音遊び（中高学年：即興的に表現すること）を通して，音楽づくりの発想（高学年：様々な発想）を得ること。

　(イ)どのように音を音楽にしていくかについて思いをもつこと（中高学年：音を音楽へと構成することを通して，どのようにまとまり（高学年：全体のまとまり）を意識した音楽をつくるかについて思いや意図をもつこと）。

　「思考力，判断力，表現力等」に関する事項であり，音楽づくりの発想やアイディア▷8をもち，どのように音楽をつくりたいのかなどの「思いや意図」について，考えたり試したりしながら創意工夫することを求めている。

▷8　それまでに経験した音楽活動を思い出させながら，「これをこうしたら面白いかもしれない」などの発想や「あの曲がこんな感じで作られているから，この雰囲気はこんなふしにするとよいかもしれない」などのアイディアに児童が気付くよう促したい。そのためには，日常的に数多くの曲に触れたり音楽ゲームを楽しんだりすることで，「音楽の原体験」に幅広く浸らせておくことが大切である。

25

第Ⅰ部　初等音楽科教育の理念と理論

> イ　次の(ア)及び(イ)について，それらが生み出す面白さ（中高学年：よさや面白さ）などと関わらせて気付く（高学年：理解する）こと。
>
> (ア)声や身の回りの様々な音（中高学年：いろいろな音の響きやそれらの組合せ）の特徴
>
> (イ)音やフレーズのつなげ方（中高学年：つなげ方や重ね方）の特徴

▷9　▷1参照。

「知識」に関する事項であり，音そのものの響きや特徴，音を組み合わせた際のよさや面白さ，音のつなげ方や重ね方の特徴に気付いたり，それを理解したりするために必要な知識を身に付けることを求めている。

> ウ　発想を生かした表現や，思い（中高学年：思いや意図）に合った表現をするために必要な次の(ア)及び(イ)の技能を身に付けること。
>
> (ア)設定した条件に基づいて，即興的に音を選んだりつなげたり（中高学年：音を選択したり組み合わせたり）して表現する技能
>
> (イ)音楽の仕組みを用いて，簡単な音楽（中高学年：音楽）をつくる技能

▷10　条件は，教師が示したり，児童から提案させたりする。

「技能」に関する事項であり，「このテーマを順番に変化させてみよう」などの条件を基にして音をつないだり，「この和音に含まれる音でふしを作ってみよう」などの条件を基にして音を音楽へ紡いだりするような，試行錯誤しながら音楽づくりを創意工夫する技能を示している。

B　鑑賞

▷11　第1学年及び第2学年では我が国及び諸外国のわらべうたや遊びうた，行進曲や踊りの音楽など体を動かすことの快さを感じ取りやすい音楽，日常の生活に関連して情景を思い浮かべやすい音楽など，第3学年及び第4学年では和楽器の音楽を含めた我が国の音楽，郷土の音楽，諸外国に伝わる民謡など生活との関わりを捉えやすい音楽，劇の音楽，人々に長く親しまれている音楽など，第5学年及び第6学年では和楽器の音楽を含めた我が国の音楽や諸外国の音楽など文化との関わりを捉えやすい音楽，人々に長く親しまれている音楽などを扱う。

> ア　鑑賞についての知識を得たり生かしたりしながら，曲や演奏の楽しさ（中高学年：よさなど）を見いだし，曲全体を味わって聴くこと。

「思考力，判断力，表現力等」に関する事項であり，聴き取ったり感じ取ったりした曲や演奏のよさ，楽しさなどについて考えてみたり，伝え合ってみたりする楽しみを味わうことを求めている。その際，話し合いや記述による言語活動と音や音楽を用いた非言語活動とのバランスをとることが大切である。

> イ　曲想（中高学年：曲想及びその変化）と音楽の構造との関わりについて気付く（高学年：理解する）こと。

「知識」に関する事項であり，曲想やその変化と音楽の構造とがどのように関わっているのか気付いたり，理解したりすることを求めている。

第4章　初等音楽科教育の学習指導の内容

〔共通事項〕 ◁12

(1)「A 表現」及び「B 鑑賞」の指導を通して，次の事項を身に付けることができるよう指導する。
　ア　音楽を形づくっている要素を聴き取り，それらの働きが生み出すよさや面白さ，美しさを感じ取りながら，聴き取ったことと感じ取ったこととの関わりについて考えること。

　「思考力，判断力，表現力等」に関する事項である。鑑賞だけでなく，他者や自身の演奏表現および音楽づくりの活動についても，要素の働きやその効果，それによって曲想がどのように変化するのか等を感じ取りながら，「どこからそう感じたのか」や「なぜそう感じたか」などのように，聴き取ったことと感じ取ったことの関係や結びつきについて考えることを求めている。

　イ　音楽を形づくっている要素及びそれらに関わる身近な音符（中高学年：音符），休符，記号や用語について，音楽における働きと関わらせて理解すること。

　「知識」に関する事項であり，「曲想と音楽の構造との関わり」に気づいたり，それを理解したりするために必要な知識を身につけることを求めている。

2　学習活動を結び付ける「音楽を形づくっている要素」

　〔共通事項〕に示された，学習活動の肝であり要とされている「音楽を形づくっている要素」とは，「音楽を特徴付けている要素」（音色，リズム，速度，旋律，強弱，音の重なり，和音の響き，音階，調，拍，フレーズ）と「音楽の仕組み」（反復，呼びかけとこたえ，変化，音楽の縦と横との関係）から成る。そして，この音楽を形づくっている要素の表れ方や，音楽を特徴づけている要素と音楽の仕組みとの関わり合いが「音楽の構造」であり，音楽の構造によって醸し出される雰囲気，味わい，表情が「曲想」である。つまり，音楽の構造の働きによって生み出される「曲想」を捉えることによって，音楽をより深く味わうことができる。よって，この「音楽を形づくっている要素」をどのように取り上げて「表現」と「鑑賞」を関連づけながら学習活動を組み立てていくのかが重要になる。単に要素や仕組みの名前を覚えるだけではなく，音楽活動を通して曲想や雰囲気の変化を実感しながらその働きや効果を理解するとともに，それが児童のなかで生きた知識として集積されていくような「思考をともなった試行錯誤の活動」を深めるようにしたい。次に簡単に指導例を示しておくので，要素の内容について今一度確認し直してほしい。
①「音色」の学習では，声や楽器の音について，例えば「きれいな／汚い」

▷12　〔共通事項〕
全ての音楽活動で共通に必要な事項である。

▷13　教師自身も，日常的に「これをこうしたら，こんな感じになる」などのように，能動的に音楽や演奏と向き合うようにしたい。

▷14　▷1 参照。

▷15　ここで言う「要素」とは，料理に置き換えると「調味料＝音楽を特徴づけている要素」と「調理道具＝音楽の仕組み」の関係に似ている。食材を生かすためには，調味料や調理道具の使い分け，その効果を知っていなければならない。また，調味料や調理道具の使い分けやその効果を知っていれば，料理を楽しみながら食べることもできる。

▷16　音響学分野では音色，音高，強弱が「音の3要素」とされる。

27

第Ⅰ部　初等音楽科教育の理念と理論

▷17　リズム，メロディ，ハーモニーが「音楽の3要素」とされる。

▷18　リズムが細かく刻まれたり，音価が小さくなったりすると（4分音符が16分音符になるなど），速度が速くなったと勘違いしやすい。

▷19　例えば《かたつむり》を歩きながら歌い，旋律を手でたたいてなぞっている時，足のステップが速度になり，手がリズムになる。

▷20　強弱の違いや変化が最も捉えにくい。また，聴こえやすい「高い音」と「強い音」を勘違いしやすいので注意すること。

▷21　例えば《ドレミの歌》の中間部では，二つのフレーズが重なって生まれる響きを楽しむ。

▷22　和音が複数の音から構成されていることを知覚できるのは，5歳から9歳以降といわれており，その能力は様々な音楽経験によって促進される。

▷23　▷19参照。

▷24　フレーズとは文章のようなまとまりであり，一つの文章のような小さなフレーズだけでなく，段落のように複数の文章がまとまってできたような大きなフレーズもある。

「澄んだ／濁った」「明るい／暗い」「華やかな／地味な」「あたたかい／冷たい」「柔らかい／固い」「鋭い／鈍い」「厚い／薄い」「軽い／重い」等の言葉と関連づけながら曲想の違いを感じ取り，その働きについて理解を深める。

②「リズム[17]」の学習では，例えば短い音符から醸し出される躍動感，同じ音符の連続から生み出される安定感や落ち着いた印象，「タッカやタタータ」等の異なる音符が組み合わされることから生まれる高揚感や緊張感等のさまざまな曲想を感じ取り，その働きについて理解を深める[18]。

③「速度[19]」の学習では，遅い速度から落ち着いた印象や安定感，速い速度から活発な雰囲気や躍動的な軽やかさ，曲の途中で変わる速度の変化から雰囲気や曲想の転換，だんだん速くなる速度変化から高揚感や躍動感，だんだん遅くなる速度変化から沈静感や安定感等のさまざまな曲想を感じ取り，その働きについて理解を深める。

④「旋律」の学習では，上行の動きから緊張感や高揚感，下行の動きから落ち着きや安定感，滑らかな動きから平穏さや安定感，跳躍する動きからは活発さや高揚感等の様々な曲想を感じ取り，その働きについて理解を深める。

⑤「強弱[20]」の学習では，強い音から力強さや躍動感，弱い音から優しさや沈静感，だんだん強くなる音量変化から前進性や高揚感，だんだん弱くなる音量変化から落ち着きや解放感等の様々な曲想を感じ取り，その働きについて理解を深める。

⑥「音の重なり」の学習では，輪唱のように異なる旋律が重なることで生まれる響きや，二つ以上の音が同時に鳴ることで生まれる響き[21]からさまざまな曲想を感じ取り，その働きについて理解を深める。

⑦「和音の響き[22]」の学習では，和音がもつ表情や雰囲気の違いや，和音の響きと曲想の関係等を感じ取り，その働きについて理解を深める。

⑧「音階」の学習では，長調・短調の音階やわらべ歌の音階で作られた旋律がもつ表情や雰囲気の違い，音階がもつさまざまな働きや曲想との関係を感じ取り，その働きについて理解を深める。

⑨「調」の学習では，長調の音楽から醸し出される楽しさや嬉しさ，短調の音楽から寂しさや悲しさ等の曲想の違いを感じ取り，その働きについて理解を深める。その際，歌詞の内容と誤解して「明るい歌詞＝長調，悲しい歌詞＝短調」のように勘違いしないこと。

⑩「拍[23]」の学習では，一定の間隔で刻まれる拍からは安定感や重量感，間隔が伸びる拍からは落ち着きや沈静感，間隔が縮む拍からは盛り上がりや前進性等のさまざまな曲想を感じ取り，その働きについて理解を深める。

⑪「フレーズ[24]」の学習では，フレーズの取り方の違いによる曲想の変化等を感じ取り，その働きについて理解を深める。

第4章　初等音楽科教育の学習指導の内容

⑫「反復」の学習では，繰り返されることで生まれる安定感や継続性，一度演奏されたものが再現されることで醸し出される回帰性等の曲想を感じ取り，その働きについて理解を深める。

⑬「呼びかけとこたえ[25]」の学習では，その応答性からコミュニケーションの良さや軽快感等の曲想を感じ取り，その働きについて理解を深める。

⑭「変化」の学習では，反復の後に異なるものが続く変化から醸し出される場面転換や「まとめ」のような雰囲気[26]，変奏のように少しずつ変わる変化から音楽が展開する前進性等の曲想を感じ取り，その働きについて理解を深める。

⑮「音楽の縦と横との関係[27]」の学習では，旋律がずれて重なったり，同時に重なって動いたりすることで生まれる響きや，それが時間的に流れることで醸し出されるさまざまな曲想を感じ取り，その働きについて理解を深める。

　以上，本章においては音楽科の学習指導の内容を整理したが，それぞれの詳細は本書の該当箇所を確認することで正しい理解を深めるようにしたい。

▷25　呼びかけに対してフレーズで応えたり，合いの手のように短く応えたりする。

▷26　例えば《こぶたぬきつねこ》のように，「タンタタン」のリズムが続いた後に「ターータン」に変化して曲が終わるなど。

▷27　例えば《もみじ》では，前半はカノンのように旋律がズレて重なるが，後半は同時に重なっている。

Exercise

① 音楽科における「知識及び技能」について，実際の音楽科授業ではどのような活動が想定されるのか，具体的な事例をあげてみよう。

② 音楽科の「音楽づくり」の授業において「知識及び技能」を扱う場合に，どのようなことに注意しなければならないか考えてみよう。

③ 音楽科の表現（歌唱・器楽・音楽づくり）の授業において，なぜ「思考力，判断力，表現力等」が大切なのか，考えてみよう。

📖次への一冊

文部科学省『小学校学習指導要領（平成29年告示）解説音楽編』2018年。
　　新学習指導要領で示された内容や用語の解説のみならず，取り扱うべき事項や押さえておくべき事項についても丁寧に説明されている。また必要に応じて指導の具体例も示してある。

文部科学省『中学校学習指導要領（平成29年告示）解説音楽編』2018年。
　　小学校学習指導要領だけでなく中学校学習指導要領を知ることで，小学校で学んだことが中学校へどのようにつながっていくのか，9年間にわたる積み重ねを理解することができる。

第5章
初等音楽科教育の学習指導の計画

〈この章のポイント〉

　各学校の教育課程編成においては，学習指導要領，各学校の教育目標を踏まえ，一人ひとりの教師の十分な計画と事前の準備が必要である。同時に，前章までに示された初等音楽科教育の目的，目標，内容を踏まえた具体的な学習指導計画をたてるためには，教師個々人の教育内容研究と教材研究が不可欠である。本章では，前章までの議論を踏まえ，初等音楽科教育の学習指導の計画の実際について，①音楽科の教育内容と教材とは何か，②音楽科の指導計画の具体，③音楽科の学習指導案，について学ぶ。

1　音楽科の教育内容と教材

1　「教育内容」とは何か

▷1　ここでいう「文化」とは，その社会に固有な価値体系や行動様式のことである。

▷2　教育内容選択の一般的基準としては，(1)社会的要請や地域社会の実態に即した内容の選択，(2)子どもの興味・関心，生活経験にあった内容の選択，(3)科学・芸術の基礎となる内容の選択，などがあげられる。

▷3　カリキュラムという言葉は，元々はラテン語のcurrere（走る）に由来し，競技場の「走路」を意味するものであった。現在では，「学びの経験の総体」として広義の意味で捉えられている（佐藤，1996，105ページ）。よって，現在では「カリキュラム」という語は一般に従来の「教育課程」より広義の意味で用いられる場合が多い。カリキュラムの概念の拡大は，後に示す「潜在的カリキュラム」の発見によるところが大きいといわれている。

　人間は特定の社会のなかで，その文化を学習することによって，自己を形成する。子どもの「学びの内容」とは，一口で言ってこの文化のことである。そして「子どもの学びの内容」のなかでも，学校において学ばれる内容を「教育内容」と呼んでいる。すなわち，「教育内容」とは，一定の教育目的（教育的価値）に従って，意図的に選択された文化の内容である。

　全体の文化のなかから何を「教育内容」として選択するかは，時代や国家，社会によって異なっている。しかし，個々バラバラなままでは子どもが学びにくい。そこで，教育目的を達成するために，「教育内容」を計画的に組織，配列し，一貫的な体系に編成するのである。これを，「教育課程（curriculum）」と呼んでいる。日本においては，「教育内容」の選択は，「教育課程の基準」として示される「学習指導要領」においてなされている。

　しかし，学校において必要がある場合には，それに示されていない内容を付け加えても差し支えがないし（新学習指導要領「第1章　総則」「3　教育課程の編成における共通的事項」），子どもが心身の状況によって履修することが困難な各教科は，その子どもの状況に適合するよう課さなければならない（学校教育法施行規則第54条）とされ，教育内容の選択には各学校の主体性が認められている。さらに小学校の新学習指導要領においては，「カリキュラム・マネジメント」の実施が明確に位置づけられ，教育課程編成主体としての各学校の責任と

第**5**章　初等音楽科教育の学習指導の計画

役割は一層大切なものとなっている。

2　「教材」とは何か

　教師は，教育内容の選択と教育課程の編成において，子どもにとって何が望ましい経験内容か，それはいつが望ましいか，を子どもの立場にたって決定していかなければならない。これらの教育内容は，実際の授業においては，「教材」を通して子どもに提示される。「教育内容」と「教材」は混同して用いられることが多いが，一般に「AでBを教える」というとき，「A」にあたるものが教材であり，「B」にあたるものが「教育内容」と考えてよい。

　音楽科の場合には，一般に「教材」は，「楽曲またはその一部」であるといわれる。例えば，《うみ》という楽曲（A）で，「3拍子の音楽」（B）を教えようという構想を教師がもったとする。この場合，《うみ》という楽曲が「教材」にあたり，「3拍子の音楽」が「教育内容」にあたる。

2　音楽科の指導計画

1　「指導計画」とは何か

　「文化」から教育目的に従って選択された「教育内容」を，一定の領域に組織・配列したものを「教育課程」と呼んでいるが，「指導計画」とはそれをさらに具体化したものである。一般に，「指導計画」といった場合，「年間指導計画」のことをさす場合が多い。年間指導計画は，1年間のどの時期に，どのような教材を用いて，どれくらいの時間をかけて指導するかを具体的に示したもので，1年間を見通して指導の全貌が把握できる計画である。よって学校の指導計画において，中心的な位置づけをもつ。

　年間指導計画は，各学年の発達段階に即して，授業時数との関連において組織するが，学習指導要領の趣旨を踏まえ，それぞれの学校の教育目標を考慮して作成する必要がある。「年間指導計画」のほかに，「指導計画」には，学期，月，週ごとの指導計画，題材の指導計画，授業の指導計画等がある。

　指導計画の作成にあたっては，以下のことに留意する必要がある。

　①学習指導要領の趣旨を踏まえる。

　②学校の教育目標との関連を図る。

　③題材構成について工夫する。

　また紙に書かれた計画化された「教育課程」のほか，「潜在的カリキュラム（hidden curriculum）」という明示されないレベルで働くカリキュラムの存在が明らかにされ，注目されてきている。文書化され計画化されたレベルの「教育

▷4　条文では，「子ども」でなく「児童」として表現されている。「児童が心身の状況によって履修することが困難な各教科は，その児童の心身の状況に適合するように課さなければならない。」

▷5　「各学校においては，児童や学校，地域の実態を適切に把握し，教育の目的や目標の実現に必要な教育の内容等を教科横断的な視点で組み立てていくこと，教育課程の実施状況を評価してその改善を図っていくこと，教育課程の実施に必要な人的又は物的な体制を確保するとともにその改善を図っていくことなどを通して，教育課程に基づき組織的かつ計画的に各学校の教育活動の質の向上を図っていくこと（以下「カリキュラム・マネジメント」という。）に努めるものとする。」（小学校の新学習指導要領「第1章　総則」第1の4）

▷6　このため「A」（教材）は，「B」（教育内容）より具体的である。

▷7　教材選択の視点は，主に(1)音楽的な概念と(2)目の前の子どもの実態の2点が考えられる。教師はなぜ自分がこの楽曲を「教材」として選択したのかを，後述する「学習指導案」に明記する。

31

第Ⅰ部　初等音楽科教育の理念と理論

▷8　教育内容・教育課程・指導計画の関係は下図のように示される。

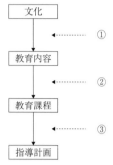

（年間指導計画・学期案・月案・週案・学習指導案）
①：教育目的に従って選択
②：一定の領域に組織・配列
③：具体的に展開

図5-1　教育内容・教育課程・指導計画の関連

▷9　新学習指導要領に示される「総則」，音楽科の「目標及び内容」「指導計画の作成と内容の取扱い」などの記述を十分把握し，その具体化を図る。

▷10　学校の教育目標との関連を明らかにし，学校教育における音楽科の役割の視点を明確にするとともに，他教科や特別活動，総合的な学習の時間との関連を図る。

▷11　後述の通り，音楽科では，学習指導の内容を構成するまとまりとして「題材」を設定し，具体的な学習指導を展開する。「題材」は，他教科における「単元」にあたるものと考えてよい。したがって年間指導計画は，「題材」の集積によって組織される場合が多い。

▷12　近年は，以下に示す「①主題による題材構成」の考え方が主流になってきている。

課程」だけでなく，「潜在的カリキュラム」の存在にも留意して，「指導計画」を作成する必要がある。どのようなレベルの指導計画にせよ，指導計画の実施については，教師の日常的な反省的思考と，それに基づく改善のサイクルを自覚的に構想することが大切である。

2　「題材」の設定

　子どもにとって，教育内容は，個々バラバラに提示されるのでなく，相互に関連したまとまりのある経験となるよう組織されることが効果的である。このような学習指導の内容を構成するまとまりを音楽科では「題材」という。すなわち，音楽科における「題材」とは他教科の「単元」に相当し，学習指導の目標や，内容を組織づけた指導の単位であると考えてよい。
　「題材」の構成については，次の2つの考え方がある。◁12
① 主題による題材構成
　音楽的なまとまりや生活経験的なまとまりを軸として主題を設定し，題材を構成する考え方である。「主題による題材構成」の場合には，扱う教材を複数示す場合が一般的である。
・音楽的なまとまりによる題材例……「リズムを感じて表現しよう」「音の重なりを感じよう」など。
・生活経験的なまとまりによる題材例……「春をさがそう」「卒業式の音楽」など。
② 楽曲による題材構成
　楽曲そのものの美しさを軸として，楽曲の教材性から指導目標，内容を導き出して，題材を構成する考えである。
　楽曲による題材例……「ふるさと」「春がきた」など。
　先の《うみ》を例にして，「主題による題材構成」と「楽曲による題材構成」について具体的に示そう。①の「主題による題材構成」の考え方にたてば，「3拍子の音楽」という主題を題材として設定し，《うみ》という楽曲（A＝教材）で3拍子の音楽（B＝教育内容）を教える，という形になる。ここでは，「3拍子の音楽」という主題のもと，《うみ》のほか，3拍子の音楽を学習するのに適した複数楽曲が教材として示されることが多い。②の「楽曲による題材構成」の場合には，《うみ》という楽曲（A＝教材）で《うみ》という，楽曲がもつ美しさ（B＝教育内容）を教える，という形になる。この場合，学習内容には，3拍子の概念も含まれることがある。

3　年間指導計画の実際

　指導計画にはとくに定められた様式があるわけではないが，見やすく，実際

第5章　初等音楽科教育の学習指導の計画

に活用しやすいものを工夫するとよい。学習指導要領の「目標」と「内容」，題材および教材の関係を具体的に示す様式を工夫し，年間の指導内容の全体がみわたせるものとしたい。

▷13　以下の学習指導要領に関する記述は，小学校の新学習指導要領に対応させたものである。

年間指導計画例（第3学年）▷13

【第3学年及び第4学年の目標】
(1)曲想と音楽の構造などとの関わりについて気付くとともに，表したい音楽表現をするために必要な歌唱，器楽，音楽づくりの技能を身に付けるようにする。
(2)音楽表現を考えて表現に対する思いや意図をもつことや，曲や演奏のよさなどを見いだしながら音楽を味わって聴くことができるようにする。
(3)進んで音楽に関わり，協働して音楽活動をする楽しさを感じながら，様々な音楽に親しむとともに，音楽経験を生かして生活を明るく潤いのあるものにしようとする態度を養う。

学期	題材	題材の目標	時数	主な教材	学習指導要領との関係	〔共通事項〕
二学期	リズムアンサンブルをつくろう	拍の流れにのって，リズムパターンを組み合わせ，アンサンブルができる。	2	リズムパターン	A 表現(3)「音楽づくり」ア (ア)　イ (ア)(イ)ウ (ア)	ア　音楽を形づくっている要素：ア）リズム，拍，イ）反復，呼びかけとこたえ，音楽の縦と横の関係，の組み合わせの面白さやよさを考える。
	歌の表現の工夫	曲の特徴を感じとって，表現を工夫する。	4	赤いやねの家カントリーロード	A 表現(1)「歌唱」ア　イウ (ア)(イ)	ア・イ　音楽を形づくっている要素：ア）旋律，フレーズの特徴とその面白さやよさについて考え，理解する。
	クラスで合奏しよう	器楽合奏の基礎的な技能を身につける。曲の特徴を捉えた表現を工夫し，汽車が走り向ける場面を想像して演奏への思いや意図をもつ。	3	汽車にのって	A 表現(2)「器楽」ア　イ (イ)ウ (ア)(イ)(ウ)	ア・イ　音楽を形づくっている要素：ア）拍，旋律，音色の特徴を聴き取り，それらの働きの面白さを汽車の場面とあわせて考え，理解する。

3　音楽科の学習指導案

　学習指導案は，上の「指導計画」の最も具体的なレベルのものと考えてよい。学習指導案は，授業計画を示したものであり，とくに研究授業の際には作成が求められる。▷14とはいえ，学習指導案通りに実施された授業がよい授業ではない。学習指導案とは，あくまで「案」であり，実際の授業では児童の実態に基づき，臨機応変によりよい実践を展開することが望まれる。書式については，各学校によって異なっているが，基本的には，「誰が，いつ，どこで，誰

▷14　斎藤喜博は「教師がいつも芸術家の創造態度と同じ態度をもち，1時間1時間の授業を，作家が作品をつくるように，そのときどきの創作として創造していかなければならない」「授業を創造的なものにするためには，創造的な指導案を書く修練をつまなくてはならない」と言及する（斎藤，1990，125〜129ページ）。

33

第Ⅰ部　初等音楽科教育の理念と理論

▷15　本書第Ⅴ部の「初等音楽科教育の資料研究」における学習指導案の事例を参照いただきたい。

に，何を目的として，どのような内容を，どのような方法で，学習指導を展開するのか」，の計画が示される。[15]

　基本的な項目例を示せば，以下の通りである。

```
第○学年○組　音楽科学習指導案
                      令和○年○月○日（○）第○校時
                                              音楽室
                                    指導者　○○　○○
１．題材名
２．題材について
　・児童観（児童の実態）
　・題材設定の趣旨
　・学習指導観
３．題材の目標
４．教材と教材選択の観点
５．題材の学習指導計画（全○時間）
６．評価計画
７．本時の学習指導（第△次　第□時＝◇／○時）
　（１）本時の目標
　（２）本時の展開
８．その他
```

１．題材名　戦後当初は，「単元」が使用されたこともあったが，現在の音楽の授業では，「題材」を使用するのが一般的である。[16] 年間指導計画のなかから，児童の発達段階を考慮したうえで，取り上げるべき題材を設定する。

２．題材について　主に①児童観（児童の実態），②題材設定の趣旨，③学習指導観について記述する。

①児童観（児童の実態）

　題材に関わる児童や学級の実態を捉えて記述する。例えば，これまでにどのような学びをして，どのような力をつけつつあるか，また，どんな力を育てることが必要かなどについて具体的に記述する。

②題材設定の趣旨

▷16　1960（昭和35）年，文部省は「楽曲（教材）による題材，音楽的なまとまりによる題材，生活経験的なまとまりによる題材」に区分して解説した（文部省，1960，9ページ）。1980（昭和55）年では，文部省は「題材とは，学習指導のための目標，内容を組織づけた単位と見ることもできる」と位置づけ，「①主題による題材，②楽曲による題材」の二区分とした（文部省，1980，15ページ）。

　題材は，児童観に基づき設定されるのが理想である。題材があって児童があるのではなく，児童があって題材があるという「先に児童ありき」が望ましい。教科書，学習指導要領，年間指導計画等を参照しながら，児童にとって価値のある題材を吟味していく。

　主に題材の特徴と期待する児童の姿の視点から記述する。題材の特徴に関しては，学習指導要領や年間指導計画等との関連等について説明する。期待する児童の姿は，題材を通して育まれる児童の変容の姿について展望し，その題材のもつ教育的価値や役割を明確にし，取り上げる意義について説明する。

③学習指導観

　　授業者の題材（授業）への視点を明確に記述する。題材の学習指導の考え
　について述べる。上記の児童観，題材設定の趣旨を踏まえ，教師の思いや願
　いについて，指導の形態，方法，手立て等を説明する。

3．題材の目標　題材の目標を箇条書きで，到達目標として記載する。設定す
る際には，児童観に基づき，学習指導要領等を参照しながら立てる。

　　目標については，何ができるようになるかを明確化するため，次の3つの観
点を念頭におきつつ構成することが望ましい。

　　・「知識及び技能」の習得
　　・「思考力，判断力，表現力等」の育成
　　・「学びに向かう力，人間性等」の涵養

　　目標の記載については，「〜させる」という教師主体の表現は避け，「〜でき
るようにする」「〜することができる」「〜ができる」等，児童の視点から設定
することが現在は一般的である。

4．教材と教材選択の観点　教材名（作詞者，作曲者，編曲者等）と題材の目標
に照らした教材に関する考察（音楽的な特徴，教材としての適切性等）を述べる。
使用する視聴覚教材等の資料があれば，説明する。

5．題材の学習指導計画　題材の学習指導計画について，以下の例のように授
業時数を含めて記す。本時の位置づけについても示す。

第1次　音楽の特徴を感じ取りながら，日本の民謡を聴く。
　第1時　《ソーラン節》と《南部牛追い歌》を比較しながら鑑賞する。
第2次　日本の音楽の雰囲気を感じ取って演奏する。
　第2時　《こきりこ節》の曲の感じをつかみ，踊る。
　第3時　《こきりこ節》の曲の感じをつかみ，歌う。（本時）

6．評価計画　題材の目標に基づき，「知識・技能」と「思考・判断・表現」
と「主体的に学習に取り組む態度」の3つの観点（新学習指導要領に対応）か
ら，さらに具体的な評価規準を設定する。以下は一例である。

	知識・技能	思考・判断・表現	主体的に学習に取り組む態度
具体の評価規準	1　日本の民謡の特徴を感じ取りながら，それにふさわしい表現で歌っている。	2　ア　日本の民謡の特徴を感じ取り，それらを生かしながら表現を工夫し，どのように表すかについて思いや意図をもっている。イ　《こきりこ節》の歌い方を工夫して表現できる。	3　ア　日本の民謡に興味・関心をもち，表現や鑑賞の学習に進んで取り組もうとしている。イ　《こきりこ節》の特徴に気づいて聴く学習に進んで取り組もうとしている。

▷17　目標とは，目的に到達するための通過点であり，その通過点における最高次の児童のあるべき姿が示される。「題材」全体を通して，児童の「あるべき姿」は何かを考えて設定する。
　到達目標は，「達成目標」（知識，技能等），「向上目標」（論理的思考力，創造性等），「体験目標」（発見，感動等）に分類される（梶田，1980，50ページ）。

▷18　この点については，学習指導案の他の箇所についても同様である。

▷19　小・中学校の学習指導要領［平成20年改訂］，高等学校の学習指導要領［平成21年改訂］に対応する観点別評価の観点は，「音楽への関心・意欲・態度」「音楽表現の創意工夫」「音楽表現の技能」「鑑賞の能力」の4観点である。新学習指導要領では評価の観点についても3観点の方向で改訂される見通しと考えられる（本書第6章参照）。

第Ⅰ部　初等音楽科教育の理念と理論

7. 本時の学習指導　「本時の学習指導」では，題材全体における本時の位置づけを「第〇次，第〇時」のように最初に示すことが多い。まずは「(1)　本時の目標」を明記する。本時の目標は，題材の目標や評価計画等を踏まえ，本時の評価も勘案しながら，一つないしは二つに精選し，簡潔に書く。

そして「(2)　本時の展開」として，「学習の展開」を次のように示す。「本時の展開」に定まった形式はないが，①学習内容，②主な学習活動，③教師の働きかけ，④具体の評価規準，についての情報は示す必要があろう。

〇学習内容 ・主な学習活動	□教師の働きかけと留意点 ☆評価
〇前時の復習をする。 ・DVD を見ながら，《こきりこ節》を踊る。 〇《こきりこ節》の声，歌い方の特徴を感じ取る。 ・歌の特徴を感じ取って，気づいたことを発表する。 〇本時のめあてをつかむ。	□DVD をかける。よい動きを称賛し，表現意欲を高める。 □DVD をかける。踊りではなく，歌に着目できるように助言する。 □本時のめあてを板書する。
《こきりこ節》の声や歌い方の特徴を生かして，歌おう。	
（　　　　略　　　　）	
〇声や歌い方の特徴を生かして，表現の仕方を工夫しながら，《こきりこ節》を歌う。 ・歌詞をのばして歌う部分や発声等に気をつけて歌い，曲の雰囲気にふさわしい歌い方を工夫する。 〇学習を振り返り，次時の活動を確認する。 ・感想を書き，発表する。	☆日本の旋律の特徴を感じ取りながら，民謡にふさわしい表現を工夫することができたか。【活動観察】※2ア □本題材のまとめを行い，次時の予告をする。

「〇学習内容」では，どのような学習内容を学ぶかについて，時系列で示す。45分の授業時間を「導入」→「展開」→「まとめ」の三段階で構成されることが多い。「導入」では，「本時のめあて」を児童と一緒に設定できるのが理想である。当然のことながら，「本時の目標」と「本時のめあて」は共通する課題となるのだが，「本時のめあて」は児童に理解できる用語で設定する。

「・主な学習活動」では，学習内容を保障する児童の活動を具体的に記述する。

「□教師の働きかけと留意点」では，児童への指導方法，指導上の留意点等を記述する。

「☆評価」では，「6. 評価計画」で設定した具体の評価規準と対応させた評価の観点を示す。評価方法も明記する。

8. その他　必要に応じて，板書計画や使用する楽器，教室内の配置等についても記載する。その他，授業で使用するワークシート，資料，楽譜，座席表（集団構成等）等がある場合，添付する。

Exercise

① 音楽科の「教育内容」と「教材」の例を考えてみよう。

② 「主題による題材」と「楽曲による題材」の具体例を考えてみよう。

③ 音楽科の学習指導案を書いてみよう。

📖次への一冊

田中耕治・水原克敏・三石初雄・西岡加名恵『新しい時代の教育課程』第3版，有斐閣
　アルマ，2012年。
　　本書は教育課程について基本的な事項が網羅されているすぐれたテキストであり，
　　日本の教育課程の全体像を把握するのに適している。

奈良女子大学附属小学校学習研究会『自律的に学ぶ子どもを育てる「奈良の学習法」「話
　す力，書く力，つなぐ力」を育てる』明治図書出版，2015年。
　　「学習」という概念は，1923（大正12）年にこの小学校の主事であった木下竹次に
　　よって提案された。学習の「めあて」と「ふりかえり」のあり方についても丁寧に
　　説明されている。

斎藤喜博『授業入門』国土社，1990年。
　　群馬県の島小学校の校長であった斎藤喜博は，島小学校の実践記録に基づき，授業
　　や芸術教育のあり方について追究している。斎藤の合唱指導については音楽教育界
　　において賛否が分かれたが，賛否も含めて考えながら読んでほしい一書。

引用・参考文献

梶田叡一『現代教育評価論』金子書房，1980年。

文部省『小学校音楽指導書』1960年。

文部省『小学校音楽指導資料　指導計画の作成と学習指導』1980年。

斎藤喜博『授業入門』国土社，1990年。

佐藤学『教育方法学』岩波書店，1996年。

第6章
初等音楽科教育の評価

〈この章のポイント〉

　教育評価とは，常に教育改善を視野に入れ，育成すべき資質・能力をすべての子どもたちに保障することを目指すものである。各題材の評価計画においては，指導要録における観点別学習状況の３観点に基づいて評価規準を設定するとともに，観点には示しきれないものの評価を意識し，身につけさせたい資質・能力の質に応じて適切な評価方法を選択する必要がある。質の高い学習をもたらすためには，真正のパフォーマンス課題を活用したり，教師間で評価の指標や方法について対話したりすることが大切である。

　本章では，音楽科における資質・能力を保障する評価のあり方について学ぶ。

1　教育評価の考え方

1　「目標に準拠した評価」

　評価には，何を拠り所として評価するかによってさまざまな立場がある。現在求められている評価とはどのようなものだろうか。

　戦前の「学籍簿」においては，「絶対評価」が行われていた。この評価は，評価者である教師を絶対的な規準とするものであるため，教師の主観や恣意性が入り込みやすいものであった。このような「絶対評価」への反省から第二次世界大戦後に導入されたのが「相対評価」である。「相対評価」は，ある集団のなかでの位置や序列を明らかにする評価であり，クラスの子どもたちの成績を正規分布曲線に基づいて５段階に振り分けることで客観性を保とうとするものである。しかし，この「相対評価」は，誰かを必ず１や２に振り分ける，５や４の人数が決まっているため勉強が競争となるなど，非教育的なものであった。

　そこで，2001（平成13）年改訂の児童指導要録の評定欄において「目標に準拠した評価」が導入された。「目標に準拠した評価」は，教育目標に到達できたかどうかを評価し，もし到達できていなければ教育実践を改善して，すべての子どもに身につけさせるべき力を保障しようとするものである。初等音楽科の授業において現在実践すべき評価は，常に教育改善を視野に入れ，すべての子どもたちに音楽科で育成すべき資質・能力を保障しようとする「目標に準拠

▷1　現在の指導要録の前身にあたる。指導要録とは「児童または生徒の学籍ならびに指導の過程と結果の要約を記録した公簿で，指導および外部に対する証明等のために役立たせるための原簿」（日本教育方法学会編『現代教育方法事典』図書文化，2004年，364ページ）であり，法的に発行が義務付けられている。

▷2　正規分布曲線とは，平均値の度数を中心として左右対称に広がる分布をあらわすベル形の曲線である。「相対評価」は，この曲線に基づき，知能は正規分布するという考え方を基盤としている。また，「相対評価」はクラスのなかの序列を示すため「集団に準拠した評価」ともいわれる。

▷3　1980（昭和55）年改訂の児童指導要録においては「目標に準拠した評価」による観点別学習状況欄が導入されている。

した評価」であることを理解しておくことが大切である。

　ところで，「目標に準拠した評価」を実践する際には，子ども個人を規準とする「個人内評価」の視点をあわせもつことが重要となる。「個人内評価」の視点をもつことによって，各題材において目標に到達していなくても長期的にみて伸びをみせる子どもや，目標の範囲内で捉えられない子どもの個性や能力をみとることが可能となる。

2　指導に活かす評価

　「目標に準拠した評価」は，その機能によって「診断的評価」「形成的評価」「総括的評価」の３つに区分される。「診断的評価」は，入学当初や学年，学期，題材の開始時などに，学習の準備状況を把握する機能をもつ。大切なことは，例えば題材開始時に新たな学習に必要な発声の技能に問題がある場合はその学習を補足する，楽曲への興味が不足している場合は関連する視聴覚教材を活用して関心を抱かせるといったように，評価を指導に結びつけることである。

　「形成的評価」は，指導過程で学習の状況をみとり，必要なら指導を改善するものであり，資質・能力保障の立場にたつ「目標に準拠した評価」の中心的な役割を果たすものである。例えば，歌唱表現をどのように工夫してよいのかわからない子どもにはもう一度歌詞の表す情景や音楽的な特徴に着目させる，すでに表現の意図が明らかになっている子どもにはさらに工夫を深めさせるためのヒントを与えるといったように，つまずいている子どもには回復学習を，目標に到達している子どもには発展学習を与えることが必要となる。また，「形成的評価」においては，目標への到達状況を把握するだけではなく，一人ひとりの子どもの学習状況の原因を考える必要がある。なぜなら，例えば楽曲を聴いて感じたことを言葉に表せないという学習状況の理由は，楽曲に耳を傾けられていない，感じているけれども言葉にどう表してよいのかわからないなど，子どもによってさまざまであり，必要な指導もそれぞれ変わってくるからである。

　「総括的評価」は，題材末や学期末，学年末など学習の終わりに，学力を総体として捉えるものであり，成績づけや評定に結びつくものである。この「総括的評価」においても，次の教育実践に向けての省察をもつことが重要である。いずれの機能においても，評価を指導の改善に結びつけることが求められる。[4]

3　評価の主体

　評価は，教師が子どもの学習に対して行うだけのものではない。評価にかかわるさまざまな人（ステイクホルダー[5]）が評価の主体となることも重要である。

　その第一は，子ども自身による自己評価である。一般に，自己評価は自らの

▷4　指導の改善と結びついた評価は，Plan（指導計画等の作成），Do（指導計画を踏まえた教育の実施），Check（児童生徒の学習状況，指導計画等の評価），Action（授業や指導計画等の改善）のサイクルを含む「カリキュラム・マネジメント」の一環として，教育活動の質の向上を図る中核的な役割を担っている（国立教育政策研究所『学習評価の在り方ハンドブック　小・中学校編』2019年，4ページ）。

▷5　ステイクホルダー（stakeholder）
利害関係者のこと。評価の文脈においては，教育に利害関係をもつ子どもや保護者，地域の人々などが当然その評価に参加すべきだという考えから，「評価参加者」と訳されている（田中，2008，59ページ）。

第Ⅰ部　初等音楽科教育の理念と理論

▷6　メタ認知 (metacognition)
認知の認知を意味する。すなわち，自らの思考や判断といった認知過程自体を認識することである。

学習活動を省察するメタ認知能力の育成を促すものであり，学習活動として位置づけられる。音楽科の学習においては，音楽を自分の感性で感じたり，音楽表現を創意工夫する思いや意図をもったりすることが求められるため，子どもの自己評価はとくに重要となる。その他，子どもどうしによる相互評価や保護者や地域の人々による評価を取り入れることによって，子どもの音楽表現や音楽鑑賞の経験をより豊かにすることが可能となる。

2　評価の方法

1　評価規準

「目標に準拠した評価」を行うにあたっては，目標への到達状況を判断する拠り所となる評価規準を設定する。評価規準は，「表現」と「鑑賞」の両領域ともに，2019（平成31）年改訂の指導要録における観点別学習状況の3観点，「知識・技能」（「鑑賞」領域は「知識」のみ）「思考・判断・表現」「主体的に学習に取り組む態度」に基づいて設定する（表6-1）。これらは，2017（平成29）年改訂の学習指導要領における育成すべき資質・能力の3つの柱（「知識及び技能」「思考力・判断力・表現力等」「学びに向かう力，人間性等」）に対応している。

表6-1　初等音楽科における評価の観点及び趣旨

観　点	趣　旨
知識・技能	・曲想と音楽の構造などとの関わりについて理解している。 ・表したい音楽表現をするために必要な技能を身に付け，歌ったり，演奏したり，音楽をつくったりしている。
思考・判断・表現	音楽を形づくっている要素を聴き取り，それらの働きが生み出すよさや面白さ，美しさを感じ取りながら，聴き取ったことと感じ取ったこととの関わりについて考え，どのように表すかについて思いや意図をもったり，曲や演奏のよさなどを見いだし，音楽を味わって聴いたりしている。
主体的に学習に取り組む態度	音や音楽に親しむことができるよう，音楽活動を楽しみながら主体的・協働的に表現及び鑑賞の学習活動に取り組もうとしている。

出所：文部科学省初等中等教育局（2019，14ページ）をもとに作成。

「知識・技能」の観点における「知識」は，単に音楽の諸要素や用語等を覚えるというだけではなく，「曲想と音楽の構造などとの関わりについて」の理解を意味する。一方，「技能」は，あくまで「表したい音楽表現をするために必要な技能」であるため，どのような思いや意図をもって表現するかという「思考・判断・表現」の能力との関連を意識してみとる必要がある。

「思考・判断・表現」の観点は，「音楽を形づくっている要素を聴き取り，そ

れらの働きが生み出すよさや面白さ，美しさを感じ取りながら，聴き取ったことと感じ取ったこととの関わりについて考えること」（〔共通事項〕アの内容）を支えとして，「どのように表すかについて思いや意図を」もつこと，および「曲や演奏のよさなどを見いだし，音楽を味わって」聴くことに関する観点である。この「思考・判断・表現」は，「知識」や「技能」を「得たり生かしたりしながら」発揮されるものであることに留意する必要がある。

「主体的に学習に取り組む態度」には，「粘り強い取組を行なおうとする」側目と，「自らの学習を調整しようとする」側面が含まれる。メタ認知に関わる「主体的」な取り組みや，他者との対話を通した「協働的」な取り組みは，音楽の表現と鑑賞の活動を楽しみながら，より深めていくという学習プロセスの質を示すものであり，あくまで他の2つの観点との関連においてみとるべき観点である。

これら3つの観点の特徴の一つは，個別の知識や技能の習得だけではなく，それらを生かして音楽を表現したり味わったりすること，またその際，学習を自己調整しながら主体的，協働的に学習に取り組むこと，といった高次の能力を含むという点である。もう一つは，これらの3つの観点が互いに深く関連していることである。題材構想においては，これらの観点に基づいて，各題材の内容に沿って具体的な評価規準を設定していく。

ところで，音楽科において育成すべき資質・能力のうち，とくに「学びに向かう力，人間性等」には，観点別学習状況における評価や評定には示しきれないものがある[7]。音楽科の目標に示された「音楽を愛好する心情」や，音や音楽の美しさを感じ取る心の働きでもある「音楽に対する感性」，また「音楽に親しむ態度」「豊かな情操」等，さらに個々の進歩状況はそれにあたるであろう。

音楽の「よさ，面白さ，美しさ」のこたえ（評価規準）は，子ども一人ひとりの内にある。それゆえ，子ども一人ひとりの心情や感性，価値にかかわる，観点には示しきれない側面は，音楽科の学習において重要な部分に位置づく。その評価は直接評定につながるものではないが，子ども一人ひとりの多様で生き生きとした音楽学習を実現するために，観点別の評価と観点には示しきれないものの評価の両方を意識した指導と評価が大切となる。

2 さまざまな評価方法

評価方法にはさまざまなものがあるが，それらは大きく客観テストによる評価とパフォーマンス評価に分けられる。客観テストによる評価には，多肢選択問題や正誤問題などの筆記テストがあり，○か×かで採点することができる点に特徴がある。一方，パフォーマンス評価とは，客観テストのように断片的な知識を問うのではなく，知識や技能を活用する振る舞いや作品を求めるパ

▷7　2019（平成31）年改訂の指導要録においては，観点別学習状況の評価や評定には示しきれない感性などについては個人内評価を行うことが強調されている（中央教育審議会初等中等教育分科会教育課程部会，2019，6ページ）。

第Ⅰ部　初等音楽科教育の理念と理論

フォーマンスに基づく質的な評価である。具体的には，行動の観察や発言の内容，学習カード（ワークシート等）に書かせた文章や描かせた色彩，形を含む自由記述の評価，歌唱や器楽の演奏の聴取，創作した音楽作品の評価等があげられる。

「知識・技能」のうち，「知識」の評価においては，音楽記号や楽曲に関する知識等は筆記テスト，曲想と音楽の構造などとのかかわりについては発言の内容や自由記述（学習カード）等を活用することができる。「技能」については，発声やリコーダーの運指などの個別の技能は実技テストによって，またこれらを総合して思いや意図を表現する技能については演奏の聴取や創作した音楽作品によってみとることができる。

「思考・判断・表現」の評価は，「表現」領域においては，音楽表現を工夫する学習場面の観察や話し合いにおける発言の内容，音楽表現の工夫についての自由記述（学習カード），また演奏の聴取により評価することが考えられる。「鑑賞」領域においては，表情や身体の動きの観察，発言の内容，学習カードにおける自由記述などによって評価することが考えられる。

「主体的に学習に取り組む態度」の評価においては，他の2つの観点におけるみとりとあわせながら，行動の観察や発言の内容，演奏の聴取，学習カードにおける自由記述などによって評価することが考えられる。また，学習のふりかえり等の子どもの自己評価や，相互評価の記述も評価資料となる。

一方，観点に示しきれないものの評価においては，教師による「個人内評価」と子どもの自己評価が重要となる。まず，「個人内評価」の具体的な方法としては，例えば上述の3観点に基づいて子どもの発言や記述，音楽表現においてみとりを行うなかで，それらに表出される子ども一人ひとりの多様な感性や心情等を積極的に見出し，価値づけ，子どもたちに伝えていくことが考えられる。

また，音楽科における子どもの自己評価には，⑴子どもの主観的な美的価値を磨くことを主眼とするもの，⑵さまざまな音楽文化，作品や技能等に関する内容の理解を主眼とするもの，⑶メタ認知能力の育成を主眼とするもの，がある。⑵および⑶はすでに述べた観点別の評価にかかわるものである。観点には示しきれない側面にかかわる⑴の自己評価の方法の一例としては，子どもが評価規準を設定するポートフォリオ評価法の活用があげられる[48]。例えば，子どもが自らの感性で選択した自他の音楽演奏・作品集を作成するといったことが考えられよう。もちろんそれは，「個人内評価」の資料にもなる。

大切なことは，身につけさせたい力を明確にし，各能力に応じた適切な評価方法を選択し，評価の妥当性を確保することである[49]。

▷8　ポートフォリオ評価法は，通常の自然な学習のなかで，子どもの作品やさまざまな記録を目的に応じて系統的，長期的に蓄積し，それらの作品や記録について子どもと教師や保護者等とが対話し次の学習の見通しをもつ，といったように進められる。ポートフォリオ評価法には，評価規準を教師が設定するもの，教師と子どもが協働で設定するもの，子どもが設定するものの3種類がある。ポートフォリオに蓄積された作品を通して，教師は子ども一人ひとりの個性的で長期的な伸びをみとることができ，子どもも自らの学習の成果を実感することができる。また，ポートフォリオは，保護者への子どもの学習状況の説明や，保護者の視点による評価に活用することも可能である。

▷9　評価の妥当性とは，ある評価方法が意図する対象をどの程度評価しているかを示す概念である。

第**6**章　初等音楽科教育の評価

3　評価の実際

　題材の評価計画にあたっては，題材の目標内容を踏まえて観点ごとに評価規準を設定する。表6-2は，第4学年の共通教材《もみじ》（高野辰之作詞　岡野貞一作曲　中野義見編曲）を教材曲とした題材における目標と評価規準の例である。この題材は，2017（平成29）年改訂の学習指導要領における歌唱の指導事項ア，イ，およびウの(イ)，(ウ)に対応している。

表6-2　題材の目標と評価規準の例

題材名：情景を思い浮かべて歌おう	
題材の目標： ・「もみじ」の歌詞の表す情景や曲想にふさわしい表現を工夫して歌うことができる。 ・2つの旋律のかかわりを活かして互いの歌声を聴き合いながら歌うことができる。	
題材の評価規準：	
知識・技能	①「もみじ」の曲想と，旋律の特徴や歌詞の内容とのかかわりについて理解している。 ②呼吸に気を付けながら，音色，強弱などを工夫して，「もみじ」の歌詞の表す情景や曲想にふさわしい表現で歌っている。 ③互いの歌声を聴きながら，各パートのバランスなどを工夫して歌っている。
思考・判断・表現	①音色，強弱などを聴き取り，それらの働きが生み出すよさや面白さを感じ取りながら，「もみじ」の歌詞の内容にふさわしい表現を工夫し，どのように歌うかについて思いや意図をもっている。 ②2つの旋律のかかわりを聴き取り，それらの働きが生み出すよさや面白さを感じ取りながら，各パートのバランスなどを工夫し，どのように歌うかについて思いや意図をもっている。
主体的に学習に取り組む態度	①「もみじ」の歌詞の表す情景に関心をもち，ふさわしい表現を工夫して歌う活動を楽しみながら主体的・協働的に取り組もうとしている。 ②2つの旋律のかかわりを活かして音楽表現を工夫して歌う活動を楽しみながら主体的・協働的に取り組もうとしている。

出所：筆者作成。

　題材の評価規準を設定したら，各授業においてどの学習活動の際にどの観点をどのような評価方法でみとるのかを考えておく。その際，3つの観点の関連性を意識することが大切である。表6-3は，表6-2の評価規準に基づいた授業における主な学習活動と評価方法・評価規準の例である。ただし，毎回の授業では学習状況の把握と指導の改善につとめ，観点別学習状況の評価の記録に用いる評価は題材末または学習のまとまりごとに行うのがよいだろう。

　題材末の総括的評価においては，表6-2のように1つの観点に複数の評価規準を設定した場合，評価規準のいずれかに重みづけをするか，すべてを同等に扱うかを考える必要がある。学期末や年度末には，各題材の観点別評価の総括および評定への総括を行う。なお，観点には示しきれない評価の視点を常に

43

第Ⅰ部　初等音楽科教育の理念と理論

表6-3　主な学習内容・学習活動と評価規準・評価方法の例

（㊝=「知識・技能」, ㊝=「思考・判断・表現」, ㊣=「主体的に学習に取り組む態度」）

時	学習内容・学習活動	評価規準・評価方法
1	○「もみじ」の歌詞の表す情景を思い浮かべながら歌う。 ・歌詞を朗読し，歌詞の表す情景を理解する。 ・情景を思い浮かべながら気持ちを込めて歌唱する。 ○「もみじ」の歌詞の表す情景や曲想にふさわしい歌唱表現を工夫する。 ・1番と2番の歌い方，楽曲の盛り上がるところを考えながら，音色，強弱などに着目してどのように表現を工夫するかについいて個人で考える。 ・それぞれの工夫のアイディアを全体で歌いながら，音楽表現を試行錯誤する。	㊝-①②（学習カードの記述，演奏の聴取） ㊝-①（発言，学習カードの記述） ㊣-①（行動の観察，学習カードの記述）
2	○二部合唱を行い，2つの旋律のかかわりを活かして歌唱表現を工夫する。 ・2つの旋律の役割や前半と後半で変化する旋律の重なり方を聴き取り，そのよさや面白さを感じ取る。 ・2つの旋律のかかわり活かした表現の工夫について個人およびグループで考え，意見を交流する。 ○歌唱表現の発表を行う。 ・グループごとに工夫した点を説明し，演奏する。 ・各グループの工夫，演奏について意見を交換する。 ○学習のふりかえりを行う。	㊝-①③（学習カードの記述，演奏の聴取） ㊝-②（発言，学習カードの記述） ㊣-②（行動の観察，学習カードの記述） ㊝-①②③（発言，演奏の聴取） ㊝-①②（発言，演奏の聴取） ㊣-①②（ふりかえりの記述）

出所：筆者作成。

もち，個々の子どものよさや可能性を子どもに伝えていくことも忘れてはならない。

3　質の高い学習をもたらす評価に向けて

1　真正のパフォーマンス課題を活用する

　2017年改訂の学習指導要領においては，初等音楽科の目標が「生活や社会の中の音や音楽と豊かに関わる資質・能力」として示されている。また，既述のようにそれらは高次の能力を含むものである。このような能力を育成する質の高い学習のために，真正のパフォーマンス課題を活用することができる[10]。

　パフォーマンス評価のなかで，とくにさまざまな知識や技能を総合して使いこなすことを求める複雑な課題をパフォーマンス課題という。真正のパフォーマンス課題とは，現実世界（真正）の文脈を模写するパフォーマンス課題を指す。現実世界の文脈はその複雑さによって必然的に高次の能力を要求するとともに，学んだことの生活や社会における意味を理解させることにつながる。

▷10　この評価方法や先のポートフォリオ評価法の背景には，「真正の評価（authentic assessment）」論がある。「真正の評価」論とは，教科の本質の深い理解やメタ認知能力といった，この社会で求められる真の能力，高次の能力を育成する評価方法のあり方を提唱するものである。

第**6**章　初等音楽科教育の評価

　具体的には，旋律の重なりやリズムといった各題材で焦点化される学習内容を活かして，題材末に，例えば音楽の魅力の紹介（「YouTube で『ファランドール』の魅力を発信しよう」など）や，ある条件のもとで音楽をつくること（「映像に効果音をつけよう」など）を求めるようなパフォーマンス課題を実施すること，また年度末にそれまでの学習内容を総括して「卒業生を送る会」等で音楽演奏を行うことを求めるような，より大規模の課題を実施することが考えられる。その際，課題に向けた学習プロセスにおいては，第2節 2 で示した方法で各観点についての細やかなみとりを行うことが大切である。

　また，題材開始時に子どもたちとパフォーマンス課題を共有したうえで，学習過程において子どもが自分のパフォーマンスを自己調整する機会を確保することによって，主体的な学びをもたらすことができる。具体的には自分の演奏を録音したり，音楽家や友だちのパフォーマンスを聴いたり，友だちと意見を交換することで協働したりしながら自分のパフォーマンスを修正する，といった活動が考えられる。その際，どのような点に気を付けてパフォーマンスを洗練させていけばよいのか，そのポイントを子どもと共有することが重要である。このような活動は，メタ認知能力の育成にもつながるものである。

2 　評価に関する教師間の対話の重要性

　評価をするにあたって大切なことは，子どもたちのパフォーマンスの質を評価する方法や指標について教師間で話し合い，検討を続けることである。例えば，「曲の特徴にふさわしい表現」とはどのようなものか，観点別の評価をどう総合するのか，といったことについて教師間で対話することは，評価の信頼性を高めるだけでなく，教師の鑑識眼を磨くとともに，一人ひとりの教師の主観的な評価を間主観的なものへと転換する道を拓く。さらには，目標自体の問い直しを含む教育改善にもつながるであろう。

▷11　評価指標の共有のためには，ルーブリック（質の変化を示す数段階の尺度と，各段階のパフォーマンスの特徴を説明する記述からなる評価指標）を活用することができる。

▷12　評価の信頼性とは，評価結果の安定性や一貫性を示す概念である。

Exercise

① 　第4学年において，「ノルウェー舞曲第2番」（グリーグ作曲）を鑑賞教材として音楽の構造と曲想の変化のかかわりに焦点を合わせた題材の目標を設定し，3つの観点に基づいて評価規準と評価方法を考えてみよう。
② 　①で考えた題材において，観点には示しきれない側面は，子どもたちにどのように現われうるだろうか，具体的に考え，話し合ってみよう。

第Ⅰ部　初等音楽科教育の理念と理論

📖次への一冊

西岡加名恵・石井英真編著『教科の「深い学び」を実現するパフォーマンス評価──「見方・考え方」をどう育てるか』日本標準，2019年。
　「資質・能力」を育成するための真正のパフォーマンス課題の作り方の具体的な方法や，音楽科における実践事例が紹介されている。

引用・参考文献

小山英恵「音楽科におけるパフォーマンス評価に関する一考察──『真正の評価』論に焦点をあてて」『学校音楽教育研究』17，2013年，3～14ページ。
田中耕治『教育評価』岩波書店，2008年。
中央教育審議会初等中等教育分科会教育課程部会『児童生徒の学習評価の在り方について（報告）』2019年。
文部科学省初等中等教育局『小学校，中学校，高等学校及び特別支援学校等における児童生徒の学習評価及び指導要録の改善等について（通知）　別紙4　各教科等・各学年等の評価の観点等及びその趣旨』2019年。

第Ⅱ部

初等音楽科教育の実践

第7章
初等音楽科教育の授業づくり

〈この章のポイント〉

　本章では，子どもの音楽的発達を踏まえ，初等音楽科の具体的な授業づくりについて検討する。音楽教育にたずさわる者にとって，子どもがどのような道筋で音楽的に発達していくのかを理解することは，大変重要なことである。第1節では，日常生活，保育，学校などにおける子どもと音楽とのかかわりを考察し，子どもたちが共通に獲得していく音楽的技能について説明する。続く第2節では，小学校の指導の対象となる「子ども」を踏まえ，小学校の音楽の授業づくりの実際について考えてみよう。

1　子どもの音楽的発達

1　子どもと音楽のかかわり

　音楽的環境が極めて豊かになった現代において，子どもたちは生活の至るところで音楽にかかわる機会をもっている。音楽を聴いたり演奏したりする活動は，生活のさまざまな文脈で発生し，子どもたちが音楽活動を行う目的も多様である。子どもたちの音楽活動は，質の高い音楽鑑賞や音楽表現を目指す活動から，音楽を機能的に用いた活動まで，その目的は幅広いのである。

　学習指導要領における音楽科教育の主な目的は，美的情操を養うことにおかれている。学校教育においては，音楽活動そのものを主たる目的とし，音楽の審美的側面に重きをおいた音楽活動が尊重されているのである。しかし，音楽教育を保育や日常生活を含めた幅広い文脈のなかで考えた場合，その目的を審美的な教育という狭い範囲に閉じ込めて考えることはできない。現代の子どもたちは，音楽を集中して聴き，その美しさを味わうだけでなく，音楽を合図として動いたり，音楽に合わせて踊ったりする。また，子どもは歌を歌うことをとおしてコミュニケーションをはかったり，またそれによって社会性を身につけていく。音楽的発達を考えるうえで重要な点は，このような多様な目的の音楽活動のなかから，子どもは音楽的発達につながる音楽的技能を獲得していっているということである。

▷1　Campbell（1998）は子どもの音楽活動を，感情の表出（Emotional expression），美的喜び（Aesthetic enjoyment），娯楽（Entertainment），コミュニケーション（Communication），身体的反応（Physical response），規律にしたがうこと（Enforcement of conforming to social norms），宗教上の儀式の有効性（Validation of religious rituals），文化の継承と安定（Continuity and stability of culture），社会の統合（Integration of society）の9つに分類している。

49

第Ⅱ部　初等音楽科教育の実践

［2］　音楽的発達

　音楽教育や保育においては，さまざまな場面や文脈で「音楽的発達」という言葉がもちいられる。ある時は子どもたちの音楽的な成長のしるしとして，またある時は音楽学習の目標として音楽的発達という言葉が頻繁にもちいられる。しかし，どのような音楽的技能が音楽的発達の過程で獲得されるのかについて，音楽の教師や研究者の間に明確な統一性があるのかというと，非常に曖昧な形で理解されている場合も多い。音楽教育の現場における音楽的発達の共通理解がなかなか得られない要因の一つは，音楽に関するどのような能力が多くの子どもに共通に獲得されるのか，そして，それがどのような経験や学習によって獲得されるのかについて，明確な説明が十分でなかったところにあると考えられる。

　現在，西洋やアジアの先進国では，学校内外を問わず，さまざまな場所において幼少期から系統的な音楽教育が行われている。学校教育においては，系統的なカリキュラムに基づいて表現や鑑賞の学習が行われ，小・中学校をとおして幅広い音楽の基礎的な能力の獲得が目指されている。また，日本では，ピアノ教育を代表とした学校外の音楽教室も充実しており，多くの子どもたちは，学校外のノンフォーマルな音楽教育から高い音楽的技能を身につけている。こうした系統的な音楽教育から見えてくる音楽的発達は，演奏技能，音楽の理論的理解，音楽のリテラシーの能力の獲得である。

　このような状況から，音楽的技能は，特別な学習がなければ獲得することができないと考えられることも多い。一般的にどのような人が音楽的にすぐれていると考えられているのかを調査した研究でも，楽器が演奏できることや楽譜が読めることなどを，音楽的な成長であると考えられる傾向が強いことが報告されている（Lamont, 2002）。しかし，音楽を普通に聴いたり，歌を歌ったりするために先ず必要となってくる技能は，音楽がもっている規則（文法）を直観的に理解することができる認知的技能である。そして，この技能は，ほとんどの子どもが，特別な訓練なしに身につけることができるのである。

［3］　音楽の認知的技能の獲得

▷2　例えば，音楽的ルールにそった音進行の識別（Smith and Melara, 1990），調性感の認識（Matsunaga and Abe, 2005）などの認知的な課題に関しては，音楽的訓練を受けている者と，そうでない者との間に大きな差がないという結果がでている。

　音楽の認知的技能とは，その言葉が指し示すとおり，音楽のさまざまな側面を聴きとり理解する能力である。なかでも，それぞれの文化圏の音楽様式固有の音楽語法を暗黙的に聴き取れる能力は，音楽の認知的技能のなかで最も重要なものである。そして，こうした認知的技能は，特別な音楽的訓練を受けたことがない者であっても，かなり高度な水準で獲得していることが，実証的な研究からも明らかになっている[2]。

　では，どうしてこのような技能は音楽的訓練がなくとも獲得することができ

るのであろうか。Hallam（2001）は，人間は音楽の聴取をはじめとした受容的な音楽体験から，音楽の認知的な技能を獲得することができることを説明している。こうした技能獲得の過程は「音楽的文化化（musical enculturation）」と呼ばれているが，ほとんどの人間は，それぞれが所属する文化圏のなかで，積極的に音楽活動を行わなくても，さまざまな音楽に「浸っている」ことによって技能を獲得しているのである。前述したように，子どもは，集中して音楽に向かうだけでなく，さまざまなところで音楽にさらされており，受動的な音楽へのかかわりからも，高度なレベルの音楽の暗黙的知識を獲得することができるのである。

▷3　音楽語法を暗黙的に聴きとれる能力とは，具体的にどのような能力であるのかや，それがどのように獲得されるのかについては，水戸（2014）に詳しい。

4　認知的技能の学校教育における発展

ここまでは，音楽の認知的技能は，さまざまな音楽活動を支えるものとして音楽的発達の軸となるものであることを説明した。本項では，こうした音楽活動の基盤となる認知的技能と，学校教育などのフォーマルな教育において身につける演奏，音楽の構造の理解，音楽のリテラシーの技能との関係について検討する。

本章で取り上げた音楽の認知的技能は，ここまで説明してきたように，それぞれの文化圏の音楽に内包する文法の知識を基盤として音楽を理解する技能である。しかし，ここでいう「知識に基づいた音楽の理解」とは暗黙的なものであり，決して意識化された知識や理解ではない。子どもが日本語を理解したり話せたとしても，その文法構造を説明することができないのと同じで，特定の様式の音楽を，その文法にそって理解し聴取できることと，それを明示的に説明できることとは同じではない。

心理学的にいうと，このような知識は手続き的知識と呼ばれるが，学校教育における音楽構造の理解やリテラシーの学習は，暗黙的に獲得されている手続き的知識を意識化し，理論的に整理していく過程と捉えることもできるだろう。しかし，ここで気をつけなくてはならない点は，学校教育で行っていくこうした意識化の過程が，文化化によって身につけていく認知的な技能の発達を，時に損ねてしまう場合もあるということである。

読譜・記譜などの技能の獲得を例にして考えてみる。現在，学校教育で学習する西洋音楽の楽譜は，演奏される音のリズムや音高を，拍子や音名などの枠組みにしたがって記録したものである。そして，楽譜を読み取ったり書けるようになるということは，音をこうした枠組みのなかで聴いたり記譜したりできるようになるということである。しかし，音楽を聴いたり歌ったりする時に，楽譜の枠組みに基づいた音楽の認知は必ずしも必要ではない。子どもは楽譜とは関係なしに，自由に音楽を聴いたり，歌を覚えたりしている。そして，このように楽譜にたよらない時の音楽の認知過程と，楽譜などの枠組みのなかで音楽を聴いたり演奏したりする時の認知過程は異なり，この2つの認知的技能の

第Ⅱ部　初等音楽科教育の実践

発達は，それぞれが干渉しあう可能性もあるのである。

　ここまで考察してきたように，子どもが音楽を聴いたり歌ったりするための音楽の認知的技能は，それぞれの文化圏のなかの音楽環境に身を置くことによって身につけることができる。このようにインフォーマルな場で身につけている認知的技能は，フォーマルな教育によってさらに伸びていく可能性をもっている。しかし，読譜や記譜などの教育によって発達していく音楽の認知の仕方が，子どもが伸ばしていかなくてはならない聴く力や耳から音楽を覚える力の育成を妨げる場合もあり，とくに導入期の音楽教育では，音楽リテラシーの教育の開始時期について慎重にならなくてはならない。子どもは，言葉がしゃべれるようになる前に読み書きを覚えることはない。音楽においても，これは同じである。楽譜などの音楽のリテラシーの学習をする前に，まず音によって音楽の意味を理解し，表現できるようにならなくてはならないのである。

　子どもは，豊かな音楽環境にさらされている。自由に音楽に反応し，また，日常生活のなかでふれる音楽からいつの間にか多くの歌を覚えたりしている。本章では，こうした多様な活動から子どもが身につけていく音楽の認知的技能に焦点をあてて音楽的発達を考えてきた。しかし，このような考え方は，学校などの音楽教育が目指している演奏技能，音楽の理論的理解，音楽リテラシーなどの基礎的な能力の獲得をないがしろに考えるものではない。こうした技能の獲得は，表現や鑑賞の幅を広げ，その質をより高いものにつなげていく重要な技能である。ただ，冒頭にも述べたが，インフォーマルな場で獲得している認知的技能は，すべての音楽活動の基礎となるものでありながら，音楽的発達として認識されていないことも多かったのである。さまざまな音楽活動のなかで育っていく認知的技能をさらに学校教育においても伸ばしていき，それをどのようにして演奏，音楽理論の理解，音楽リテラシーの学習につなげていくのかを，慎重に検討していかなくてはならない。

2　小学校の授業づくり

１　指導の対象である「子ども」が意味するところ

　私たち教師が授業をする対象は，児童（または幼児），つまり子どもである。しかも，彼らのほとんどは音楽家を目指しているわけではない。これが，音楽を特別に勉強しようとしている子どもが対象なら，音楽を「積極的に教える」「直接的に教える」という立場に立って授業することが可能であるし，そうすべきかもしれない。しかしそうではないので，まずは子どもが音楽の世界で楽しむことができるように心がけること，そしてそのなかで音楽の何かを学べる

ように仕向けていくことが大切である。なぜなら，音楽の本質は「楽しむこと」にあるからと言ってよい。

小学校の授業では対象は児童であるが，一口に児童と言っても第1学年から第6学年までと非常に年齢の幅が広いことも小学校教育の特徴である。第1学年は幼児の延長上にあるし，第6学年は生徒（中学生）に近い存在である。このことは，音楽の指導法においても注意が必要であることを物語っている。第1学年などの低学年に対しては，より楽しい活動を多分に含む学習活動をすべきであり，そのなかで学びにつながる学習展開を考えるべきであろう。そして高学年になるにつれて，より高次の思考や知識，技能を必要とするような，あるいは習得できるような学習が可能になり，学びを充実させることにつながる。▷4

2 授業の「ねらい」を明確にすることから始まる

一口に「授業」と言っても，その時間的な構成はさまざまである。▷5 通常は，数時間かけて一つの学習内容を扱うことが多い。その場合，例えば表現と鑑賞の教材を組み合わせて一つの学習内容を扱うなど，いくつかの教材を取り上げることが多く，それらで一括りにされた学習内容は「題材」と呼ばれることが多い。これは国語科や算数科などのように「単元」と呼ばれる単位とは違った言い方であり，音楽科の特徴と言える。

例えば「速さの変化を楽しもう」という題材を設定するとする。この「速さの変化を楽しむ」という題材名に，授業のねらいが示されている。音楽科の授業を計画する際に，最も重要なのは授業のねらいを明確にすることである。この例の場合，音楽のなかに見られる速度の変化を聴き取り，その面白さを味わうということが授業のねらいになる。

この場合，例えば歌唱の授業を2時間行う。速度の変化がわかりやすく児童が興味・関心をもてるような曲を扱うことが望ましい。そして，次の時間には鑑賞教材を扱う。歌唱とは別の曲が教材として扱われる。こうすることで，児童は複数の音楽教材を歌ったり聴いたりすることを通して，音楽における「速度の変化」のよさや面白さに気づいたり，楽しみを味わったりすることができ，学習の目的を達成することができるのである。

このように，音楽科の授業を行うにあたってすべきことは，第一に「学習のねらいを明確にする」ことであり，そしてそのねらいを達成させるためにどのような教材を選ぶか，何時間で扱うかを考え，題材を構成することである。この一連の作業を通して，授業のアウトラインが見えてくるのである。

3 授業のねらいを達成させるための手立て

さて，授業のねらいを達成させるために，教材を選び題材を構成することが

▷4 これらのことは，人間は年齢が低ければ低いほど「心や体で感じながら」物事を捉えていく傾向が強く，年齢が高くなるにつれて「頭で考えて」物事を捉えていくことができるようになる傾向があることからも言えることである。

▷5 小学校の授業は通常1コマ45分で行われる。その45分を「1時間」と呼ぶことが多い。1時間で学習内容を扱い切る単発の授業もあれば，数時間かけて一つの学習内容を扱う場合もある。

大切であると述べたが，さらに細かく授業の計画について考えていく。

① 指導計画

　これは題材を構成することとほぼ同義である。例えば「速さの変化を楽しもう」という題材を構成するとき，全体で３時間扱いにして，第一次の学習として歌唱教材を扱い（２時間），第二次の学習として鑑賞教材を扱う（１時間），という具合に，題材全体をどのような時間配分，内容配分にするかについて計画を立てる。これが指導計画である。

② 学習展開の工夫，発問など

　次に１時間ごとの授業の詳細について計画，準備する。例えば「速さの変化を楽しむ」ために鑑賞の学習をするとする。教材も決まり，あとは授業をすればいいわけである。しかし単に「今から速さが変化する音楽を鑑賞します」とだけ児童に告げて，実際に鑑賞させ，児童に発言を求めても，児童は「はい，速さが変化しました」とは言うものの，児童はその音楽に現れる速度の変化に驚きや感動は覚えないだろう。いかに驚きや感動をもってその教材に向き合わせるかが，小学校の授業では大切になる。この場合なら，例えば「○拍子の指揮をしながら聴きましょう」と児童に投げかけてみる。すると，次第に速度を増していく音楽に指揮の動きがついていけなくなり，しまいには児童が笑い出すだろう。そのときに「どうして笑っているの？」と問えば「だって速くてついていけなくなる」という意の発言をするだろう。この一連のやりとりのなかには，楽しさと音楽の要素についての気づきが共存する。ちょっとした教師の工夫で，授業が楽しく，かつ有意義なものになるのである。発問をどのような場面でどのように効果的にするのかを考えることは重要である。

　このように，どのような「学習活動」をするのか，その際どのような指示や発問をするのかを考えることは重要である。鑑賞学習を例にとれば，ある鑑賞教材曲を一度だけ聴かせるのではなく，なるべく何回も聴かせて，その曲のよさや面白さを感じ取らせ，願わくはその曲に親しみをもってもらいたいというのが教師側の一つの大事なねらいとなるが，そうなると何度も聴かせるための学習展開の工夫が必要になる。これが教師の大きな仕事になる。何度も聴かせるための方策を考えることは容易なことではない。その容易ではないことをするのが，専門職である教師の仕事と言える。

③ 活動の形態

　算数科の授業であれば，児童は机に向かって座り，黒板の方を向いて学習する光景がすぐにイメージできるだろう。しかし時にはグループになって話し合ったり何らかの作業をしたりすることもある。また，黒板に向かっていても，教師が児童全員に問いかけたり，それに応えたりする場合もあれば，児童が一人きりで問題を解決しようとする場合もある。これらは「学習形態」とか

第7章　初等音楽科教育の授業づくり

「活動形態」と呼ばれるものである。

　音楽科の授業においても学習形態は多様である。クラス全員で歌うというような「一斉」の形態。グループごとに表現を工夫したり音楽をつくったりする「グループ」「小集団」の形態。児童が一人でリコーダーの練習をする時や，音楽をつくる時，これは「個別」の形態となる。

　授業のねらいを達成させるために，指導計画のどの時点でどのような学習形態を用いるのかを検討することも重要である。とくに，学校教育において音楽を学習する意義について考えたとき，集団で学ぶことには大きな意義や価値がある。学校では，学校でしかできない学び方をするのが望ましい。だから集団で学ぶ形態を指導計画のなかに位置づけることは望ましいことと言える。どのような目的で，どのような活動をどのような集団で行うのか，また一斉形態や個別の活動をいつ，どのように取り入れるのかを計画するのである。

④　教科書の扱い

　これまで述べてきたように，一つの授業がなされるまでには，どのような「題材」を設定し，どの「教材」を選択し，どのような指導計画を立て，実際の授業をどのように展開させるかを考える，これら一連の作業が必要になる。これらのすべてを1年中行うのは，多忙といわれる教師にとっては困難なことであると言わざるを得ない。

　そのとき，教科書や指導書は大きな助けになる。大抵の場合は，教科書に沿って授業がなされている。教科書は，学習内容もバラエティに富んでおり，当然，新学習指導要領に示されている事柄も網羅されているので，教科書を参考にしながら授業を進めることに何ら問題はない。

　しかしながら，教科書に載っているすべての教材を1年間で消化するのも時間的には困難なことが多い。音楽科の場合すべての教材を扱わなければならないという性格のものではなく，児童の実態に応じて取捨選択して教材を扱うべきであろう。教科書を参考にしながらも，教師が教科書の外から教材を持ち込むこともあるだろう。オリジナルの題材，教材で授業を展開することも可能なのである。もちろん，歌唱共通教材については，必ず扱わなくてはならない。

⑤　評　価

　授業は，何らかの音楽の学びを達成するために存在する。すなわち「ねらい」があるのだ。当然授業のやりっぱなしはいけない。授業を通して，児童がそのねらいに達したかどうかをみる必要がある。この「みる」という作業が，評価といわれるものである。授業をしながら，一人ひとりの児童に目を配り，どのような様子なのかをしっかりとみとることが必要である。しっかりと児童をみて，どの子もその時間の授業のねらいに到達させることが大切である。到達させるために「みる」のが評価であり，みた結果，ここをこうしたらもっとよく

▷8　学校教育以外の習い事でも音楽を学ぶことはよくあることである。ピアノの個人レッスンなども典型的な音楽の習い事である。

▷9　ここには注意が必要である。年間授業時数が1時間も増えていないのにもかかわらず，平成23年度版の教科書から10ページ以上も増加している事実もある。

▷10　その時に「うん，うまくいっているね」や「もう少しこうするといいかもしれないね」「いい表情だなぁ」と声をかけてあげることも大切な評価に属する教師の振る舞いになる。

55

第Ⅱ部　初等音楽科教育の実践

なるなど，手を差し伸べてやるのが，「指導」や「支援」と呼ばれるものである。

評価や指導・支援が的確に行われるようにするためにも，その授業のねらいを明確にしておくことが肝要なのである。

Exercise

① 学校と日常生活における音楽活動を，その目的にそって分類してみよう。

② 自身が小学生だった頃の音楽の授業を思い出し，今後自身が目指すべき音楽の授業との比較をしてみよう。グループでディスカッションするのもいいだろう。

次への一冊

小畑千尋『〈OBATA METHOD〉によるオンチ克服指導法　さらば！　オンチ・コンプレックス　ユキ＆ケンと一緒に学ぼう！』教育芸術社，2017年。

　　歌を歌うということは，声を操る技能だけで成り立っているわけではない。本書は，音痴の克服を技能と心の両面から検討し，歌うことの本質を教えてくれる一冊。

髙倉弘光『こども・からだ・おんがく　髙倉先生の授業研究ノート』音楽之友社，2017年。

　　体を動かす活動が，実際に音楽の授業でどのように計画され，実践されているかをDVD映像も含めて紹介している一冊。

引用文献

Campbell, P. S., The musical cultures of children. *Research Studies in Music Education, 11*, 1998, pp. 42–51.

Hallam, S., Learners: Their characteristics and development. In BERA Music Education Review Group (Ed.), *Mapping music education research in the UK*, London: British Educational Research Association, 2001, pp. 9–25.

Lamont, A., Musical identities and the school environment. In R. A. R. MacDonald, D. J. Hargreaves & D. Miell (Eds.), *Musical Identities*, Oxford: Oxford University Press, 2002, pp. 41–59.

Matsunaga, R. & Abe, J., Cues for key perception of a melody: Pitch set alone? *Music Perception, 23*（2）, 2005, pp. 153–164.

水戸博道「子どもの音楽的技能の獲得」『子ども学』（2），2014年，60〜77ページ。

Smith, J. D. & Melara, R. J., Aesthetic preference and syntactic prototypicality in music: Tis the gift to be simple. *Cognition, 34*（3），1990, pp. 279–298.

第8章
初等音楽科教育の実践①
―― A表現(1)歌唱 ――

〈この章のポイント〉

　歌唱指導において，教師は児童のイメージや興味・関心に働きかけながら，児童が主体的に声に出して表現したり，歌ったりしたくなる場を生み出すことが大切である。そのような場で仲間と声の多様な表現を試行したり，互いの歌声を聴き合ったりしながら児童の歌唱表現は高められていく。

　本章では，発声法の基礎理論と歌声づくりの方法を関連づけて学習するとともに，歌唱表現における児童の創意工夫が，曲想の把握や技能の習得・活用につながることを実践的に理解する。そして感性を働かせる「聴く」活動が，どのように曲想や他声部の把握を促し，表現の工夫へとつながっていくか，その指導のプロセスを構想できる視点を養いたい。

1　声は自己表現の道具

　人は言いたいこと，表現したいことがあるとき，声に出して伝えようとする。その気持ちに働きかけながら児童の声の表現を引き出したい。

　教師は手拍子や打楽器を使って拍を打ちながら子どもたちに問いかける（譜例1）。

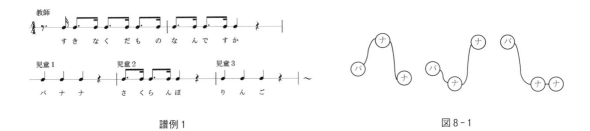

譜例1　　　　　　　　　　　　　図8-1

　拍打ちのスイング感に乗せて1回目は少し抑揚をつけるように，2回目は図形的表現（図8-1）を使って，高低感を強調して（大げさに）表現するよう促す。このような活動からはじめ，声の多様な表現へと学習活動を発展させていく。

　日常生活や想像の世界にあるさまざまな音や現象を取り上げ，児童に声で表現するおもしろさを経験させる。救急車のサイレンの音，恐竜の足音，物が落下する様子など，児童たちは身体表現を交えて声で表現するだろう。児童たち

第Ⅱ部　初等音楽科教育の実践

から出てきたいろいろな声の表現をまねっこしたり，順番につなげたり，交互に，また重ね合わせたりして組み合わせを楽しむこともできるだろう。事物の様態や変化を声で表現する活動は，音の高低や強弱をコントロールしたり，チェンジボイス（地声から裏声へ転換する声）を使う経験にもなるので，発声の基礎的な技術の習得につなげられる。教師は学年の発達段階を考慮しながら，児童一人ひとりが興味をもって声の表現に参加できるよう雰囲気づくりを心がける。

2　発声法の基礎 ◁1

1　発声指導のポイント

　声は空気が声門（喉頭）を通過することによって声帯が振動し，共鳴をともなって発せられる。呼吸器官と発声器官を構成する諸器官のはたらきにより，声の持続性，音高や声質のコントロールが可能になる。ここでは発声指導のポイント◁2として次のア～エの4つの項目をあげる。

　　ア　姿勢・表情……立ち方，顔の表情，口の形（口の開き方）◁3
　　イ　呼吸……腹式呼吸（ブレス［吸気］の取り方，呼気の保持）
　　ウ　響き（共鳴）……声の響かせ方（高音・中音・低音，母音），声量，声質
　　エ　ことばの発音……母音・子音の明瞭な発音，表情のつけ方

　発声法の基礎は，腹式呼吸（横隔膜呼吸）で呼気と吸気の循環をコントロールし，呼気を持続させながら効率よく声を響かせる方法を体得することである。立ち方，首の位置，腹部の使い方，表情のつくり方，母音の響かせ方，口腔の状態などさまざまな観点から発声指導が行われる。目的に合った声を出すためには技術が必要であり，その技術を習得するためには，呼吸と発音，共鳴にかかわる諸器官がうまく連動して働く必要がある。

　具体的な指導として，例えば「口を大きく開ける」と児童に指示した場合，外見では口は大きく開いているように見えても，実際には下顎が硬くなっていたり，喉の奥に力が入っていたりすることがある。教師は指示したことがどのように実現しているか，児童の様子を見て，その声をよく聴いて判断し，正しい方向に導かなければならない。また発声指導においては，児童に「いい声のイメージ」をもたせることが大切である。そのためにはモデルとなる歌唱（教師の範唱やCDなど）を聴かせたり，比喩的表現を使って児童の感覚（聴覚，視覚，運動感覚など）に働きかけることが有効である。「喉の力を抜きましょう」と言うよりも「あくびをするような感じで」と言った方が感覚的に伝わるし，またハミングをする際に「花びらを一枚そっと唇にはさんでその香りを感じる

▷1　この節で取り上げる「発声法」に関する腹式呼吸，声区，共鳴，発声器官の構造等については，「発声」（『新訂合唱事典』492～510ページ），「発声」「発声器官の発達」「発声指導」（『日本音楽教育事典』644～647ページ）の項や岩崎（1997）に詳しい。

▷2　竹内（2003）では発声指導のポイントとして①姿勢，②ブレス（呼吸），③ひびき，④発音・口形・表情の4項目があげられ，具体的な指導法が示されている。

▷3　「ア　姿勢・表情」は外形という視点から捉えたポイントであるが，「顔の表情」や「口の形（口の開き方）」は「ウ　響き」や「エ　ことばの発音」とも関連している。ア～エは相関的に理解し，実践に活かされたい。

ように」と促した方が、唇だけではなく下顎や喉がリラックスでき、効果的にハミングの響きが得られる。教師は、それぞれの比喩的表現や具体的な指示の目的や効果について理解したうえで、出したい声のイメージを児童と共有し、上達することが楽しくなるような発声指導に取り組みたい。

2 声　域

声域とは出せる声（あるいはある曲を歌う際に使う声）の低い音から高い音までの範囲をいう。児童の場合、通常の歌唱で使う声域は第１学年〜第２学年ではおよそ１オクターブ（目安としてハ［ド］〜ハ［ド］）、第３学年〜第４学年を経て第５学年〜第６学年では１オクターブ半ぐらいである。無理に高音域や低音域を連続して歌わせると、発声器官をコントロールする筋肉を硬直させるので注意しなければならない。教科書の歌唱教材などを参考に学年に即した声域を把握し、発声器官に負担がかからない範囲の音域で歌唱指導を進めていきたい。

▷4　第１学年〜第２学年の声域から低音域にも広がるが、頭声発声の指導により高音域が伸展する。

3 発達からみた歌声

成人男女が同じ旋律をいっしょに歌う場合、通常は１オクターブ離れたユニゾンで歌うことになる（譜例2）。ちょうどピアノを使って同じ旋律を左右両手で弾いたときと同じ響きになる。

《旅立ちの日に》（小島登 作詞，坂本浩美 作曲，松井孝夫 編曲）より
譜例2

一方、変声期を迎える前の男児は、女児と同じ音の高さで歌っている。男児は早い場合、小学校第４，５学年から変声期に入り、まず高い音域が歌えなくなり、声域が狭くなる。その後低音域が徐々に伸びて、変声期を終える頃（およそ中学校第１学年〜第２学年）には１オクターブ低い音域で歌うようになる。変声期の児童は皆と同じ高さで歌えなかったり、声そのものが出しづらいことがある。まずこれらのことを基礎知識として理解しておく必要がある。

最近のJ-POPの男性歌手の多くは、ファルセット（裏）を自在に操って高音域へとスムーズに移行する技術を獲得している。このファルセットを使うと１オクターブ高い音域で女性や児童と同じキー（高さ）が歌えることになる。児童の前で男性教師が範唱する場合、このファルセットが使えると児童の模唱を導きやすい。

▷5　変声期児童の指導については「第Ⅳ章　歌声作り　４つのポイント再考　1．変声期と発声」（岩崎，1997，74〜77ページ），「Part 3　合唱指導の理論とテクニック　5．変声期（1），6．変声期（2）」（竹内，2003，96〜97ページ），「第4章　声を育てる　2　変声児童の指導」（眞鍋，2016，61〜63ページ）が参考になる。

▷6　ファルセット（falsetto）（イタリア語）男声において声区は低い音域から胸声、中声、頭声へと移行するが、ファルセットは頭声の上の一番高い音域にある細く力の弱い響きの声区。仮声あるいは裏声の同義として使われることもある（参考『新訂標準音楽辞典』）。

第Ⅱ部　初等音楽科教育の実践

3　発声法の展開——声区の使い分けから融合へ

　大人でも子どもでも声域は複数の声区から形成されている。一般的に知られる「地声」と「裏声」が異なった声区の声であるといえばわかりやすいだろう。声区については音声生理学の立場から諸説あるが，ここでは小学校音楽科指導の実際に鑑みて，地声（胸声区）と裏声（頭声区）の2区の観点から声区の問題を考える（譜例3）。本章では裏声を響きのある歌声として捉える場合に「頭声」，同様に地声を響きのある歌声として捉える場合は「胸声」の用語を用いる。

▷7　戦後の学習指導要領変遷のなかで，声区とかかわる発声の解釈や指導方法は解決すべき主要な課題であった。目標とする歌声や歌い方について，学習指導要領［昭和26年改訂］では「頭声発声」，同［昭和33年改訂］では「頭声的発声」，同［平成10年改訂］では「自然で無理のない声」，同［平成20年改訂］および新学習指導要領［平成29年3月公示］では「自然で無理のない歌い方」（第3学年及び第4学年），「自然で無理のない，響きのある歌い方」（第5学年及び第6学年）と表記されている。

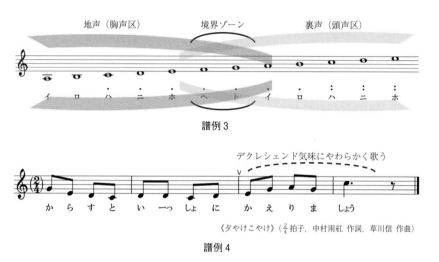

譜例3

譜例4　《夕やけこやけ》（2/4拍子，中村雨紅 作詞，草川信 作曲）

　譜例4は《夕やけこやけ》（中村雨紅作詞，草川信作曲）のおわりの4小節である。これを歌うために必要な声域はハ〜ハの1オクターブである。声域は広いわけではないので平易に歌えそうであるが，解決しなければならない技術的な問題がある。前半の2小節「からすといっしょに」の旋律は低音域で歌われるためいわゆる地声になり，その地声のまま後半2小節「かえりましょう」が歌われると，フレーズの終わりに行くほど苦しくなって声がうまく出せなかったり，粗暴な歌い方になったりする。あるいは最後の音（ハ，高いド）だけ取ってつけたかのように弱々しい裏声になり，響きの統一感を失ってしまう。

　地声が敬遠される大きな理由は，「元気に大きな声で」歌われるとき，高音を張り上げたり，音程や強弱のコントロールを失うからである。この解決法として，地声を一切使わず裏声のポジションで歌わせるという方法もあるが，そうすると低音域の響きが得られないジレンマが生じる。本節では地声と裏声，この2区をうまく移行させる方法を考えていきたい。

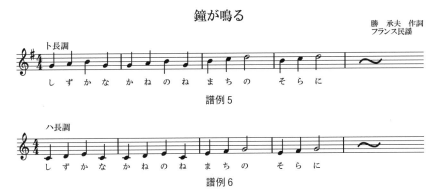

　譜例5・6は，輪唱曲《鐘が鳴る》（勝承夫作詞，フランス民謡）の前半部分である。譜例5はト長調，譜例6はハ長調で書かれている。譜例5を使うと比較的裏声のポジションがつかみやすく，頭声発声の指導がスムーズに進められる。譜例6は地声で歌える音域なので，その条件を利用して，地声の響きの改良にむけた指導ができる。譜例5・6どちらにも共通して，鐘の音がしずかに響きわたるイメージを生かして，譜例5では高音域ののびやかな響き（頭声）に，譜例6では中・低音域の丸みのある響き（胸声）に，それぞれ近づけるよう指導の工夫をする。声区の声が柔軟に使えるようになったら，徐々に地声から裏声のポジションにスムーズに移行するコツをつかませる。

　先にあげた《夕やけこやけ》（譜例4）のおわりの4小節の前半2小節は，地声の響きをコントロールしながら「やさしいお母さんガラスのイメージ」で歌い，後半の2小節で「かえり」の上行形の3音（ミ・ソ・ラ）をデクレシェンド気味にやわらかく歌いながら，頭声へスムーズに移行するよう指導する。

　第1学年〜第2学年の児童はまだ発声の技術を習得するには早いので，まず裏声のチェンジボイスを経験させながら頭声発声の指導を少しずつ進める。第3学年〜第6学年では，身体の発達に即してよりのびやかな頭声と立体感のある胸声になるよう指導の充実を図りたい。頭部にある共鳴ボックス（共鳴腔）と胸部にある共鳴ボックスが響き合うようになると，地声と裏声の境界ゾーンの不安定感も解消されていく。

▷8　口腔，鼻腔など。

　歌唱教材のなかには，伝統音楽に由来する日本古謡，わらべうたや民謡，そしてまた世界各国地域の歌も取り上げられている。また感情を直接的に表現する歌もあれば，情景を叙情的に表現する歌もあり，曲種や曲想によってそれぞれの歌い方は多様である。新学習指導要領［平成29年3月公示］に示されている「自然で無理のない，響きのある歌い方」の趣旨を理解し，歌い方や声の響きを柔軟に捉えて歌声づくりを進めていきたい。

4 歌唱表現へのステップ

1 階名で歌う

　第1学年〜第2学年から児童に階名（ドレミ）で歌うことに慣れさせて，音程感覚の育成を図りたい。教師が範唱し，児童が模唱する形態で階名唱を行う。

▷9 「第3　指導計画の作成と内容の取扱い」（新学習指導要領）に「相対的な音程感覚を育てるために，適宜，移動ド唱法を用いること」と示されている。平易な曲を使って長調の主音をド，短調の主音をラと読んで，音程間隔を相対的に捉えて歌えるように指導することが求められている。

譜例7

　この方法で教師は，音程やリズムを変えて児童と階名唱を楽しむことができるだろう。ラララや歌詞で歌うことと比べて階名唱のメリットは，音程感覚，つまり音の高さのちがいを認識する力がより明確に身につくことである。階名唱の経験を重ねながら，楽譜を見て歌う（視唱）学習にもつなげていきたい。読譜力は，曲の構成やパートと全体の関係を把握するためにも必要となるので，生きる力として小学校6年間ではぐくみたい。

2 「聴く」

　小学校の新学習指導要領音楽科の目標では「表現及び鑑賞の活動を通して，音楽的な見方・考え方を働かせ……」と述べられ，同解説では「音楽的な見方・考え方とは，『音楽に対する感性を働かせ，音や音楽を，音楽を形づくっている要素とその働きの視点で捉え，自己のイメージや感情，生活や文化などと関連付けること』」と説明されている。ここには音楽学習の根本が示されており，感性を働かせることが，すべての音楽活動の入り口であると共通理解される。音楽学習において感性を働かせることと「聴く」ことは表裏一体であり，歌唱指導において「聴く」活動を有効に取り入れることが大切である。
　「聴く」を表現活動の実際において捉えると次のような局面が考えられる。
　① 他者が発する音を聴く
　② 自分が発する音を聴く
　③ 他者が発する音と自分が発する音の両方を聴く
　「聴き合う」ための具体的な指導方法として交互唱（コール＆レスポンス）の形式を活用する。もともと交互唱の形式で書かれた曲は教科書にも数曲取り上げられているが，交互唱の形式で書かれた曲に限らず，どのような曲でも交互唱は可能である。例えば，同じ旋律を複数のグループが順番に歌う，一つの曲

▷10 《やまびこごっこ》（おうちやすゆき作詞，若月明人作曲），《こぶたぬきつねこ》（山本直純作詞・作曲）など。

をいくつかに分割し（例えば16小節の曲を4小節ずつ分けて），グループ単位で歌い継いでいくといった方法も有効である。

合唱の教材選択にあたっては，自分と他者の音を聴く対象として捉えやすいものから選ぶとよい。合唱の導入では2つの声部（パート）が並行に動く3度のハーモニー（譜例8）を課題とすることがよくあるが，実は2つのパートが同じ動きをするため自分のパートと相手のパートを別々の対象と捉えることが難しい。むしろ合唱の導入では輪唱（カノン），パートナーソング[11]，オスティナート[12]を含んだ曲，主旋律の上声部にオブリガート[13]が施された曲，パートの掛け合いの部分が含まれる曲など，各パートが異なった動きで重なり合う構成の曲から取り組んでいく。

《Believe》（杉本竜一 作詞，作曲）より

譜例8

3 「聴く」から「どのように表現するか」へ——創意工夫の力の育成

音・音楽を聴く対象として知覚し，感受する経験を積み重ねることは思考，判断し，表現する一連の過程の実現につながっていく[14]。

他者や自分が「どのように歌っているか」を聴く活動は，次に「どのように歌いたいか」という思いや意図をもった曲想表現へと進展する。このとき児童は仲間との学び合いの場を通して課題をみつけ，どのようにすればよりよい歌唱表現ができるかを追求するようになる[15]。

まず児童が感性で捉えた「こんな感じで歌いたい」という思いを大切にはぐくみたい。感性で捉えた「こんな感じで」を「曲想と音楽の構造や歌詞の内容との関わり」と「思いや意図に合った表現をするために必要な技能」に結び付け，曲の特徴にふさわしい表現の工夫ができるよう学習を進めていきたい[16]。ここでの技能とは例えば息の使い方，言葉の発音の仕方，音程やリズムの合わせ方，響かせ方，強弱のつけ方，なめらかな歌い方，弾んだ歌い方などである。授業計画においては児童たちが感性，知識，技能の3つの局面を相互に関連させられるよう教材研究と指導方法の工夫を図っていきたい。

本章では歌唱指導の基本的な枠組みを示すことを目的とし，具体的な実践方法については参考文献に譲るが，先達者の指導法やアイディアをそのまま使うという姿勢ではなく，それら指導法やアイディアを参考に，まず指導者が教材を実際に歌いながら自らの表現を試行することが大切である。授業に臨んで

▷11 パートナーソング（partner song）合わせるとハーモニーになる2曲のこと。例《春が来た》（文部省唱歌）と《ふじ山》（文部省唱歌）の前半8小節はパートナーソングになる。

▷12 オスティナート（ostinato）（イタリア語）終始繰り返される同じ音形のこと。

▷13 オブリガート（obbligato）（イタリア語）主旋律と協奏する声部（パート）。歌の場合は主旋律の上声部に位置することが多い。

▷14 新学習指導要領の〔共通事項〕に「聴き取ったことと感じ取ったこととの関わりについて考えること」と示されている。

▷15 新学習指導要領「2 内容 A 表現(1)ア」に歌唱活動の指導事項として「表現を工夫し，どのように歌うか」について記されている。例えば，「歌唱表現についての知識技能を得たり生かしたりしながら，曲の特徴にふさわしい表現を工夫し，どのように歌うかについて想いや意図をもつこと」（第5学年及び第6学年）と示されている。

▷16 新学習指導要領の「2 内容 A 表現(1)」を参照。

は，児童同士，教師と児童が対話をし，歌い合い，聴き合いながら歌うことの楽しさやよさに共感し，「こんなふうに歌いたい」の実現に向かってともに歩んでいく姿が望まれる。

Exercise

① 自分が歌唱指導を受けた経験から，どのような指導言が使われたか，それがどのような効果につながっていたのか，話し合ってみよう。
② 仲間と歌いながら感動した経験を語り合い，歌唱（あるいは合唱）によって得られる感動体験の成立要因について考えてみよう。

次への一冊

竹内秀男『イラストでみる合唱指導法』教育出版，2003年。
　発声指導と合唱指導について，専門性を踏まえながら具体的な実践方法が示されており，体系的に学べる貴重な一冊。
蓮沼勇一『白ひげ先生の心に響く歌唱指導の言葉がけ』音楽之友社，2015年。
眞鍋なな子『子どもが輝く歌の授業』音楽之友社，2016年。
丸山久代『歌う力を育てる！歌唱の授業づくりアイデア』音楽之友社，2017年。
　この三冊では，豊かな指導経験から得た著者の知見をもとに，児童の歌唱の実態と指導の具体的な場面に即して課題が示され，解決の方法がわかりやすく解説されている。

引用・参考文献

蓮沼勇一『白ひげ先生の心に響く歌唱指導の言葉がけ』音楽之友社，2015年。
岩崎洋一『小学生の発声指導を見直す』音楽之友社，1997年。
眞鍋なな子『子どもが輝く歌の授業』音楽之友社，2016年。
丸山久代『歌う力を育てる！歌唱の授業づくりアイデア』音楽之友社，2017年。
竹内秀男『イラストでみる合唱指導法』教育出版，2003年。
『新訂合唱事典』音楽之友社，1998年。
『新訂標準音楽辞典』（第二版トーワ）音楽之友社，2010年。
『日本音楽教育事典』音楽之友社，2004年。

第9章
初等音楽科教育の実践②
——A 表現⑵器楽——

〈この章のポイント〉
　この章では，小学校の新学習指導要領における音楽教育の目標を意識して，器楽指導の役割を「A 表現」の⑴歌唱と⑶音楽づくりの活動分野，および「B 鑑賞」領域との関連性から捉えた。本来，音楽はすでに総合的な経験として子どもたちのなかにあり，音楽学習はそれを子どもたち自身が再発見するプロセスである。器楽活動は，子どもたちの音楽経験をより豊かなものにし，音楽学習がより主体的で能動的な活動となることを可能にする。本章では，そうした器楽学習の特性を考慮して，個別の奏法よりも実際の学習における活用の方法に重きを置いて学ぶ。

1　器楽活動の意義と役割

　小学校の新学習指導要領における音楽の指導内容は，大きく「A 表現」と「B 鑑賞」の 2 つの領域に分けられ，「器楽」は「歌唱」や「音楽づくり」の活動とともに「表現」領域に位置づけられている。それぞれの活動分野や学習領域は独立したものとして指導されるのではなく，適宜，〔共通事項〕を要とするなどして，互いに関連して指導が行われるように配慮しなければならない。
　歌唱の活動が歌詞の意味や言葉の響きをともなって行われるのに対して，器楽の活動は多様な楽器の音色や響きと，それを生み出す奏法とが結びついて行われる。このことから，両者が適切に関連して扱われることは，曲想を感じ取って表現する能力を育成するうえで有意義なことである。また，打楽器をはじめとする楽器の音色や奏法の多様さは，即興的な音楽づくりにおいても有効に活用される。
　器楽の活動は，多彩な音色を聴き分けたり音の重なり具合を知覚・感受したりといった直接的な経験を通して，生活や社会の中の音や音楽を集中して聴く習慣を育て，音楽の多様さや音そのものへの好奇心を刺激する。器楽の活動を通した音や音楽との接し方は，鑑賞領域の学習における音楽の聴取をより主体的なものにして，生涯にわたって音楽文化に親しむ態度や習慣を養うための基盤となるものである。

2 楽器の奏法と指導

1 打楽器

① 無音程打楽器

カスタネット 2枚の硬い小木片に紐を通して打ち合わせる楽器で、スペイン舞踊で用いられるスパニッシュ・カスタネットやオーケストラで用いられる柄つきカスタネットなどがあるが、小学校では打ち合わせるだけで簡単に演奏できる教育用カスタネットが使われる。ゴム紐の輪になった部分に指を通して手のひらに保持し、もう一方の手の人差し指、中指、薬指をそろえて指先で軽く打つ。低学年のリズム指導で使われることが多いが、持ち方や打ち方の工夫で多様なリズム表現が可能である。

▷1 教育用カスタネット

▷2 タンブリン

タンブリンの枠の丸い穴はスタンドに装着するためのもので、そこに指を入れて楽器を持ってはいけない。

タンブリン 枠の周囲に小さなシンバルがついた小型の片面の太鼓（革を張っていない枠だけのものもある）で、手に持ってもう一方の手の指、拳、手のひらで鼓面を打つ。ほかにも、手首の回転で小刻みに振ったり、親指の腹で鼓面の縁をこすったり、膝に打ちつけたり、スタンドに装着してスティックで叩いたりもする。鼓面に親指を置き、他の4本の指で枠を摑んで楽器を水平に保持するのが基本である。その際の楽器の角度や鼓面の打ち方、打つ場所の工夫などでさまざまな音楽表現が可能になる。

トライアングル 三角形に曲げられた金属の棒を金属製のバチ（ビーター）で打って鳴らす。大きさはさまざまあるが一定のピッチをもたない。一般的には、人差し指で紐から吊り下げ、親指と中指で前後から軽く挟んで安定させ、三角形の底辺にあたる部分の中央付近や角の開いた部分の反対側の辺をビーターで打つ。音量をコントロールすることが難しいが、打つ位置やビーターの太さや当て方によって多彩な音色を出すことができる。角の部分でビーターを小刻みに振るトレモロ奏法が効果的に用いられるほか、楽器を吊るしたほうの手で楽器の上部を握って響きを止めて打つ奏法（クローズ）と響きを止めない通常の奏法（オープン）を組み合わせてリズムパターンをつくることもできる。

▷3 トライアングル

▷4 鈴

鈴（スレイベル） 鈴は古くから神事に用いられてきた。その種類はさまざまであるが、小学校で用いられるのは、プラスチックや木製のリングに小さな鈴をいくつか取り付けた教育用の楽器やオーケストラなどで使用するスレイベルである。どちらの場合も、片方の手で持って（スレイベルは鈴が下に向くように握る）スナップを利かせてその手を振ったり、もう一方の手で楽器を持った手を叩いたりして鳴らす。トレモロ奏法は、鈴を持った手を小刻みに振って鳴らすが、スレイベルの場合は両端を両手で持って激しく振ることもできる。

▷5 スレイベル

第9章　初等音楽科教育の実践②

ウッドブロック　中空の堅い木にスリット（割れ目）が入ったもので，形状としては四角い箱型のものと円形の筒型のものがある。いずれも木琴のマレット（ばち）や小太鼓のスティックで打つ。箱型のものは単独で用いたり大きさの異なるものを組み合わせて用いたりするが，小学校では2個で一体になった筒型のものがよく用いられる。2個のウッドブロックは音の高さに違いがあるので，時計の音を暗示する効果音として用いられたり，リズムの組み合わせを効果的に表現したりするのに使われる。

▷6　ウッドブロック

シンバル　オーケストラや吹奏楽などで使われる，児童にも馴染みの深い楽器である。両手に持った2枚のシンバルを打ち合わせるクラッシュ・シンバル（合わせシンバル）と1枚だけをスタンドに取り付けるサスペンデッド・シンバル（スタンド・シンバル）がある。クラッシュ・シンバルは，2枚のシンバルを擦らせるようにして打ち合わせる。音量の幅が広く，合奏のなかで効果的に使うことができる。サスペンデッド・シンバルは小太鼓のスティックや木琴のマレットなどで打つ。どちらも曲想に応じた異なった効果が期待できる。

▷7　クラッシュ・シンバル

▷8　サスペンデッド・シンバル

大太鼓（バス・ドラム）　胴の両面に膜を張った大型の太鼓で，マレットの大きさや形状，あるいは太鼓の膜面の打つ位置や角度などによって音色を変える。膜面の中心よりもやや外側を打つのが基本だが，とくに強い音を必要とするときは中心部を打つ。打つ角度を斜めにすると柔らかく，垂直にするとやや硬い音になる。響きを止めるときは打面の反対側を手のひらで押さえるようにするが，短い音を表現するときには打面の振動を押さえて止める。簡単な構造の楽器だが，チューニング（膜面の張り具合）が音色の良し悪しに大きく影響する。

小太鼓（スネア・ドラム）　胴の両面に膜を張った小型の太鼓で，打面の反対側の膜に金属の細いコイル状の響き線（スネア）が接するように張られている。スネアはレバーでオン（膜面に触れた状態）とオフ（膜面から離れた状態）が切り替えられる。スティックは左右にもち，約90度に開くようにして構え，腕や手首の力を抜いてスナップを利かせて打つ。スティックは，右手は上から握り左手は下から握るレギュラー・グリップ（トラディショナル・グリップ）と左右とも上から握るマッチド・グリップがあるが，小学生にはマッチド・グリップのほうがスティックの扱いを習得するのに適している。

▷9　バス・ドラム

▷10　スネア・ドラム

ラテン・パーカッションなど　その他，小学校ではラテン系のパーカッションが使われることが多い。クラベス，マラカス，シェイカー，ギロ，カウベル，あるいはボンゴやコンガといった太鼓類も使われる。ラテン系のパーカッションは種類が多く多様な音色と奏法が存在するため，リズム表現の学習に有効に使われる。いずれの楽器もその音楽のスタイルとともに広く愛好されるようになったものなので，実際の演奏の映像などから奏法を学び，それぞれの音楽にふさわしい表現ができるように工夫することが大切である。

第Ⅱ部　初等音楽科教育の実践

▷11　レギュラー・グリップ

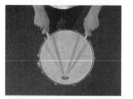
▷12　マッチド・グリップ

▷13　クラベス

▷14　マラカス

▷15　ギロ

▷16　シロフォン

▷17　マリンバ

②　有音程打楽器

木琴（シロフォン，マリンバ）　堅い木材の音板をピアノの鍵盤のような配列で並べたもの。華やかで明るい音色のシロフォン[16]は合奏のなかで旋律を効果的に引き立てる。マレットの打部には，木，ゴム，プラスチックなどのほかに玉を綿糸や毛糸で巻いたものを用い，材質によって音色の変化が得られる。マリンバ[17]もシロフォンに似た形状の楽器ではあるが，より重厚な音色の音板と豊かな響きの共鳴筒を持っており，合奏だけでなく単独での演奏にも用いられる。マリンバのマレットは毛糸を巻いたものを用い，毛糸の種類や巻き方によって多彩な音色を表現できる。小学校では低音部を専門に受けもつバス・マリンバが有効に使われる。

鉄琴（グロッケン，ヴィブラフォン）　木琴と同じ配列で金属製の音板を用いたもの。グロッケン[18]（グロッケン・シュピール）とヴィブラフォン[19]がよく使われる。グロッケンのケースは共鳴器を兼ねており，真鍮や硬いプラスチックのマレットが使われる。実音は記音より2オクターブ高く澄んだ音で，合奏のなかで効果的に用いられる。ヴィブラフォンは，金属製の音板の下に共鳴筒とダンパー（フット・ペダルで音板の振動を止める装置）がついている。共鳴筒のなかにはモーターで回転するファンがあって，ヴィブラートがかかるようになっている。マレットはゴムの芯に毛糸を巻いた柔らかいものが用いられ，求められる音色によってさまざまな硬さのマレットが使用される。

オルフ楽器　ドイツの作曲家で音楽教育者でもあるカール・オルフ（Carl Orff, 1895～1982）によって考案された教育用の打楽器類の総称。太鼓類をはじめ各種の打楽器があり，小学校で初めて楽器に触れる子どもたちが「音楽づくり」の活動を自由に行うことができるように，音板を簡単に取り外して配列を組み替えることのできるシロフォン[20]やメタロフォン[21]がよく使われる。これらの楽器は，奏法のやさしい楽器を用いて子どもの音楽的な感覚や能力を伸ばすというオルフの音楽教育理念に基づいてつくられ，通常の器楽合奏よりも即興性を重視した音楽づくりの活動において効果的に用いられる（本書第Ⅴ部参照）。

2　旋律楽器

ハーモニカ　アコーディオンやリードオルガンと同じ金属製の自由リードを小さな穴に配列し，口にくわえて息を吐いたり吸ったりして演奏する。音域や種類も豊富に存在する。わが国では，かつて小学校の低学年を中心に教育用の楽器として盛んに用いられていたが，吹き吸いの区別や吹き口（穴）が見えないことなどの指導の難しさのために，現在ではハーモニカよりも鍵盤ハーモニカ[22]が多く使われるようになった。しかし，教育用の単音ハーモニカは吹き口が見えないがゆえに，聴き取ったメロディを「さぐり吹き」することで感覚的な音

感を養うことができるという利点もある。

鍵盤ハーモニカ[23]　ハーモニカと同じ発音原理の楽器で，ピアノのような鍵盤が付いており，鍵盤と連動したバルブの開閉で金属製の自由リードを呼気だけで鳴らすことができる。指導のしやすさから，幼稚園や小学校第１学年〜第２学年の教育用楽器として普及しているが，ハーモニカと同様に豊かな表現力をもつ楽器である。その形状からピアノやオルガンのような指導が行われがちだが，基本的には吹奏楽器であり，管楽器と同じような息の使い方やタンギングが重要な技法となる。したがって，同じ音を連続して演奏する場合には，鍵盤を連打するのではなくタンギングを用いるのが基本である。

リコーダー　リコーダーは中世・ルネサンスからバロック期にかけて盛んに用いられた楽器であるが，現代では古楽の演奏のほかに学校における器楽教育にも用いられている。クライネ・ソプラニーノからコントラバスまで幅広い音域の楽器があるが，学校教育では主にソプラノ，アルト，テナー，バス[24]が使われる。基本的な運指は，すべての音孔を閉じたときの最低音がＣ（ド）の楽器群（ソプラノ，テナー）とＦ（ファ）の楽器群（アルト，バス）の二通りがあり，わが国の学校教育では，小学校の導入期にソプラノが使われ，中学校でアルトが使われることが多い。

　ソプラノに関しては，古くからの正統的な運指のバロック式（イギリス式）と20世紀の初めに教育用に開発されたジャーマン式（ドイツ式）がある。派生音を含めたすべての音のピッチの正確さや高音域の発音の安定性などの面ではバロック式のほうが圧倒的に優位であるが，小学校の授業で派生音を用いずにハ長調のみで歌唱教材を演奏したり，簡単な歌唱教材の副旋律を演奏するのであればジャーマン式の楽器でも十分である。つまり，リコーダーを用いた器楽教育を計画的に発展させるという観点からはバロック式を選択することが望ましいが，初期の音楽教育に教育用楽器としてリコーダーを利用するということであれば，ハ長調の運指が容易なジャーマン式を選択するということになる。

　多くの小学校用教科書ではソプラノ・リコーダーから導入し，運指に関しては，左手を用いる「シ→ラ→ソ→ド→レ」から右手を加えて低い「ファ→ミ→レ→ド」の順番に指導し，音域を高い「ミ→ファ→ソ」と広げていく方法が一般的である。しかし，学年が上がるに従って，ヘ長調の「シ♭」とト長調の「ファ♯」やイ短調の導音である「ソ♯」といった派生音を使うようになると，ジャーマン式のソプラノ・リコーダーでは正確な音程のための運指が難しくなる。さらに，左手からの導入であるために，ト長調であるにもかかわらず導音（ファ♯）を省いた教材に制限されるということもあるので，必要に応じて，ソプラノ・リコーダーを用いるのではなく早期にアルト・リコーダーを用いるということも考えられる。

▷18　グロッケン

▷19　ヴィブラフォン

▷20　オルフ・シロフォン

▷21　オルフ・メタロフォン

▷22　教育用ハーモニカ

▷23　鍵盤ハーモニカ

第Ⅱ部　初等音楽科教育の実践

▷24　リコーダー

右から，ソプラノ，アルト，テナー，バス

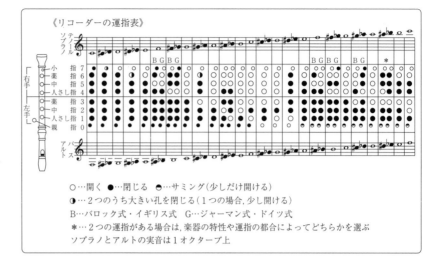

　リコーダーは管楽器であるがゆえに，息の扱いが奏法と表現の根幹を支えることになる。導入にあたっては，適度な息の強さで美しい音が出せるように指導するとともに，口腔の容積や舌の位置をコントロールして，低音域ではo（オー）の母音で呼気のスピードを遅くし，高音域ではi（イー）の母音で呼気のスピードを速くするように指導するとよい。ピッチを合わせる際にも，頭部管を大きく抜き差しするのではなく，呼気のスピードで音を聴きながら合わせることができるようにする。高音域が出にくい場合は，サミング（親指孔を少しだけ開ける）がうまくできていないことが多いので，適切な指導が必要である。

　また，リコーダーは呼気の扱いによってピッチが大きく変化するため，発音の際にタンギングをすることが基本となる。タンギングの種類も多様であるが，導入期の指導においては，一つひとつの音に対してtu（トゥ）と発音するときの舌の動きで呼気を整えて発音する。タンギングが乱暴になってしまう生徒にはdo（ドゥ）やlu（ル）のシラブルで指導する方法もある。また，高音域ではti（ティ），di（ディ），li（リ）のシラブルで指導するとよい。スラーで結ばれた複数の音を演奏する場合は，最初の音だけにタンギングをして，そのあとの音にはタンギングをしないで一息で吹くことになるが，その際には，音孔をすばやく開閉することに気をつけるようにする。

▷25　大太鼓

▷26　締太鼓

3　和楽器

　和太鼓（大太鼓，締太鼓）　わが国の音楽に用いる太鼓類はたくさんあるが，小学校で和太鼓という場合は，主に大太鼓◁25（長胴太鼓）や締太鼓◁26といった民謡や祭囃子など郷土の音楽で用いられるものをいうことが多い。大太鼓はケヤキやカシなどの堅い木材をくり抜いた胴に牛の革を張った鋲打ち太鼓で，平置き台に置いて打つ方法と櫓台に横置きにして打つ方法がある。締太鼓は紐やボル

70

トナットなどで革を胴に締め付けて張ってあるもので，締め付け具合によって音色の調整をする。太鼓の指導においては，リズム譜を用いることもできるが，「ドンドコ」や「ドコドコ」といった和太鼓特有の口唱歌を用いることによって，身体の動きと実際の音色とのかかわりを感じながら演奏すると効果的である。

箏 和楽器には旋律楽器も多く存在するが，小学校においては中学校での器楽の学習への連携や発展などを考え，比較的無理なく取り組むことができて，わが国の音楽のよさを感じ取ることのできる箏が選ばれることが多い。箏爪の形や座り方には流派による違いがあるが，初めて箏を指導する際には，座り方や姿勢など日本の伝統的な作法の心得も伝えたい。

箏爪は流派により角爪（生田流）◁27と丸爪（山田流）◁28がある。箏を弾くときは右手の親指，人差し指，中指に爪をはめ，角爪の場合は爪の角，丸爪の場合は爪の先で糸を弾く。使用する爪の形によって楽器に対して座る角度が変わる。演奏に際しては，薬指を正しい位置に置き，親指は糸の手前から向こう側に向かって爪を押し付けるようにして弾き，中指は糸の向こう側から手前に向かって爪を押し付けるようにして弾き，いずれの場合も次の糸に当てて止めるのが基本的な奏法である。そのほかにも，合わせ爪，スクイ爪，流し爪など多くの奏法があり，多様な音色で演奏することができる。

▷27　角爪（生田流）

▷28　丸爪（山田流）

箏の楽譜の書き方はさまざまである。一般的には「絃名譜」（糸の名称と奏法が記された楽譜で，縦に書かれることが多いため「縦譜」と呼ばれることもある）が用いられるが，実際の指導では「ツンツンテーン」などの口唱歌を使って，旋律のまとまりや音の感じを言葉で表現することが多い。

3　器楽活動の特性を生かした学習

小学校第1学年〜第2学年の器楽活動は，既習の歌唱教材を含め，主旋律に簡単なリズム伴奏や低声部などを加えた曲のなかで行われる。第3学年〜第4学年では，簡単な重奏や合奏などを取り扱い，第5学年〜第6学年ではさらに楽器の演奏効果を考慮した重奏や合奏を扱うようになる。第1学年〜第2学年においては，リズム指導と結びついて効果的に行われることが多いが，発達段階に応じて，楽器の音色や響きと演奏の仕方とのかかわりに気づくようにすることによって器楽活動の特性が生かされる。

教材となる楽曲がそうであるように，音楽教育においては楽器自体が指導力をもっている。楽器は，それぞれの時代の音楽様式にともなって求める音色や奏法が生まれ，それぞれの国や地域の社会や文化的背景のなかで発展してきた。したがって，楽器を体験することがすなわち音楽の多様性や社会的な広がりを知ることにつながり，自分で奏法を工夫し，音色を模索したり追求したり

第Ⅱ部 初等音楽科教育の実践

して感性を働かせることで，それらと自分とのかかわりを学ぶことができる。さらに，そこから学んだことを言葉だけではなく実際の音を使って学習者同士で伝え合うことができるのである。

楽器は，その構造や形状から音楽の仕組みを可視化し，楽譜と奏法との関係について，学習者の身体感覚を通した理解を助ける。また楽譜に示された記号が楽器の運指や奏法を意味するため，器楽活動を通して楽譜に親しみ，楽譜を見て演奏する能力を高めることで，より発展的な学習を支えることになる。

Exercise

① この章で紹介した楽器のなかから旋律楽器と打楽器を一つずつ選び，楽器の音色や響きと演奏の仕方との関わりについて考えてみよう。

📖次への一冊

網代景介・岡田知之『新版 打楽器事典』音楽之友社，1994年。
　　日頃よく耳にするものから古楽器，民族楽器に至るまでの世界中の打楽器の特徴や機構を明快に解説。巻末に鍵盤打楽器音域表，打楽器用語対訳表，詳細な和文・欧文索引等。

石川憲弘『はじめての和楽器』岩波ジュニア新書，2003年。
　　第一線で活躍する箏・尺八・三味線・打楽器の演奏家たちが，その魅力と奏法をわかりやすく解説した和楽器の入門書。和楽器によるクラシックの名曲などを収めたCD付き。

宮崎幸次『新装版 カール・オルフの音楽教育——楽しみはアンサンブルから』スタイルノート，2013年。
　　カール・オルフによる音楽教育法の基本を知るための書籍。子どもたちが自ら音楽を作り出したり演奏したりできることからさまざまな場面で導入されている。図形楽譜なども収載。

山口修・田中健次『邦楽箏始め——今日からの授業のために』カワイ出版，2002年。
　　生田流・山田流の違いをわかりやすく解説。縦譜・五線譜・十三線譜・横譜を網羅。記譜法の違いを一覧で表示。箏と箏曲を邦楽全体から，そしてアジア文化のなかに位置づける。

吉澤実『アルト・リコーダー初歩の初歩入門』ドレミ楽譜出版社，2016年。
　　基礎知識から応用までやさしく学べるアルト・リコーダーの独習テキスト。多数の教材曲のほか，トリルを含む運指図やスケール練習などの練習課題も掲載。

吉澤実『いい音みつけた・ともだち！リコーダー』教育芸術社，2017年。
　　小学校第3学年〜第6学年向けのソプラノ・リコーダーの教則本。各運指に対応した練習曲や合奏曲を多数掲載している。音楽行事などで活用できる器楽合奏版も収録。

第10章
初等音楽科教育の実践③
——A 表現(3)音楽づくり——

〈この章のポイント〉

　音楽づくりの活動では，児童のもつ創造性を最大限に引き出すことが大切である。そのためには，活動のための条件を適切に設定することはもちろん，児童の〈発想〉や〈思いや意図〉に応じて活動を柔軟に発展させることが不可欠である。本章では，新学習指導要領「(ア)」の「音遊びや即興的に表現する」活動と「(イ)」の「音を音楽へと構成する」活動のつながりを意識しながら，活動のための条件設定や，活動の発展の可能性を，いくつかの具体的な活動例をまじえて解説する。また，指導上のポイントについても述べる。

1　音楽づくりの位置づけと内容

　学習指導要領において，音楽づくりは，歌唱，器楽と並び「A 表現」領域に位置づけられている。

　その「内容」は，「小学校学習指導要領解説音楽編」では2学年ごとに，事項ア「『思考力，判断力，表現力等』に関する資質・能力」，事項イ「『知識』に関する資質・能力」，事項ウ「『技能』に関する資質・能力」の3点に整理され示されている。これらア，イ，ウの事項には，それぞれの資質・能力を身に付けるための活動として「(ア)」と「(イ)」の活動が示されている。「(ア)」は主に「音遊びや即興的に表現する」活動，「(イ)」は主に「音を音楽へと構成する」活動である。[1]

　教師は「(ア)」「(イ)」の活動をとおして，事項ア～ウの資質・能力を，関連付けて育成していく必要がある。ここからは「(ア)」「(イ)」の活動のつながりを念頭においた実践に焦点をあてて論じていくが，活動のなかで事項ア～ウの資質・能力がどのように育成されるかについても意識しながら読み進めていただきたい。

▷1　「(ア)」と「(イ)」の活動は，事項ア，イ，ウによって，また学年によって少しずつ文章が異なっているが，本章では，それらを簡略に表しているこの語句を用いることとする（『小学校学習指導要領解説音楽編』）。

2　「(ア)」の「音遊びや即興的に表現する」活動と「(イ)」の「音を音楽へと構成する」活動のつながり

　新学習指導要領では，「(ア)」と「(イ)」の活動は区別されて示されているが，

同時に、両者のつながりについて配慮することも求めている。ここでは、「小学校学習指導要領解説音楽編」において「(ア)」の活動として例示されている「一人が即興的に表現した4拍のリズム・パターンを反復して打ち、順番に重ねていく」活動を取り上げ、「(ア)」と「(イ)」の活動のつながりについて考えてみたい。まずは、次のような条件を設定してみよう。

▷2 〈設定した条件〉とは、事項ウの「(ア)」の活動を行う際の約束事のことである（「小学校学習指導要領解説音楽編」）。

　　4〜7名程度のグループで行う。楽器は、ボンゴ、コンガ、すず、ウッドブロック、タンブリン、カスタネットなどの打楽器から各自ひとつずつ選ぶ。活動の手順は次の通りである。まず、1名の奏者が4拍のリズム・パターンを即興的につくり、繰り返して奏する（例ア）。

　続いて、次の奏者が、最初の奏者とは異なるリズムを即興的につくり演奏に加わる。最初の奏者と同様に繰り返し奏する（例イ）。他の奏者も、即興的につくった異なるリズムで順次演奏に加わり、繰り返し奏する（例ウ、例エ）。

▷3 ここでは、リズム・パターンの譜例を示しているが、実際には楽譜を記したり示したりせず、即興的につくって演奏する。

　ここで、この活動を、「(イ)」の「音を音楽へと構成する」活動へつなげていく可能性を考えてみたい。「小学校学習指導要領解説音楽編」には、「音楽の仕組みを使って、音を音楽へと構成すること」とある。そして、「反復と音楽の縦と横との関係を使い、複数の声部で、最初の部分は同じリズム・パターンを反復させ、中間の部分では、同じリズム・パターンを4拍ずらして重ねるようにし、最後の部分は、再び最初のリズム・パターンを反復させてつくっていく」といった例をあげている。しかしながら、児童が、明確な意図をもってこのような提案を出し、決定していくことは稀である。実際には、児童のもつ混沌とした〈発想〉と〈思いや意図〉が結集して、次第に音楽として形作られていく過程を辿ることが多い。

　そこで、ここで重要になるのは、児童から出てくる〈発想〉〈思いや意図〉を実際に試しながら検討することである。以下に、いくつか、児童の〈発想〉〈思いや意図〉として想定されるものをあげてみよう。

▷4 〈発想〉や〈思いや意図〉は、新学習指導要領にたびたび登場する重要なキーワードであるが、これらにはさまざまな種類のものがある。「このような音楽にしたい」といった音楽全体の完成イメージに関するものもあれば、「Aさんがこの旋律を良いタイミングで始めるために、Bさんが合図を出すようにしよう」といった、演奏プロセスに関するものもある。また、「ここでは、このぐらいの『間』がほしい」「ここで大太鼓を使いたい」「この音を大きく出そう」など、部分的、瞬間的なものもある。

第10章　初等音楽科教育の実践③

例1：変化をつけてみようよ，テンポとか。

例2：リズムをどんどん変えるところがあってもいいんじゃない？

例3：一発インパクトのある音を入れてみようよ。

例4：最後は全員でだんだん弱くして終わろうよ。

例5：鍵盤ハーモニカで旋律を入れてみようよ。

例6：みんなが同じリズム・パターンを1拍ずつずらしながら重ねると，やまびこの
　　　ような感じにならないかな。

例7：（音階の構成音が出せる楽器を用いて）《さくらさくら》の音階の音（E・F・A・
　　　B・C）だけでやってみたらどうなるかな。

例8：途中からお互いに拍を合わせないようにして，合奏が壊れたような感じにして
　　　みようよ。

例9：途中で音を小さくして，そこに○○さんの朗読を入れようよ。

例10：教室のあちこちにちらばって演奏してみようよ。

　これらの〈発想〉や〈思いや意図〉の一つひとつを見ていくと，その多く
に，「(イ)」の「音を音楽へと構成する」活動にとって重要な〈音楽の仕組み〉
が関係していることに気づくだろう。このように，「(ア)」の活動は，さまざま
な〈発想〉や〈思いや意図〉を介して，「(イ)」の活動へとつながっていくので
ある。

3　活動を発展させるために

　前節では，児童の〈発想〉や〈思いや意図〉をいくつか想定してみた。しか
しながら，児童の〈発想〉や〈思いや意図〉は，いつも積極的に出てくるとは
限らない。そんなときには，活動を展開させるための新たな視点を教師から示
す必要がある。その際の重要なヒントになるのが，新学習指導要領の〔共通事
項〕にあげられている「音楽を形づくっている要素」である。

　例として，次の音遊びの活動を出発点として考えてみよう。

全員で一斉に行う。手拍子を用いる。
教師が簡単なリズムで「呼びかけ」ると，児童が真似をして「こたえ」る。
教師　　　　児童　　　　教師　　　　児童

　この活動では，すでに「呼びかけとこたえ」という「音楽を形づくっている
要素」が重要な「音楽の仕組み」としてはたらいている。しかし，他の「音楽

▷5　ここで例示している
「朗読」のように，音楽以
外の表現を盛り込む可能性
としては，他に，身体によ
る表現が考えられる。国語
科や体育科など，他の教科
で学んだ表現を盛り込むこ
とは，表現をより豊かにす
ることはもちろんのこと，
児童がさまざまな表現ジャ
ンルを統合して考える発想を
育むためにも有効であろう。

▷6，7　具体的には，次
の要素である。
　ア　音楽を特徴付けてい
　る要素
　音色，リズム，速度，旋
　律，強弱，音の重なり，
　和音の響き，音階，調，
　拍，フレーズなど
　イ　音楽の仕組み
　反復，呼びかけとこた
　え，変化，音楽の縦と横
　との関係など

75

第Ⅱ部　初等音楽科教育の実践

を形づくっている要素」に着目してそれらをかけあわせることで，さらに活動を展開させることができる。以下にいくつかの例をあげてみよう。

> ・だんだんと速くする（速度，変化）。
> ・楽器を使う，自分で使いたい楽器を選ぶ（音色）。
> ・「呼びかけ」のリズムを真似するのではなく，即興的にリズムをつくって「こたえる」（リズム）。

別の活動例でも考えてみよう。

> クラス全員で一斉に行う。楽器は用いない。全員が，ごく小さな声で「ウー」という声を出し続ける。どんな高さの音でもよいが，他の児童と同じ高さにならないようにする。息継ぎは密かに行う。

▷8　このような響きは，トーン・クラスターと呼ばれる。教師は，児童に，声を出しながらもその場の全員から発せられる声の響きを注意深く聴き，味わうことを促すとよいだろう。なお，このような音楽は，「小学校学習指導要領解説音楽編」に記されている「拍のない音楽」の一つである。

これだけでも多くの異なる音高が複雑に混ざり合った美しい響き[8]が実現できるが，展開としては次のような可能性が考えられる。

> ・音高，音色，強弱などを次第に変化させる（音色，強弱，変化）。
> ・「はじめ―なか―おわり」という形式が感じられるようにつくってみる（変化）。
> ・「ウー」ではなく，「ユー」と「キー」と発声することによって，生じる音響から「雪」という単語が浮かび上がってくるようにする（音色）。

4　適切な条件の設定

「(ア)」の「音遊びや即興的に表現する」活動を行う際の条件を設定する時，教師が常に意識しなければならないことがある。それは，その条件が，児童の〈発想〉〈思いや意図〉を反映させる機会をどの程度保障しているかである。例えば，本章第2節で取り上げた「一人が即興的に表現した4拍のリズム・パターンを反復して打ち，順番に重ねていく」活動の場合で考えると，次のように調整することができる。

表10-1　〈発想〉〈思いや意図〉を反映させる機会を調整する条件設定の例

〈発想〉や〈思いや意図〉の反映機会が少ない	〈発想〉や〈思いや意図〉の反映機会が多い
用いる楽器をすべて教師が決めておく。	用いる楽器を児童が考える。
教師があらかじめ考えておいたリズム・パターンを用いる。	児童がリズム・パターンを即興的に考える。
各奏者の「入り」の合図，演奏終了の合図を，教師が出す。	演奏の開始と終了の方法，「入り」の合図を，児童が考えて出す。

児童が自分たちの〈発想〉〈思いや意図〉を反映させる機会が多い活動ほど，つくられる音楽の多様性も高まるが，児童によっては，かえってどのように表現すればよいかがわからずに困ってしまうこともある。逆に，〈発想〉〈思いや意図〉を反映させる機会が少なくなりすぎると，つくられる音楽の表現の

第**10**章 初等音楽科教育の実践③

幅を狭めてしまう要因にもなりかねない。

　児童の〈発想〉〈思いや意図〉を反映させる機会がどの程度保障されているかは，音楽づくりのあらゆる活動に共通して重要なものである。例えば，「(イ)」の活動において，音を音楽へと構成する際に「音楽の仕組み」を教師が用いる場合も，児童が〈発想〉〈思いや意図〉を反映させる機会を適切に設けることが大切である。

　活動における条件の適切性は，児童の実態や指導のねらいを踏まえて考えるべきだが，活動中に調整することも重要である。例えば，音楽をつくる条件を，厳しい設定から徐々にゆるやかなものにしながら，児童の音楽づくりの活動を展開していくという方法がある。この方法は，児童の主体性を無理なく引き出すことができるとともに，児童が創造性を発揮するための適切な条件を教師がはかるための手がかりも得られる。

　最後に，ひとつ強調しておきたいことがある。それは，ここまでに述べてきた条件の設定や音楽の仕組みの指定は，あくまでも活動に取り組みやすくするためのものであるということである。音楽づくりの活動においては，このような設定を活動の途中で柔軟に変更するほうが面白くなる場合も多々あろう。むしろ，はじめの設定を覆すような提案を児童がしてきた時こそ，児童の主体的な創造性を育むチャンスになるのだということを心に留めておきたい。

5　指導上のポイント

　ここでは，音楽づくりの活動における指導上のポイントを3点述べる。
① 音楽づくりの活動の性格と過程について
　まず，音楽づくりの活動の性格について考えてみよう。「小学校学習指導要領解説音楽編」では，音楽づくりの活動が「創造性を発揮しながら自分にとって価値のある音や音楽をつくるもの」として示されている。しかしながら，「自分にとって価値のある音や音楽」は，あらかじめわかっているものではなく，音を出してみながら考えていくものである。つまり，音楽づくりとは，「自分（あるいは自分たち）にとって価値のある音楽とはどのような音楽か」という問いに向き合い，探求していく学習だといえるだろう。

　「自分にとって価値のある音や音楽」を探求するうえで重要な過程が，試行錯誤である。「どんな撥がふさわしいか」を決める場合でも，やわらかい撥やかたい撥，場合によっては撥以外のものを使うなどの，さまざまな可能性を試行することが欠かせない。児童は，試行があるからこそ，自らのアイディアを採用するか，却下するかを決めることができる。教師には，児童の試行錯誤のプロセスを活発化させることを心がけてほしい。児童が行き詰ったときは，探

▷9　また，「自分にとって価値のある音や音楽」は，他者にとっても価値があるとは限らないことも重要である。

▷10　「自分にとって価値のある音や音楽」の探求を促すためには，多様な音楽のよさを児童に意識させるとよいだろう。どうすればもっと「面白くなるか」「かっこよくなるか」「かわいくなるか」「表情豊かになるか」「スリリングになるか」等々，さまざまな方向性を意識することは，児童にとって「自分にとっての価値」に向き合うきっかけになるだろう。

▷11　「採用／却下」の判断に迷う場合には，異なるヴァージョンで，2曲，3曲とつくることを薦めてみるのもよいだろう。

77

第Ⅱ部　初等音楽科教育の実践

求の焦点を絞れるよう，必要に応じて「ほかの打ち方もいろいろ試してみたらどう？」「ほかにはどんな終わり方が考えられるかな？」などの投げかけをしてみるとよいだろう。

② 〈発想〉と〈思いや意図〉について

　教師は，児童の〈発想〉と〈思いや意図〉を捉える際，次の2つの点に留意しておきたい。一つは，音楽表現は身体的な活動でもあるため，〈発想〉や〈思いや意図〉そのものが言語化されにくい場合があることである。その場合，教師は，児童の〈発想〉や〈思いや意図〉を行動や活動そのものから汲み取ったり，対話をとおして引き出したりするよう心がけることも必要となる。もう一つは，音楽表現は直観的な活動でもあるため，〈発想〉や〈思いや意図〉の理由や根拠が意識されているとは限らないということである。例えば，ある児童が「ここでこの楽器を使うと面白くなりそうだ」と感じたとしても，必ずしもその理由や根拠が意識されているとは限らないのだ。あるいは，実際に試行してみて初めて自分がそう感じた理由や根拠に気づく場合もあるのである。音楽づくりの過程においては，理由や根拠を過度に追究するよりも，〈発想〉や〈思いや意図〉を実際に音を使って試してみることが大切である。

③ 音楽以外のイメージの位置づけについて

　音楽づくりの活動では，その過程で，風景やストーリーなど，音楽以外の何らかのイメージと関連づけることがある。例えば，ある絵画や動画を楽譜に見立てて即興的な表現をしたり，何らかのストーリーに沿って音楽をつくったりする場合である。しかし，その場合には，それのみを「表現の目標」としてしまわないよう留意したい。例えば，何らかの絵画を「音楽によって表す」ことを目標にした場合，多くの児童は，自分たちの音楽を「この絵が描いている内容をちゃんと表せているだろうか」という観点でのみ判断しようとしてしまう。それでは，児童の表現の可能性を狭めてしまうばかりか，「一般的なイメージと結びつきそうな音や音楽」の探求ばかりが意識され，「自分にとって価値のある音や音楽」の探求から遠ざかってしまう危険をともなう。音楽づくりの活動を風景やストーリーに関連づける場合は，それらを音楽をつくるためのヒントとして位置づけたい。

6　主体的な音楽表現に向けて

　本章で述べてきたことの多くは，音楽づくりのみならず，歌唱や器楽といった，既成の楽曲を拠りどころとすることの多い表現活動においても重要である。その楽曲をつくった人への敬意は大切だが，楽曲の従者には決してなってはならない。楽譜に記されていることに「表面的に」従う演奏には魅力が乏し

▷12　このことは競技中のスポーツ選手の判断とも似ている。ボールが自分にまわってきたサッカー選手は，ドリブルで進むか，パスをするか，あるいはシュートをするか，いくつもの可能性のなかから最適な行動を瞬時に判断する。だが，その判断は必ずしも頭で考えて導き出しているとは限らず，経験によって身につけてきた感覚によって「身体が勝手に」したことかもしれないのだ。これと同様のことは，音楽表現の活動過程にもしばしば生じるものである。

▷13　もちろん，児童が自発的に理由や根拠を言いたがっているような場合には，教師はそれを聞くべきである。〈発想〉や〈思いや意図〉そのものよりも，理由や根拠に重きが置かれていることも少なくないからである。

第**10**章　初等音楽科教育の実践③

いように，児童自身の〈発想〉や〈思いや意図〉の介在はどのような音楽表現にも必要不可欠なものである。音楽づくりの活動は，そのための力を豊かに育むための重要な役割を担っているのである。

　教師が，児童の〈発想〉や〈思いや意図〉をうまく引き出すことができたなら，その内容や，それによって実現される音楽は，しばしば教師の想定を越えてくる。[14]それは，教師にとって最も嬉しい瞬間の一つとなるだろう。

Exercise

①　音楽づくりの活動を実際にやってみよう。

　本章第2節で取り上げた「一人が即興的に表現した4拍のリズム・パターンを反復して打ち，順番に重ねていく」活動を，例1〜10の〈発想〉〈思いや意図〉を実際に試しながら行ってみよう。

②　活動例を自分で考案してみよう。

　音楽づくりの活動例を自分で考案してみよう。そして，「音楽を形づくっている要素」に着目したり，児童からの〈発想〉や〈思いや意図〉を想定したりすることによって，その活動の発展の可能性を考えてみよう。

▷14　教師が，そのような児童の輝きを見逃さないようにするには，教師自身が，多様なジャンルの音楽がもつ異なる魅力を味わう体験をしておくことも重要である。とくに，世界各地の伝統音楽や，20世紀以降の西洋芸術音楽（いわゆる「現代音楽」）のなかには，多様な音階による音楽，拍のないリズムによる音楽，調性のない音楽など，多種多様な様式の音楽がみられるが，児童がつくる音楽にはそのような音楽に似たものも少なくない。読者のみなさんには，日頃からそういったさまざまな音楽に積極的にふれることを推奨したい。

📖次への一冊

ウィシャート，T.，坪能由紀子・若尾裕訳『Sounds Fun 音あそびするもの よっといで』音楽之友社，2012年。

　　さまざまな音遊びが紹介されている。実践の際は，授業のねらいや児童の実態を踏まえてルールを柔軟にアレンジするとよいだろう。

野村誠・片岡祐介『CD付 音楽ってどうやるの ミュージシャンが作った音楽の教科書』あおぞら出版社，2008年。

　　子どもたちやアマチュアの人とのワークショップの経験をもとに書かれている。協働して音楽をつくるためのヒントがたくさん詰まっている。

野村誠『授業がもっと楽しくなる　音楽づくりのヒント──作曲なんてへっちゃらだー』音楽之友社，2010年。

　　音楽づくりのためのさまざまなアプローチが紹介されている。

平野次郎『Q & A と授業リポートで探る 音楽づくりの言葉がけ──表現意欲と思考を導くために』音楽之友社，2016年。

　　指導法に焦点をあてた書籍。すぐれた実践で知られる著者の経験に基づく「授業のコツ，言葉がけ」からは，学ぶところが多い。

ペインター，J.，アストン，P.，山本文茂他訳『音楽の語るもの』音楽之友社，1982年。

ペインター，J.，坪能由紀子訳『音楽をつくる可能性──音楽の語るもの II』音楽之友社，1994年。

第Ⅱ部　初等音楽科教育の実践

　　これら2冊は少し古いが，いま読んでも「すごい」と思わされる。「音楽をつくる」
ことを根本から問いながら，多種多様なアプローチを紹介している。現在は残念な
がら絶版のようだが，古書店や図書館などで見つけたらぜひ読んでほしい。

文部科学省国立教育政策研究所教育課程研究センター『小学校音楽映像指導資料　楽し
　く実践できる音楽づくり授業ガイド』学事出版，2014年。

　　映像資料（DVD）である。各学年の音楽づくりの授業例について，その様子ととも
に，授業者へのインタビューが収録されている。

第11章
初等音楽科教育の実践④
——B鑑賞——

〈この章のポイント〉

　音楽科の鑑賞指導は，授業のねらいに向かって楽しく鑑賞し学習内容を獲得させることが大切である。音楽鑑賞は外部の音響情報を音楽として認識し意味付与を行う心的活動であり，聴取の深度に応じて3段階に整理できる。鑑賞指導で設定し得る教育内容は，クラスで一致して教えられる内容と，一致させることはできないがクラスで交流・共有させることはできる内容に分けられる。これらの特徴を踏まえ，本章では，(1)聴取対象の明確化，(2)聴取結果の注視，(3)聴取過程の可視化，(4)聴取結果の共有化，(5)表現と鑑賞の相互関連の5点の鑑賞指導のポイントについて学ぶ。

1 鑑賞指導の現状と課題

　学校現場では，鑑賞指導の悩みをよく耳にする。鑑賞指導が難しい，教材曲の何を教えたらよいのか，どのように教えたらよいのかわからない，というのである。また，「音楽は人によって感じ方が異なるのだから，鑑賞指導では教師が教えるべきではない」とか，「鑑賞は楽しく聴ければそれでよいのではないか」といった意見にもしばしば出会う。

　このような鑑賞指導への悩みや戸惑いは，音楽鑑賞の本質を把握できていないことや，学校における音楽鑑賞指導の性質を誤解していることに起因する場合が多い。ここでは，教師たちが鑑賞指導を難しいと感じてしまう原因を3点指摘したい。

　第一の原因は，私たちが日常生活で楽しんでいる音楽鑑賞と学校教育での音楽鑑賞指導を同一視してしまっていることである。音楽鑑賞の際，私たちの心のなかには，聴取した音響刺激によって，多様な情動が生起する。その際，音楽にかかわる個人的な出来事を連想したり，音楽を離れて自由な空想に耽ったりすることもよくある。また，BGMとして音楽を漂わせることで，意識を集中させることなく，他の行動と並行して散漫に聴取することもよくある。このように，音楽鑑賞の際には，音楽そのものの美を享受することだけでなく，その音楽をきっかけにして実に多彩で自由な心的活動が展開されるのである。そして，個人の楽しみとして鑑賞される場合，その心的活動のすべてが鑑賞の結果として許されている。つまり，音楽をどのように聴こうが本人の自由なので

第Ⅱ部　初等音楽科教育の実践

ある。

　一方，学校の音楽科授業での鑑賞指導は，学校教育として展開されるのであるから，当然，そこには指導の目標があり，指導する内容が存在する。ある曲を個人の楽しみとして聴く場合には，どのように聴いても個人の自由であるが，授業の鑑賞指導で聴く場合には，その授業の目標に向かって学習内容を獲得することが重要なのである。「人によって感じ方が異なるから教えるべきではない」という先ほどの意見は，個人の楽しみとしての鑑賞を，授業としての鑑賞指導と混同していることに因る誤解であると言えよう。確かに音楽の感じ方は人それぞれだが，教師が教えなければ教科指導は成立しない。また，ただ楽しければよいのではなく，授業のねらいに向かって楽しく鑑賞し学習内容を獲得することが重要なのである。

　鑑賞指導を難しいと感じてしまう第二の原因は，どの程度児童が聴取できているのか，教師が把握しづらい点にある。表現領域（歌唱・器楽・音楽づくり）の活動では児童自身が音楽を表出してくれるので，教師は表出される音楽の状態から児童の達成度を容易に確認できる。それに対して鑑賞領域の活動では，児童の内部に入った音楽によって展開されている心的活動を，外部から見ることができないために学習の達成度を把握しづらいのである。この，見えない世界の把握の難しさは，そのまま評価の難しさにも直結している。

　第三は，音楽鑑賞の授業づくりのポイントが整理されていないことである。授業構想の際には，授業のねらい，教材選択，指導内容などが適切に設定される必要があるが，そのような適切な設定のためには，音楽鑑賞の特徴を理解し，鑑賞指導の留意点を整理することが重要である。

2　音楽鑑賞とは何か

［1］　音楽鑑賞の構造

　音楽は，それ自体は一つの音響のまとまりにすぎない。けれども，音響のまとまりの情報がひとたび人間の聴覚器官から脳に達すると，〈音楽〉として認識される。聴き手は，外部からの音響情報を，単なる音響ではなく〈音楽〉として認識し，そこに何らかの意味付与を行う。この，聴き手の心的活動の連続が，音楽鑑賞であると言える。音楽鑑賞の，このような心的活動を示すと，図11-1のようになる。

　音響のまとまりを音楽として聴くとき，聴き手は，音響のまとまりのなかにみられる特徴（緊張と弛緩，同一と差異，運動性，規則性など）▷1を感じ取る。これらの感受にはさまざまなレベルがあり，それが複合的・総合的になされた時，

▷1　緊張と弛緩
音楽聴取の際，聴き手の情動は緊張と弛緩を繰り返している。音楽の流れに対する期待を逸脱することで「緊張」が生起され，期待を実現することで「弛緩」が生起する。音楽は，この期待の逸脱・実現によって緊張と弛緩が繰り返されつつ進行する。

第11章　初等音楽科教育の実践④

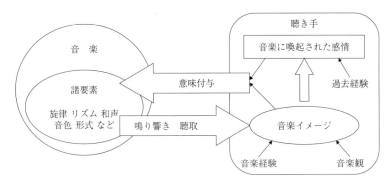

図11-1　音楽鑑賞の構造
出所：筆者作成。

音楽を構成する諸要素（旋律，リズム，和声など）を読み取るのである。音楽の諸要素が鳴り響き，それらを聴取することで音楽的イメージが生起する。この時，聴き手の音楽経験や音楽観により，聴取する焦点が異なったり偏ったりし，音楽的イメージの姿に影響を及ぼす。さらに，一つの旋律に悲しみを感じたり，曲全体に歓喜を感じたりするような，楽曲の雰囲気や曲想を認識する際の感情も，聴き手の過去の経験に因るところが大きい（渡辺，1985）。

このように，鑑賞の過程では，聴き手は，過去の経験や音楽観を通して，音楽的イメージや感情を喚起しつつ，音楽に対して絶えず何らかの意味づけを行っている。何かわくわくするリズムだな，トランペットの音ってかっこいい，ABAの形式だよ，テレビのCMで流れていたよ，お母さんが口ずさんでいた旋律だね……等々，音楽鑑賞の際，聴き手は，実にさまざまな意味を音楽に付与している。

このように，聴き手の音楽への意味付与は，個人の過去の経験や音楽観に依存している。音楽鑑賞が非常に個人的な行為であり最終的には主観の世界であるとされるのは，このためである。

以上のような音楽鑑賞の仕組みから，鑑賞時の聴き手の心的活動は，(1)音楽の諸要素など音楽の仕組みや構造にかかわる聴取，(2)音楽経験や音楽観との連関による音楽的イメージの生起，(3)音楽への意味付与，の3つに分けられる。このうち学校における音楽鑑賞指導では，(1)と(2)への働きかけが中心となる。

2　音楽鑑賞の段階

従来，音楽作品の解釈は，層構造をもっていると考えられてきた。例えば，ドイツの音楽教育学者ミヒャエル・アルトが考える音楽解釈においては，「音楽を構成する要素」による感覚的所与について把握する段階（前景），音楽の構造的側面を把握する段階（中景），音楽構造の奥にある象徴的意味とその理解の段階（後景）の3段階に区分している（茂木，1986）。また，作曲家のコー

第Ⅱ部　初等音楽科教育の実践

ブランドも鑑賞行為のプロセスを３つの段階に分けている。それは，感覚的把握の段階，表現を捉える段階，音楽の真の理解の段階，の３つである（コープランド，1965，18〜27ページ）。これら従来の音楽研究における鑑賞段階の理論を基盤にして，音楽科の鑑賞指導での鑑賞段階を整理すると，次の３段階になる。

　Ⅰ　音楽的雰囲気（ムード）を感覚的に聴取する段階

　楽曲に初めて出会い聴き始めた頃には，その曲のもつ大まかな雰囲気を感じ取ることが中心になる。この段階では，明るい，激しい，柔らかい，静かで穏やか等，楽曲が醸し出すムードを大まかに感じ取るが，音楽を構成する要素を吟味したり，楽曲の構成を意識したりするまでには至っていない。

　Ⅱ　音楽の構造を理解しながら聴取する段階

　楽曲の聴取を繰り返していると，徐々に，音楽を構成する要素のうち，その曲の特徴的な箇所に気づくようになる。例えば，個性的なリズムパターン，魅力的な旋律，使用されている楽器の音色，コード進行，速度や強弱の変化など，その楽曲の性質を特徴づけている要素である。音楽の性質を特徴づけている要素に気づくことで，その曲の構造を分析的に理解することにつながる。

　Ⅲ　総合的な聴取によって深く味わう段階

　さらに楽曲の聴取を繰り返すと，その音楽を構成する要素に多数気づき，要素間の関係や音楽構造について，より詳細に理解できるようになる。分析的な理解が相当進むと，楽曲を丸ごと総合的に捉えようとする聴き方に至る。音楽の流れにどっぷりと浸り，曲のサウンドの流れが自分のなかでもリアルに感じられるような聴取の段階に至るのである。この段階になると，その音楽が自分にとってどのような価値をもつかを意識し，自己におけるその音楽の意味を付与するように思考する。ここでは，楽曲のより詳細な分析のほかに，その音楽の社会的・文化的背景となる情報の理解も重要になる。それは，自分にとっての価値づけや意味付与の思考を進める材料になる。

3　鑑賞指導における教育内容

　音楽科の鑑賞指導で教えることが可能な事柄（すなわち，教育内容として設定し得る事柄）には，次の３種類がある（渡邊，2004，43〜45ページ）。

　①音楽の雰囲気や情景
　②音楽を形づくっている要素
　③楽曲に関する知識，作曲家に関すること

このうち，②は音楽の音の流れ（そこに鳴り響いているサウンド）に直接かかわる事項であり，リズム，旋律，和声，音色，形式等々の音楽を構成する諸要素

▷2　音楽を形づくっている要素
新学習指導要領音楽科の〔共通事項〕では，音楽を形づくっている要素は，「音楽を特徴付けている要素」と「音楽の仕組み」に分けられている。「音楽を特徴付けている要素」には，音色，リズム，速度，旋律，強弱，音の重なり，和音の響き，音階，調，拍，フレーズなどがある。また「音楽の仕組み」には，反復，呼びかけとこたえ，変化，音楽の縦と横との関係などがある。

第**11**章 初等音楽科教育の実践④

である。また③は，鳴り響いている音の流れに直接的にかかわることではないが，その曲の文化的背景として間接的に関連する事項である。②も③も，どちらも繰り返し指導することで，クラスの児童全員が一致して獲得することが可能な内容であり，客観的に教えることができる事柄である。

　それに対して①は，音楽の要素を聴取することで聴き手の内部に生起した音楽的イメージである。それは，聴き手の音楽経験や音楽観に影響を受けるため，児童によって感じるイメージは異なる。つまり，クラス全員が一つのイメージに到達できるとは限らない。けれども，個々の児童によって感じ方は異なるからといって，指導できない訳ではない。クラスで一致させることはできないが，クラス内で交流・共有させることはできる。自分や他者の感じた音楽的イメージが音楽の要素のどこと関連しているのか，どの要素からイメージが生起しているのかを，児童に考えさせることで音楽の学びが深まるのである。

　鑑賞の授業づくりの際には，上記の3種類を踏まえ，鑑賞指導で何を教えるのかを考え，教育内容を適切に設定することが大切である。

4　音楽鑑賞指導のポイント

　鑑賞指導の際には，次のポイントに留意することが大切である。それは，⑴聴取対象の明確化，⑵聴取結果の注視，⑶聴取過程の可視化，⑷聴取結果の共有化，⑸表現と鑑賞の相互関連，の5点である。以下，本書第Ⅳ部のなかの「鑑賞教材の研究」に掲載している教材曲を例に説明する。

[1]　聴取対象の明確化

　音楽鑑賞の指導でまず重要なことは，その音楽の何を聴き取ればよいのか（曲の何に注意を集中させればよいのか）や，その音楽に関して何を学べばよいのかを，明確に児童に示すことである。意識を向ける箇所を明確にすることで，その箇所をよく見つめることになり，曲の特徴の探究的な聴取につながっていく。

　例えば，《ラデツキー行進曲》では拍に着目させることで，音楽の進むペースを拍が決めていることに気づき，拍の役割を実感することができる。また，《春の海》では箏と尺八のそれぞれの音色と旋律に着目させることで，旋律の掛け合いの面白さに気づき，情景を思い浮かべやすくなる。

[2]　聴取結果の注視

　聴取した事柄について，児童自身が注意深く見きわめることも重要である。その曲のある部分の雰囲気を聴取した場合，自分の感じた音楽的イメージが音

85

第Ⅱ部　初等音楽科教育の実践

楽を構成する要素のどこと関連しているのか，どの要素からイメージが生起しているのかを吟味するのである。このような聴取結果の注視によって，児童は自分の心的内面を見つめると同時に，音楽の不思議さ，面白さを発見していくのである。

　例えば，《おどるこねこ（The Waltzing Cat）》では，猫の鳴き声が登場する回数を数える活動の後，自分の聴取の結果を見つめることで，鳴き声の登場する場面と登場しない場面があることに気づき，曲の構成の理解に発展していく。また，《白鳥》では，優雅に泳ぐ様子を想起させるのはなぜかを考えさせることで，旋律・音色・強弱など，音楽を形づくっている要素がかかわり合って，音楽的イメージを生成していることに気づくのである。

３　聴取過程の可視化

　鑑賞指導では，聴取活動が児童の頭や心のなかで展開されるため，児童の聴取状況を外見から確認しづらい。そこで，指導の際には，児童の聴取過程を目に見える形に置き換える工夫が必要である。

　例えば，ピアノ5重奏曲《ます》では，楽器の音色を聴き分ける際，出現した音色に合う楽器の絵を指し示させたり，《メヌエット》（ビゼー）では，曲想の変わり目で挙手させたりする。このように，聴取を児童の行動に置き換えることで，聴取過程が目に見える形になる。

　また，聴取した結果を言語で表す（話す・書く）ことや，音楽に合わせた身体表現も可視化の方法である。可視化によって聴取過程を他者が確認することができるようになるため，教師による評価だけではなく，児童間の意見交流の際にも有効である。

４　聴取結果の共有化

　聴取結果について，個人で注視するだけではなく，注視した内容を児童同士が発表し合うことにより，クラス全体で共有することができる。音楽を形づくっている要素など曲の構造に関する内容の場合，クラス全体で確認することによって，児童全員が一致して理解することが可能である。例えば，《アイネ・クライネ・ナハトムジーク》では，第1主題，第2主題が登場する順序をクラスで共有することで，この曲の形式を全員で確認できる。

　一方，その曲の雰囲気や情景などを聴取する場合，自分の感じた音楽的イメージを諸要素との関連で説明し合うことにより，その音楽に対する個人の感じ方の違いも学ぶことができる。例えば《ソーラン節》《こきりこ節》の場合，民謡が歌われた状況や，描かれている情景を想像し，思い浮かべたイメージを音楽の要素に関連させてクラスで説明する。

第**11**章　初等音楽科教育の実践④

　このように，集団学習という学校教育の特徴をいかして，クラス全体で共有化を図ることにより，児童は，多様な感じ方や聴き方が許されている音楽の特質を学ぶことができるのである。

⑤　表現と鑑賞の相互関連

　鑑賞によって獲得した内容を表現領域の活動（歌唱・器楽・音楽づくり）にいかしたり，表現領域で学んだ内容を鑑賞活動で応用したりすることで，音楽の理解がより深められ，音楽学習の総合的な展開を図ることができる。

　例えば，鑑賞曲の主な旋律を歌ったり，リコーダーで吹いたりすることで，旋律の聴取の確実性が増すのである。《神田囃子》では，各楽器のリズムを模倣して叩き，体感することで，お囃子の音楽の特徴をより理解できる。また，《ヴァイオリン・ソナタ》（フランク）では，歌唱で学んだ輪唱の構造をいかして鑑賞を深め，鑑賞で学んだカノンの形式を用いて音楽づくりを進めるなどが考えられる。

　以上述べてきた音楽鑑賞指導の５つの留意事項のうち，(1)聴取対象の明確化と(2)聴取結果の注視は，児童の聴取を促進するための留意点である。また，(4)聴取結果の共有化と(5)表現と鑑賞との相互関連は，より豊かな授業展開のための留意点である。そして，(3)聴取過程の可視化は，聴取の状況を客観的に把握するための留意点として位置づけられる。

5　音楽鑑賞指導の拡がり

　初等音楽科での鑑賞指導は，「音楽の楽しさを見出し，音楽を味わって聴くこと」と「曲想と音楽の構造との関係について学ぶこと」の２つが基本になる。音楽を楽しく味わう聴取を深めていくために，児童は曲想と音楽構造の関係に注目し吟味する必要がある。教師の役割は，児童が楽しく音楽聴取にアプローチし，曲想と音楽構造の関係に注目するように仕向け，分析的に思考させることである。このような教師の鑑賞指導によって，児童の音楽鑑賞は深化していくのである。

　学校生活において，児童が音楽を聴く機会は，音楽科授業だけではない。学芸会，学習発表会，芸術鑑賞教室のような各種の学校行事においても，鑑賞の機会があるだろう。また，郷土の音楽や芸能にふれる機会も学校内外で考えられる。日常生活にはさまざまな音楽が溢れており，児童が将来にわたって多様な音楽に親しんでいくためには，音楽科授業で獲得した鑑賞の能力や知識が必要になるのである。このような生涯学習を展開する基盤をつくるのは，正に音

第Ⅱ部　初等音楽科教育の実践

楽科授業なのである。

Exercise

① 任意の鑑賞教材曲を選び，音楽鑑賞指導で設定することができる 3 種の教育内容を列挙してみよう。
② 小学校で使用されている音楽科の教科書から鑑賞教材曲を選び，「聴取過程の可視化」と「聴取結果の注視」の具体案を考えてみよう。

📖次への一冊

渡辺裕『聴衆の誕生——ポスト・モダン時代の音楽文化』新装版，中央公論新社，2012年。
　　「音楽鑑賞」に関する観念が，近代において作られた経緯を論述している。近代から現代につながる「音楽聴取」の様相が見えてくる。
渡邊學而『音楽鑑賞の指導法——子どもの可能性を引き出す』㈶音楽鑑賞教育振興会，2004年。
　　学校教育における音楽鑑賞指導の基本的な考え方を明快に解説してくれる名著。音楽の本質にせまる方法を具体的な事例で説明している。
岡田暁生『音楽の聴き方——聴く型と趣味を語る言葉』中央公論新社，2009年。
　　歴史的・社会的に育まれてきた「聴き手と音楽との関係」を論じている。現代における「音楽の聴き方」を考えるうえでさまざまなヒントを与えてくれる。

引用・参考文献

コープランド，A.，塚谷晃弘訳『作曲家から聴衆へ——音楽入門』音楽之友社，1965年。
近藤譲『〈音楽〉という謎』春秋社，2004年。
茂木一衛「理論と実践の連携のための試論（Ⅴ）——M.アルトの「音楽教授学」における鑑賞教育法体系化の実際」『茨城大学教育学部紀要（人文・社会科学，芸術)』(35)，1986年，43〜52ページ。
渡邊學而『音楽鑑賞の指導法——子どもの可能性を引き出す』㈶音楽鑑賞教育振興会，2004年。
渡辺裕「音楽表現とメタファー——『この旋律は悲しい』の構造」『美学』36(3)，1985年，24〜35ページ。

第12章
初等音楽科教育の実践⑤
――〔共通事項〕について――

〈この章のポイント〉
　〔共通事項〕は平成20年改訂の小学校および中学校学習指導要領音楽科に示された指導内容であり，新学習指導要領にも引き継がれている。教育は子どもの発達段階に応じて行われる。音楽も例外ではない。「歌う」という学習にしても，第1学年と第6学年とでは，授業の目標が違ってくる。第1学年で学習した内容は，第2学年以降の学習に生きてこなくてはならない。つまり学力の積み重ねである。さらに，今日では，音楽を通して思考力・判断力・表現力を伸ばしていくことが求められている。こうした学習の支えになるものが〔共通事項〕である。本章ではなぜ〔共通事項〕が音楽の授業の要となるのかについて解説し，授業のヒントを提案する。

1　〔共通事項〕とは

1 〔共通事項〕の構成

　〔共通事項〕は，「ア　音楽を形づくっている要素を聴き取り，それらの働きが生み出すよさや面白さ，美しさを感じ取りながら，聴き取ったことと感じ取ったこととの関わりについて考えること」と，「イ　音楽を形づくっている要素及びそれらに関わる身近な音符，休符，記号や用語について，音楽における働きと関わらせて理解すること」の2つから構成される。
　これらのうち，アは音楽科の目標の2つめに記された「思考力，判断力，表現力等」に関する資質・能力であり，イは1つめに記された「知識や技能」のなかの「知識」に関する資質・能力である。つまり，アは，聴き取ることと感じ取ることとのかかわりについて考えること，イは，音楽とかかわらせて理解することが従前の学習指導要領との相違点である。

2 「音楽を形づくっている要素」って何だろう？

　〔共通事項〕のアには「音楽を形づくっている要素を聴き取り，それらの働きが生み出すよさや面白さ，美しさを感じ取りながら，聴き取ったことと感じ取ったこととの関わりについて考えること」と記されている。
　これがどういうことなのかを考えてみよう。

第Ⅱ部　初等音楽科教育の実践

私たちが音楽を聴くと，その曲についてのイメージを頭のなかに思い浮かべる。

▷1　《ギャロップ》はソ連（現ロシア）のカバレフスキーが作曲した組曲『道化師』のなかの第2曲。全10曲からなる管弦楽曲である。平成元年改訂小学校学習指導要領では第6学年の鑑賞共通教材であった。

例えば《ギャロップ》（カバレフスキー作曲）を聴いたとしよう。多くの人は運動会を思い浮かべるだろう。しかし運動会といっても，開会式や閉会式ではなく，リレーや大玉転がしなどの競技の場面である。それは，過去にこの曲を聴いたという経験があるからだが，それだけではなく，この曲のもっている速度や音色が，競技のスピード感と結びつくからである。

音楽を聴くと，聴覚を通して脳にその音楽が伝わる。それは速度や音色などであり，これが「音楽を形づくっている要素」（後述）である。この場合，まず《ギャロップ》という曲がもつ，速度や音色などが脳に伝わった。次に，テンポや音色などに合致するイメージが記憶のファイルのなかから選び出された。それが運動会という過去の経験だったのである。つまり，音楽を形づくっている要素を用いることによって，頭のなかにあるイメージを音で表現することが可能となる。

▷2　「中学校学習指導要領解説音楽編」（2017年）。

「中学校学習指導要領解説音楽編」では，このように音楽を形づくっている要素が脳に伝わることを「知覚」，その結果としてイメージが生み出されることを「感受」という用語を使って説明している。つまり，「知覚」は音楽を形づくっている要素なしでは生成し得ない。このような「知覚」を生み出すもととなる音楽を形づくっている要素が，〔共通事項〕として示されたのである。

音楽の授業で行う歌唱・器楽・音楽づくり・鑑賞の活動にはすべて〔共通事項〕がかかわっている。これが学習指導要領で表現・鑑賞の各領域とは別に記されている理由である。

3　「イ　音楽を形づくっている要素及びそれらに関わる（身近な）音符，休符，記号や用語」って何だろう？

「音楽を形づくっている要素」とは2で述べたように，音楽のイメージを生み出すもととなるものである。「音楽を形づくっている要素」は「ア　音楽を特徴付けている要素」と「イ　音楽の仕組み」の2つに分類される。

ア　音楽を特徴付けている要素：音色，リズム，速度，旋律，強弱，音の重なり，和音の響き，音階，調，拍，フレーズなど
イ　音楽の仕組み：反復，呼びかけとこたえ，変化，音楽の縦と横との関係など

▷3

一方，「（身近な）音符，休符，記号や用語」とは，児童がそれぞれの学年で学習する音符，休符，記号や用語のことである（「身近な」は第1学年及び第2学年のみ）。

例えば五線譜の第2線に全音符を一つ書いてみよう。これは何の音だろう

第**12**章　初等音楽科教育の実践⑤

か。実はこのままでは何の音かわからない。ト音記号を付けることで初めて「ソ」だとわかる。また，「ソ」だとわかるのは，5つの線の下から2番目に音符が書いてあるからである。このように楽譜にはそれぞれの記号があり，それぞれに名前をもっている。それを音楽の働きの中で学ぶのが〔共通事項〕のイに示された「（身近な）音符，休符，記号や用語」である。

④ 〔共通事項〕が導入された経緯

学習指導要領〔平成20年改訂〕に向けて，中央教育審議会は学校教育のあり方について経過報告を行った。その中の「3　学校教育の質の保証のためのシステムの構築」では，学校教育の質の保証として，「学習指導要領における到達目標の明確化」が求められた。つまり，学校教育では，子どもにどんな学力を身につけさせることができたのか説明責任が求められるようになってきたのである。

従来の音楽の授業では何を学習したかが児童にとってあまり明確ではなかった。しかし，〔共通事項〕に基づいた授業を行えば，指導内容や評価する規準が明確になるというよさがある。しかも知覚・感受を通して対象（例えば楽曲）を質として認識し，自分と対象との往還関係のなかで対象に対する見方・考え方・感じ方が深まっていくことが期待される。つまり，獲得する学力が明確になるというねらいが〔共通事項〕の背景にある。

▷4　「3　学校教育の質の保証のためのシステムの構築」平成18年2月13日。文部科学省中央教育審議会初等中等教育分科会　教育課程部会審議経過報告。http://www.mext.go.jp/component/b_menu/shingi/toushin/_icsFiles/afieldfile/2014/04/02/1212706_001.pdf

2 〔共通事項〕を意識すると授業が変わる

例えば〔共通事項〕のなかから，「4分の2拍子」「4分の3拍子」という言葉を取り出し，「拍子には2拍子と3拍子があります。タンタンというのが2拍子で，タンタンタンというのが3拍子です」と説明されてもあまり理解できない。また，「*p*」「*mp*」「*mf*」「*f*」をフラッシュカードにして，「はい，強弱記号ですよ。覚えましょう」。（「*p*」のカードを子どもに見せて）「これは何ですか？」と聞いて，仮に正答が得られたとしても，それは記号を覚えただけで，実際の音とのかかわりはない。

〔共通事項〕の指導で大事なのは，必ず実際の音楽とかかわらせることである。音とかかわるなかでそれぞれの言葉の意味と実際の音とが結びつき，次の学習に生きて働くようになる。

そのためには，授業をするときに，この教材で指導すべき〔共通事項〕は何かを意識することである。次に指導内容を明確にした指導事例を紹介しよう。

第Ⅱ部　初等音楽科教育の実践

▷5　《アラベスク》は，ブルグミュラーが作曲した《25の練習曲》のなかの第2曲。「アラベスク」とはイスラム美術の幾何学模様。シューマンやドビュッシーも同名の曲を作曲している。

▷6　メヌエットとは3拍子の舞曲の一種で，多くの作曲家が作っている。したがって作曲者を書くのを忘れないようにしよう。この《メヌエット》は以前は J. S. バッハ（1685〜1750）が作曲したとされていたが，最近の研究でペツォルト（1677〜1733）が作曲したことが判明した。

◇事例　「拍子のまとまりを感じて」（第2学年）
　ここでは音楽を聴いて，2拍子や3拍子を感じ取り，理解することが目標となる。したがってここで指導するのは，〔共通事項〕の「拍」である。拍に着目すると，音楽は「拍のある音楽」と「拍のない音楽」とに分けられる。ここでは「拍のある音楽」の中の「拍子のある音楽」が指導内容である。
　まず《アラベスク》◁5（ブルグミュラー作曲）を聴かせる。全曲聴かせるのではなく，最初の15秒くらいでよい。
①　曲を聴いてどんな感じがしたかを問う。ここは各自が自由にイメージしたことを発言する場である。続いて全曲聴かせる。
②　曲を聴きながら，手と膝を交互に打つ。慣れてきたら膝を打つ代わりに隣の子どもと手を合わせて，自分の手と交互に打つ。
③　黒板に次の図を示す。

| 1 | ○○○○○○○○○○ |
| 2 | ○○○○○○○○○○○○ |

「この曲に合うのはどちらでしょう」と問いかけ，そのわけも問う。
④　もう一度手と膝を打ったり，隣同士で手を合わせたりして確かめる。そのとき教師は黒板の図を順に押さえていくとよい。
⑤　この曲は「○と○でできているので2拍子の曲といいます」と言って，「2拍子」と板書する。
⑥　《メヌエット》（ペツォルト作曲）を聴かせ◁6，「この曲は何拍子でしょう」と問いかける。
⑦　「さっきのように手や膝を打って確かめましょう」と促す。
⑧　この曲は「○と○と○でできているので3拍子の曲といいます」と言って，「3拍子」と板書する。
⑨　もう一度《アラベスク》と《メヌエット》をかけて鑑賞する。
⑩　「この2つの曲の感じはどんな風に違いましたか」と問いかける。そうすると2拍子の曲の特徴と3拍子の曲の特徴が出てくる。それらを板書して，2拍子と3拍子の特徴についてまとめる。
⑪　ワークシートに2拍子の曲と3拍子の曲，それぞれ感じたことを書く。
　発展として，他の2拍子や3拍子の曲を聴かせて，「この曲は何拍子でしょう」と問いかけてもよい。

　この学習で大切なことは，2拍子と3拍子の感じの違いを捉えていることである。したがって，それぞれの曲の拍子にあった拍打ちができることと，2拍子と3拍子それぞれの曲についてイメージをもつことができ，その違いを説明することができているということの2つが評価の観点となる。そのことによってそれぞれの子どものなかに〔共通事項〕の指導内容が身についたかどうかが判断できる。
　音楽の授業は上手に歌えたり，リコーダーを吹くことができる子どもだけが活躍する時間であってはならない。そのためには，指導した内容を子どもが身につけられるような評価をする必要がある。〔共通事項〕を指導内容においた授業は，そのことを保障するのである。

第**12**章　初等音楽科教育の実践⑤

Exercise

① 「小学校学習指導要領解説音楽編」（2017年）を読んで，〔共通事項〕に示
　されたそれぞれの用語の意味を確認してみよう。

📖次への一冊

髙倉弘光『髙倉先生の授業研究ノート』音楽之友社，2017年。
　〔共通事項〕に基づいて具体的にどのように授業をしていけばよいのか，さらに詳
　しい授業の展開を知りたい人に薦めたい。

引用・参考文献

日本学校音楽教育実践学会編『生成を原理とする21世紀音楽カリキュラム』東京書籍，
　2006年。

93

第13章
初等音楽科教育の実践⑥
——各活動の関連——

〈この章のポイント〉

　新学習指導要領および本書においては，歌唱・器楽・音楽づくり・鑑賞という各活動（分野・領域）の内容が区分されて記述されている。しかし，各題材においては，それぞれの活動を相互に関連づけながら学習指導を行うことが望まれている。本章では，その具体的な視点を教材例とともに提示し，学習指導案作成の前提となる，各活動間の関連を図った題材と授業の構想について考える。

1　各活動の関連を図った学習指導の意義

　1　音楽活動の総合性と音楽科における各活動の関連

　ここまで，本書第8～11章において，新学習指導要領の領域・分野の区分に応じて，歌唱・器楽・音楽づくり・鑑賞の4つの活動から音楽科の実践が述べられてきた。しかしながら，日常の音楽活動では，必ずしもこれらの活動を分離して行ってはいない。スマートフォンで聴いている曲をカラオケで歌ったり，新たなピアノ曲を弾くためにCDを購入して聴いたり，ギターを演奏しながら弾き歌いをしたり，自作のオリジナル曲を歌ったり演奏したりする人もいるだろう。歌唱・器楽・音楽づくり・鑑賞といったそれぞれの活動は，日常の音楽活動のなかでは相互に関連しあっている。

　上述の音楽科における活動の4つの分類は，各活動の学習指導の内容を明確にするために設定されているものであり，それぞれを分離して行うことを目的としている訳ではない。小学校の新学習指導要領の「第3　指導計画の作成と内容の取扱い」には，「1　指導計画の作成に当たっては，次の事項に配慮するものとする」とし，以下のような記載がある。

▷1　活動の区分については，日本の学習指導要領の変遷のなかでも変化しており，諸外国の音楽科カリキュラムでは，これらと異なる区分が用いられることもある。例えば，日本でも昭和40年代にはさらに「基礎」領域が設定されており，ドイツ語圏では「動き」や「理論」などの分野が設定されている場合もある。

> (4)　第2の各学年の内容の「A表現」の(1)，(2)及び(3)並びに「B鑑賞」の(1)の指導については，適宜，〔共通事項〕を要として各領域や分野の関連を図るようにすること。

　小学校の授業や教科書の構成において，ある題材で一つの活動のみを行い続けることは，むしろ例外的である。1時間または数時間の授業で，鑑賞し続ける，歌い続けるという授業は，活動が単調になり子どもの集中力が続かないこ

ともある。一つの題材のなかで，歌ったり，楽器を演奏したり，音楽をつくったり，鑑賞したりと，さまざまな活動からその題材の目標にアプローチする授業構成が現在では一般的である。言い換えれば，学習指導案を作成するときにも，題材や教材に応じて，各活動を関連づけながら授業を構想する必要がある。以下，各活動を，授業実践のなかで関連づけるための視点を検討していきたい。

2 〔共通事項〕を要とした各活動の関連

　前章で取り上げたように〔共通事項〕は，各活動の枠を越え，相互に関連させながら授業で取り組むものであり，各活動を関連づけるための要となる。そのため，〔共通事項〕の内容は音楽科の題材（単元）の主要な課題として取り入れられることがある。例えば，「拍を感じ取ろう」「ドレミとなかよし」「いろいろな音色を感じ取ろう」「旋律の特徴を感じ取ろう」「音の重なりとひびき」などの題材は，いずれも〔共通事項〕の内容と関連したものとなっている（下線筆者）。〔共通事項〕は，各活動を関連づける要となると同時に，各活動を関連づけることによって学習されていくのである。〔共通事項〕に関しては，前章で詳細に述べられているので，本章では，より具体的な活動や教材の例をあげながら，各活動を関連させる視点を提示したい。

2　表現領域における各活動の関連

1　歌唱と器楽の関連

　歌唱と器楽は，一般的な音楽活動を区分する「作曲・演奏・鑑賞」の3つに照合した場合に，どちらも「演奏」に相当するものである。すなわち，すでに作られている音楽を「実際の音にする活動」，言い換えれば「再創造」の過程であるという点で両活動は共通している。

① 歌唱に楽器演奏を加える

　各種楽器は，歌の伴奏楽器として発達してきた場合が多く，子どもの学習段階に応じて歌唱の伴奏に活用することができる。子どもが楽器の学習を始めた段階では，演奏できるリズムや音の範囲が限られてしまう。このような段階では，単純な音型やリズムを楽器で歌に合わせて演奏することによって，音楽経験の充実を図ることができる。楽器の学習が進んだ学年では，より複雑な器楽伴奏を歌唱・合唱に加えることも可能である。

　例1：《ぶんぶんぶん》歌詞の「ぶんぶんぶん　はちがとぶ」のことばのリズムに合
　　　　わせて，身体打楽器や選んだ打楽器を演奏する。

第Ⅱ部　初等音楽科教育の実践

例2：《ゆかいな木きん》歌に合わせ，リコーダーで学習した4音による副次的旋律を演奏する。

例3：《風になりたい》（宮沢和史）歌に各種打楽器でサンバのリズムを加える。[2]

② 歌の旋律を楽器で演奏する

　未知の旋律を楽器で演奏するためには，どのような音楽かを聴いたり楽譜を読み取ったりして新たに覚える必要がある。すでに知っている旋律を用いることで，楽器の演奏に取り組みやすくなり，また楽器の演奏の学習に集中することができる。旋律は歌の一部分でもよく，楽器の習熟に応じて全曲を，さらに副次的旋律を加えて演奏できるように発展することができる。[3]

　留意しなければならない点は，子どもが歌える曲と，楽器で演奏しやすい曲が必ずしも一致しない点である。演奏しやすい音域や音型は楽器によって異なるため，各楽器の特性や子どもの既習技能に応じた楽曲の選択が必要になる。

例4：《かえるのうた》旋律を鍵盤ハーモニカで演奏し，輪唱・輪奏する。

例5：《ゆかいなまきば》歌詞の「イアイアオー」の反復部分をリコーダーのシラソの3音で演奏する。

例6：《エーデルワイス》（R. ロジャース）リコーダーで歌の旋律を演奏し，さらに副次的旋律を加える。

2　音楽づくりと歌唱・器楽の関連

　音楽づくりの活動においては，声や楽器が用いられるため，自ずと歌唱や器楽との関連をもつ。ここでは，表現媒体・音楽様式との関連を中心に述べる。

① 表現媒体（楽器や声）を通じた関連

　学習した楽器や声の表現を用いて音楽づくりを行うことで活動の関連が図れる。例えば，身体打楽器（ボディー・パーカッション）でリズム活動を行った後にリズムづくりを行う，リコーダーや鍵盤ハーモニカで学習した音を用いて旋律をつくるなどである。これは，音楽づくりに，楽器演奏の技能が必要であるという側面と，学習した技能を音楽づくりに応用するという両面を示している。

例7：リズムづくり：打楽器の演奏方法を学習した後に，その楽器を用いて短いリズムパターンを反復して重ね，グループアンサンブルをつくる。

例8：旋律づくり：リコーダーでシラソの3音を学習し，その音で旋律をつくる。

② 音楽様式（スタイル）による関連

　歌唱や器楽で演奏した音楽の様式（スタイル），音素材，技法などで，音楽づくりを行う活動である。

例9：旋律づくり：《いろはにこんぺいと》（わらべうた）を歌い，グループやクラスでオリジナルの〈くさりうた〉をつくる。[4]

例10：特殊奏法を用いた音楽づくり（現代音楽）：リコーダーの頭部管でさまざまな

▷2　楽曲のタイトル後の（　）内は，作曲者名。不明の場合は省略する。

▷3　逆に，器楽曲の演奏の一部に，歌を加えることもある。例えば，《マンボNo. 5》（P. プラード）の最後のリフレインの旋律に歌を加えるなど。

▷4　わらべうた（伝承のあそびうた）の一種。「いろはにこんぺいとう　こんぺいとうはあまい　あまいはさとう　さとうは……」とつなげていくことばあそび。

96

第 **13** 章　初等音楽科教育の実践⑥

鳥の鳴き声を表現し，呼吸やタンギングの多様性を学習する。

3　表現と鑑賞の関連

　音楽科では，表現と鑑賞の2領域に，すなわち音楽を発信する側面と受容する側面に内容・活動を区分している。これらは音楽を介した呼応関係にあり，両面から音楽を経験することによって，音楽体験のさらなる深化が期待できる。

［1］　歌唱と鑑賞の関連

　歌唱活動において範唱を聴くことは一般的に行われるが，さらに鑑賞の活動との関連を図ることによって，楽曲や演奏形態の理解を深めることができる。
① 　表現の特色を聴き演奏する
　鑑賞曲を歌うことによって，また歌唱教材を専門家の演奏で鑑賞することによって，楽曲の表現や楽曲に対する理解を深めることができる。
　例11：《花》（滝廉太郎）鑑賞で合唱の響きを味わい，その旋律を歌唱する。
　例12：《カントリーロード》（J. デンバー）原曲（英語）や日本語訳版（アニメ『耳をすませば』（宮崎駿監督）挿入歌）を比較鑑賞し，演奏する。
② 　表現の工夫を聴きとり演奏に生かす
　歌唱教材を鑑賞し，そこから歌唱表現の工夫に生かすことができる。
　例13：《ドレミの歌》（R. ロジャース）ミュージカル映画の場面を鑑賞し，旋律を分担して歌う方法を聴き取り，歌唱表現を工夫する。
　例14：《赤とんぼ》（山田耕筰）異なる歌手による演奏を比較鑑賞し，旋律の強弱やテンポを変化させる表現の工夫を聴き取り，歌唱表現に生かす。

［2］　器楽と鑑賞の関連

　演奏する楽器や楽曲を通じて，器楽と鑑賞の活動の相互関連を図ることができる。これらは，楽器のもつ表現の可能性や原曲へのさらなる理解につながる。
① 　楽器の表現の可能性を知る
　鑑賞を通じて楽器の音色に親しみ，またその特性や可能性を理解する。そこから，楽器学習のモチベーションをさらに高めることができる。
　例15：リコーダー：《大きな古時計》（H. ワーク）さまざまな音域のリコーダーによる合奏編曲を鑑賞し，楽器学習の発展性を理解する。
② 　合奏曲の原曲を鑑賞する
　小学校の器楽では，楽曲の一部を簡略化し，既習の楽器用に編曲したものを演奏するのが一般的である。鑑賞との関連を図ることによって，表現を工夫する可能性を探したり，原曲に親しんだりすることができる。

第Ⅱ部　初等音楽科教育の実践

▷5　同様の例で，《カノン》（J. パッヘルベル）がある。冒頭部を簡略化したものが楽器で演奏されるが，原曲を鑑賞することによって旋律を模倣して重ねていく形式をより深く理解することができる。

例16：《威風堂々第1番》（E. エルガー）中間部のみを器楽演奏することが多いが，全曲を鑑賞し原曲への親しみと理解を深める。◁5

例17：《ルパン三世のテーマ》（大野雄二）リズムを単純にした編曲があるが，原曲を聴いてポップスに特徴的なリズムや楽器の音色を味わう。

3　音楽づくりと鑑賞の関連

音楽をつくるための媒体（声や楽器），構成要素（共通事項），様式（スタイル），演奏方法などの諸点から，鑑賞を通じて「子どもが作った音楽」と「既存の音楽」の関係を省察することができる。鑑賞を先に行えば，音楽づくりのための方法や素材を学習することができ，音楽づくりを先に行えば，自身のつくった音楽と既存の音楽との関係を省察する手がかりを得ることができる。

例18：〈お囃子〉五音音階による笛の旋律と太鼓の反復するリズム（オスティナート）という特徴を鑑賞し，音楽づくりに生かす。

例19：〈STOPM〉楽器ではない音の出るものを使った，リズムアンサンブルの方法や可能性を鑑賞し，独自の音楽をつくる。

例20：〈インターロッキングの音楽〉つくった音楽と同じ構造をもつケチャやアフリカの音楽を鑑賞する。

例21：〈ドローンをもとにした音楽づくり〉低音保続音の上に，音をいくつか選んで旋律をつくり，同様の手法による現代音楽などを鑑賞する。

4　全活動相互の関連

第2節と第3節の内容を組み合わせれば，さらに各活動をさまざまな形で関連づけることができる。また，一つの題材には複数の教材が取り上げられるので，一つの教材で全活動の関連が図られなくても，題材のなかにおいては多様な関連を図りながら，中心となる課題に取り組むことができる。

本節では日本を含め国際的な影響力をもったオルフ・シュールヴェルクの理念から活動の関連を図る例を示したい。C. オルフは，20世紀ドイツの作曲家で，子どものあそびうた等，身近で単純な音楽から出発する教育の理念を示した。◁6

▷6　詳細は，「オルフの音楽教育」の項（222ページ）を参照。

歌唱・器楽・音楽づくり・鑑賞のすべてを関連させた題材例を示す。

例22：題材：「日本の音楽に親しもう」《さくらさくら》の旋律を歌い（歌唱），箏等の楽器で演奏し（器楽），都節音階（ミファラシド）で旋律をつくる（音楽づくり）。さらに，さくらの旋律に基づいた合唱編曲，箏の変奏曲《日本古謡さくらによる変奏曲》（藤井凡大）を鑑賞する。さまざまな活動を通じて日本の伝統的な音楽に親しみ，理解を深める。

例23：題材：「カノンに親しもう」《かねがなる》を歌い，さらに輪唱に発展させる。
歌や輪唱に，木琴・鉄琴・打楽器の単純なパターンの繰り返しによる（オスティナート）伴奏を加える（器楽）。旋律を構成する主な音（ソラシドレ）を用いて旋律をつくる活動にも発展する（音楽づくり）。さらに，カノン形式の作品（パッヘルベルなど）の演奏を鑑賞し，アンサンブルを楽しむとともに，カノンという形式に親しむ。

以上，各活動の関連を，具体的な教材を示しながら検討した。学習指導案の作成や模擬授業を行う際に，活動の関連を考慮した多角的な題材へのアプローチを構想するための手がかりとしていただきたい。

Exercise

① 小学校音楽科の学習指導案例を検討し，題材のなかで歌唱・器楽・音楽づくり・鑑賞の各活動がどのように関連づけられているか考察しよう。その際に，〔共通事項〕がどのように位置づけられているかに着目しよう。
② 楽曲（教材）を選んで具体的な活動の関連を考えよう。そこで取り上げられる学習課題を，学習指導要領や〔共通事項〕を参照して検討してみよう。
③ 上記②で選択した教材を含めて，題材と学習指導案の概略を構想してみよう。さらに，その構想に関してグループで意見を交換してみよう。

📖次への一冊

井口太・細田淳子・中地雅之・熊木眞見子編『オルフ・シュールヴェルクの理論と実践』朝日出版，2016年。
　　歴史・理念・実践からオルフ・シュールヴェルクを総合的に理解できる。各種学校・教育現場の実践例も収録。

引用・参考文献

新実徳英他『音楽のおくりもの1-6』『同指導書』教育出版，2015年。
小原光一他『小学生の音楽1-6』『同指導書』教育芸術社，2015年。

第Ⅲ部

初等音楽科教育の課題と展望

1　多様な音楽文化の諸相と音楽教育

日本の音楽

①　学習指導要領における位置づけ

　2006（平成18）年に教育基本法が改正されて以降，関連各教科において「伝統と文化を尊重する態度」を養うための教育が行われるようになった。音楽科では中学校の学習指導要領［平成10年改訂］の器楽指導において「和楽器については，3学年間を通じて1種類以上の楽器を用いること」と新設されたが，平成20年改訂の「学習指導要領解説」では「音楽科改訂の趣旨」に「我が国や郷土の伝統音楽に対する理解を基盤として，我が国の音楽文化に愛着をもつとともに他国の音楽文化を尊重する態度等を養う観点から，学校や学年の段階に応じ，我が国や郷土の伝統音楽の指導が一層充実して行われるようにする」と改正教育基本法を受けて一層「伝統と文化の尊重」を重視する内容となった。さらに，小学校の新学習指導要領解説では，「音楽科の改訂の趣旨及び要点」の(3)の④「『我が国や郷土の音楽』に関する学習の充実」のなかで，「これまで第5学年及び第6学年において取り上げる旋律楽器として例示していた和楽器を，第3学年及び第4学年の例示にも新たに加えることと」し，さらに「音源や楽譜等の示し方，伴奏の仕方，曲に合った歌い方や楽器の演奏の仕方などの指導方法を工夫すること」として指導にあたっての配慮事項が示された。同様に中学校では，「音楽科改訂の趣旨及び要点」の(3)の⑥「我が国や郷土の伝統音楽に関わる指導の充実」のなかで，歌唱や器楽の指導において我が国の伝統的な歌唱や和楽器を扱う際の配慮事項として，「生徒が我が国や郷土の伝統音楽のよさを味わい，愛着をもつことかできるよう工夫すること」と示されて，児童生徒が日本の音楽，つまり，我が国や郷土の伝統音楽に親しみ，そのよさを一層味わえるようにしていくことが音楽科の重要な柱に位置づけられた。

②　日本の音楽指導に関する課題

　とはいえ，学校教育における日本の音楽の指導にはさまざまな課題が山積している。その一つが音楽科現職教員の日本の音楽に対しての技能と知識の未熟さである。先述したが，音楽科教育における日本の伝統音楽については，中学校の学習指導要領［平成10年改訂］で「和楽器」の指導が義務づけられ，さらに高等学校の学習指導要領［平成11年改訂］において「3 内容の取扱い」に「我が国の伝統的な歌唱及び和楽器を含めて扱うようにする」と示された。こうした流れのなかで，2000年に「教育職員免許法施行規則」が一部改正され，中学校教諭普通免許状取得のための「教科に関する科目」「器楽」に「和楽器」，「声楽」に「伝統的な歌唱」を含むことが盛り込まれた。それ以前は日本の音楽に関する科目について必修ではなかったために，現職教員のなかには日本の音楽に関しての十分な教育を受けていない教師が多く存在する。また教員養成の段階においても大学生に対しての日本の音楽に関する教育は，集中講義での実施が多く，またその内容も，特定の和楽器や種目だけであったり，楽器の用意が十分ではなかったりと人的，物的に日本の音楽の学習を取り巻く課題は多い。

③　日本の音楽に対する学びを深めるために

　一言に「日本の音楽」と括ってもその実態は幅広く，単に楽器演奏を経験するだけでは児童生徒に「よさを味わい，愛着をもつことができるよう工夫」することは難しい。とくにこれまで西洋音楽を基盤とした学びを行ってきた学生であればあるほど西洋音楽の理論で捉えてしまうために，日本の音楽のもつ繊細かつ微妙な味わいを理解しにくい傾向があるといえよう。

　そこで大切となるのは，日本人の音に対する美学を捉えるということである。日本音楽史や楽器についての幅広く深い学びはもちろん，茶道や武道や古典文学など音楽以外の伝統文化の経験と理解を通じ，型，姿勢，礼節といったかつての日本人が大切にしてきた概念を学び，それらが日本の音楽にどのように関係しているのかを併せて理解していくことが日本の音楽を学ぶうえでは大切となる。

　大学の授業における日本音楽の実技の経験に加えて，雅楽，箏曲などの日本の音楽や歌舞伎，能楽，文楽といった舞台芸能を生で鑑賞したい。大都市以外であっても歌舞伎や文楽の「巡回公演」，地元の演奏団体による演奏会は各地で行われている。自ら情報を収集し，足を運ぶという態度が大切であり，そうした経験があってこそ児童生徒に日本の音楽の「よさを味わい，愛着をもつことができるよう工夫」することができるようになる。日本の音楽の学習においても「鑑賞と表現活動の往還」は学びを深めるためには不可欠である。

課題

①　教科書でどのような日本の音楽が取り上げられているか調べなさい。

②　日本の音楽の公演情報を調べて鑑賞し，その音楽についての発達史，使用楽器，特徴についてまとめなさい。

第Ⅲ部　初等音楽科教育の課題と展望

諸外国（諸民族）の音楽

① 諸外国（諸民族）の音楽とは何か

　今日，地球上には70億人以上の人々がおり，すべての人々は何らかの音楽を行っている。わが国の音楽でないものはすべて「諸外国の音楽」である。さらに，人間を，国籍でなく言語や生活様式によって区分したものが民族である。何らかの民族に属さない人はいないので「民族音楽（ethnic music）」でないものはない。その意味では民族音楽という語は何ら意味をもたないばかりか，初期は非ヨーロッパ，非キリスト教徒の音楽に対する侮蔑的呼称だった。

　以上は，学問的には当たり前のことだが，わが国の音楽科教育ではこのように捉えられてはこなかった。それは戦後の音楽科教育が，「音楽＝ヨーロッパ音楽」とし，その基礎的知識や技能の獲得を目指して出発したからである。以来，今日にいたるまで，少しずつ「わが国の音楽」「郷土の音楽」「諸外国の音楽」「諸民族の音楽」といった語を増減しながら教育対象の範囲を広げる努力がなされてきた。少なくとも小学校に関する限り，学習指導要領のなかで「諸民族の音楽」と明記されたことはないが，新学習指導要領では「諸外国に伝わる音楽や楽器」という表現に帰着し，ようやく冒頭のような解釈が認められる時代になったといえよう。

② 音楽科教育において「諸外国の音楽」を扱う意義

　「諸外国の音楽」という視点から音楽科教科書を眺めると，戦後直後から「外国曲」や「外国民謡」などと示された曲は目立ち，「諸外国の音楽」は多数掲載され続けてきた。しかし，地域別に見れば，ヨーロッパに大きく偏っていることは疑いなく，それが問題点といえる。さらに「○○に伝わる音楽」という表現も注目される。一つの地域で長年にわたり受け継がれてきた音楽は一般に「伝統音楽（traditional music）」と総称される。わが国の伝統音楽は，近世邦楽や雅楽，能楽や神社や祭りで聞かれる神楽や民謡，J-POPやわらべ歌などであり，いわゆるクラシックやドイツ民謡などは諸外国の伝統音楽に属する。一つの地域の伝統音楽は，その担い手により，さらに専門家による特別な訓練を前提とする音楽である「芸術音楽（art music）または古典音楽（classical music）」，一般民衆が日常的生活のなかで行う地域性の強い音楽である「民俗音楽（folk music）」，そしてマスメディアの媒介を前提とする商業的な音楽「ポピュラー音楽」の3種に区分される。例えば，子どもが歌う歌であっても，作曲家・作詞家の作品である童謡や学校唱歌は芸術音楽に，子どもたちが遊びとともに自発的に歌うわらべ歌は民俗音楽に含まれる。地域を越えて比較聴取

させるような教材選択に際しては，こういった種類もそろえるような配慮が必要である。

　では，諸外国の音楽を積極的に活用することは音楽科教育にどういう意味をもつのか。先述のように戦後の音楽科教育は，西洋芸術音楽を中心にすえ，音階や調，リズムや拍子，楽式，楽譜，楽器などのさまざまな切口から，知識や理解・技能を身につけることに専念してきた。しかし，世界の音楽を広く見渡すような説明には，それらの尺度だけでは足りない。これまでの音楽教育を否定するわけではなく，そこで培ってきた知識や技能や感性を土台として，新しい音楽に出会った際，偏見なく共通点と相違点を見極めて取り込み，音楽の豊かさを感じ，音楽を行う人々とその背景にある文化を受け入れるような教育，いわば音楽科教育のグローバル化を今こそはかるべきである。

③ 諸外国の音楽も含む音楽理解のための楽典補遺

　新学習指導要領で述べられている「音楽的な見方・考え方を働かせ，生活や社会の中の音や音楽と豊かに関わる資質・能力」を育成するために，これまで扱われてこなかった国や地域や種類の音楽にまで範囲を広げ，より有効な教材を選び，さらに，それを説明するための語彙や尺度を増やす必要がある。〔共通事項〕に掲げられている用語をいくつか取り上げ，できるだけ多くの諸外国の音楽を含められるよう，各概念を広げるための再定義と具体例などを次に整理する。

（1）音階・階名・音程など

　音階とは，一まとまりの音楽のなかで使用される音を音高順に並べ1オクターブの範囲で示した音列で，最低2音（2音音階）から7音（7音音階）ほどで構成される。各音階音につけられた名称を階名といい，西洋音階の「ドレミファソラシ」，インドの「サレガマパダニ」，中国の「宮・商・角・徴・羽」などがそうである。

　音程とは各音階音の音高の差である。同音を一度と数える西洋音楽の単位は他の音楽には適用できない。半音100セント，全音200セント，1オクターブ1200セントとする。A. J.エリス考案のセント法は西洋音楽も含めたあらゆる音楽を比較するのに便利である。私たちは同じ5音の音階でも各音の音程の大小の並びの違いにより各種の音階を聴き分ける。同じ7音音階でも，タイ芸術音楽の7等分的音階は西洋音階に慣れた耳にはどの音も少しずつずれて聞こえる。さらに音楽における各音の位置づけや関係まで考慮に入れた音階は旋法と呼ばれる。西洋長音階に主音や属音・導音といったような各音の性格づけが見られるように，インドの旋法ラーガの一つひとつに上行形と下行形の構成音や音使い，主音・副主音などが定められている。

（2）リズム・拍子など

音楽の根底に時間の長短を数えるための刻み（パルス）が感じられるもの（有拍のリズム）と感じられないもの（無拍のリズム）がある。教科書掲載の西洋曲に無拍のリズムはほとんど見られないが，モンゴル民謡のように有拍・無拍両方の種類の音楽をもつ音楽文化は多い。有拍のリズムのうち，強弱や音色や音高等の変化に何らかの規則性が感じられる時，その周期を拍子とかリズム周期と呼び，その音楽は拍節的であるという。拍子には，2拍子系（2拍子，4拍子など）・3拍子系（3拍子，6拍子など）のほか，それらを組み合わせた複合的な拍子（2＋3の5拍子など）もある。また，一つの音楽のなかで，異なる拍子が，つなぎ合わされたり同時に演奏されたりするものを，ポリリズムといい，とくにアフリカ音楽に多い。

（3）音の重なり

単旋律の音楽（モノフォニー）に対し，複数の声部が組み合わされた音楽を多声的な音楽（ポリフォニー）という。教科書掲載の多くの歌唱教材のように，主旋律を楽器伴奏も含めた他の声部が和声的に支えるような音楽をホモフォニーという。日本の多くの音楽のように複数の声部が，基本的には同じ旋律を時間や音高をずらし絡み合いながら進んでゆく形をヘテロフォニーという。スコットランドのバグパイプのように，旋律を奏でる声部と，同音を保ち続ける声部（ドローン）が組み合わされる形もある。一人の主導的歌い手（音頭）とその他大勢（一同）の斉唱がかけあいで交互に歌う歌の形は音頭一同形式（呼唱答唱形式，コールアンドレスポンス）と呼ばれ，世界各地の労働歌やゴスペルなどの宗教歌によく見られる。

（4）楽器の種類

世界の楽器を分類するには西洋オーケストラの「管弦打」は合理的でない。日本の雅楽には「打ちもの・吹きもの・弾きもの」という奏法による分類法が，古代中国には「瓠・土・革・木…」など素材による八音と呼ばれる分類法が見られた。今日最も広く用いられているのは20世紀に C. ザックスらが考案した振動体による楽器分類法で，まず大きく体鳴・膜鳴・弦鳴・気鳴の四鋼に分け，さらに奏法や構造的な特徴などにより細分してゆくものである。この方法に従って注意深く見れば，ヴァイオリンと二胡，ギターやリュートと琵琶やシタールやチャランゴ，オルガンやハーモニカとケーンや笙などが，同類の楽器であり似た音色をもつことに気づく。

④ 音楽的発想を広げる具体的な授業の活動例

前項の発想を生かし，西洋芸術音楽をも含めた世界の音楽の理解につなげるためのヒントになるような具体的活動例を示す。

表1　音楽的発想を広げる授業の活動例

分野／領域	活動内容
音階「オリジナル音階を楽しむ」	竹筒を切ったトガトンを用いる，ジャルタラングのようにドンブリに水を入れバチで打つなどして，オリジナル音階を楽しむ。打つ順序やリズムを変えたり，反復や応答を組み合わせて音楽づくりをしたり，《きらきら星》などを奏しその違いを味わったりする。
表現（器楽，音楽づくり），鑑賞	
音色「エア楽器で楽器の音色を学ぶ」	世界の同種の楽器をいくつか選び比較聴取させる。独奏の音だけを聞かせ想像した演奏法を動作で表現する，当該の楽器の図を選ぶ，音色から発音体の素材を考えるなどの活動を通して，素材や奏法が楽器の音色の特徴に結びついていることを理解し言葉で説明する。
表現（器楽），鑑賞	
拍子「口唱歌でオリジナル拍子を作る」	1音節1拍の日本語の特性を生かし，「くま」「かき」など2音節の語，「ゴリラ」「バナナ」など3音節の語を選んで組み合わせ，間をおかずにつなげて反復し，不思議な拍子を作る。「バナナかき」は3＋2の5拍子，「くまゴリラゴリラ」は2＋3＋3の8拍子。
表現（歌唱，音楽づくり），鑑賞	
リズム・音の重なり「オリジナル拍子の音楽をつくる」	オリジナル拍子による音楽をつくる。特定の音節で声を出したり，手を打ったり，音節ごとに特定の音高を楽器で奏したりして声楽曲や器楽曲をつくる。反復や応答の仕組みを使ったり，複数の拍子をつなぎ合わせたり，同時並行で行いポリリズムにしたりして，さまざまに展開できる。
表現（器楽，音楽づくり），鑑賞	

⑤ 世界の音楽を念頭においた音楽科教育を

「諸外国の音楽」を意識すると，子どもたちも教師も，これまでの価値観や評価にとらわれず，技能も問われず，正解も不正解もない音楽活動を同じ地平に立ってともに楽しみ，音楽観を広げ深めて，最終的に音楽をより好きになることができるだろう。そのためには，まず教師自身が，未知なる音楽にも絶えずアンテナを張りめぐらし，新たな素晴らしい音楽と出会い，その音楽の特質を理解し，背景にある音楽文化を学び，それを子どもたちに真に伝えたいと思うような体験をすることが最も肝要であろう。

[参考視聴覚資料について]

『音楽鑑賞 Blu-ray Disc　世界の民族音楽』（教育芸術社，2017年）：従来の視聴覚資料の集大成に新資料も加えられた全86曲を収録。今日，ICT 環境があれば YouTube 等の動画サイトは便利。ただし，質は玉石混交で信頼できる解説もないため，事前の詳細な研究が大前提となる。検索の際には日本語でなく原語のローマナイズを入力した方が質・量ともに期待できる。

第Ⅲ部　初等音楽科教育の課題と展望

サウンド・エデュケーション

① サウンド・エデュケーションの概要

　騒音問題が深刻化していた1960年代，作曲家マリー・シェーファー（R. Murray Schafer）は，騒音が氾濫してしまうことの本質的要因は，人々が音楽以外の身の周りの音（環境音）を注意深く聴こうとしなくなったためであると考えた。そこでシェーファーは，環境音とかかわる方法を示すことも音楽家の重要な役目の一つであると考え，「サウンドスケープ（soundscape）」——聴覚を中心として五感全体で捉えた音の風景——という考え方を示すとともに，サウンドスケープを聴くための研ぎ澄まされた耳の獲得を目指す教育プログラムを構想した。その内容を100個の活動による課題集へと整理したものが『サウンド・エデュケーション（A Sound Education）』である。

　『サウンド・エデュケーション』の一連の課題は，聞こえた音を紙に書き出す活動に始まり，それらの音を音源の種類や音量，持続の仕方などの特徴に即して分類する活動が続く。さらに，身体の内側から聞こえる音や遠くから聞こえる音，自分の周りを動く音に耳を澄ます活動なども示されており，目で見える範囲を超える耳の働きや，音の距離・方向・運動などを捉える聴感覚の特徴を再確認することができる。とくに，近くの音や前方の音を聴くことに偏りがちな現代の私たちの聴感覚を解きほぐすことには，「五感の教育」としての意義もある。ほかにも，示された図形にふさわしい音の響きを探す活動や，聴き取った音の響きを図形として描く活動，自分の音体験の記憶を思い出したり他者の音体験について尋ねたりする「かつてどこかで鳴っていた音」を対象とした活動など，音を想像する力や，音への探究心を養う活動も示されている。課題集の中盤以降には，自分自身の声や身の周りの素材を使って音を生み出す活動，「音をたてずに紙を手渡す」といった音と静寂と動きの関係を体験的に学ぶ活動などが位置づけられており，最終的には，現実の音環境について考える活動へと進む。これらの諸活動を通して学習者は，「音が聞こえる」「音を聴く」という体験が私たちの耳と周囲の世界との出会いによって生まれること，そして「音を聴くこと」が受動的な行為ではなく創造的な行為であることを学ぶのである。

　ただし，シェーファーによる課題集『サウンド・エデュケーション』は，'A Sound Education'（一つのサウンド・エデュケーション）という英語の書名が示唆しているように，あくまでも環境音とのかかわり方の一例を示すものである。つまり，教育に携わる人々に期待されているのは，この課題集の内容に留まることなく，学習者とのかかわり合いのなかでそれぞれの"サウンド・エデュケーション"を展開していくこと

なのである。そのため現在は，感覚を研ぎ澄まして身の周りの音の世界を聴く学習の「総称」としてサウンド・エデュケーションという言葉を用いる場合が多い。

② サウンド・エデュケーションの音楽教育的意義

　サウンド・エデュケーションの発想を小学校の音楽科授業に取り入れることの意義は，(1)音の探究（音の世界の幅広さを学ぶ），(2)聴き方の探究（聴き方の多様性を学ぶ）という2点から整理できる。

　(1) 音の探究

　子どもたちが学校内外における生活の音を発見的に聴き，音を通して地域や社会を見つめる経験を重ねることは，音楽を文化のなかに位置づけて学ぶための素地となる。ある地域，社会，文化のなかで生み出される楽器や音楽は，そこに暮らす人々の生活や自然，気候などの特徴と密接に関係している。したがって，楽音（音楽の素材としての音）に限定せずあらゆる音に耳をひらくことは，さまざまな楽器や音楽が生まれる過程を考えることにもつながり，子どもたちの音楽観を拡げることになるのである。また，「雑音」や「騒音」としては退けることのできない「噪音」の価値に気づくことは，日本の伝統的な音楽や，諸民族の音楽が含みもつ豊かな音の世界を知る手がかりにもなる。

　(2) 聴き方の探究

　身の周りの音の多くは，何らかの具体的な役割や意味をもっている。音楽科授業でサウンド・エデュケーションを行う場合，音がもつ役割や意味を捉えさせるだけではなく，そうした役割や意味から一度離れ，音そのものとしての特徴を聴き取らせることも重要である。「音そのものを聴く耳」と「音の役割や意味を聴く耳」を往還させることが，環境音の面白さや美しさを味わう瞬間をもたらし，その過程で子どもたちは，自分と異なる他者の聴き方に気づいたり，自分自身の音の聴き方を再認識したりするのである。

　従来，音楽科授業におけるサウンド・エデュケーションは，音楽作品づくりに向けた準備的な活動に留まることが多かった。今後は，子どもたちの音に対する探究心や，聴き方に対する探究心をより一層喚起し，音楽科の学びを充実させることにつながるようなサウンド・エデュケーションの活用が望まれる。

課題

あなたにとって身近な場所（大学，通学途中の駅など）を1つ選び，そこで最も静かな地点を探し出し，5分間，身の周りの音に耳を澄ませてみよう。

参考文献　R.マリー・シェーファー，鳥越けい子他訳『サウンド・エデュケーション』春秋社，1992年。

ポピュラー音楽

① ポピュラー音楽とは何か

ポピュラー音楽という言葉を聞いて，多くの読者は"J-POP（ジェイ・ポップ）"と呼ばれる演歌を除いた日本のポピュラー音楽，なかでもヒット・チャートをにぎわせた楽曲を想起するのではないか。実はポピュラー音楽はそうした音楽だけをさすのではない。ジャズやロック，レゲエ，アニメ音楽など，さまざまなジャンルを含んだ，広がりのある領域である。

ポピュラー音楽は，芸術音楽や民俗音楽と対置され，(1)歌ものの比率が高く，(2)職業的な作り手によってつくられ，(3)都市の音楽であり，(4)メディアとのかかわりが強く，(5)歴史的に新しく，(6)好まれる期間が一時的で，(7)音楽的にあまり複雑でない音楽のこととして位置づけられてきた歴史をもつ（月溪・北川，2008）。またその背景には，芸術音楽に比べてポピュラー音楽を価値のないものとしてみなす考え方がある。しかし今日では，そうした軽視への異議申し立てがさまざまなかたちで行われている。教育現場をみても，授業でポピュラー音楽の楽曲が用いられることは珍しくない。

② 学校教育におけるポピュラー音楽

音楽科教科書を開くと，ポピュラー音楽の教材化はJ-POP 中心になされている。例えば小学校第6学年の教科書では，フォークグループ赤い鳥が歌って1970年代に大ヒットした《翼をください》が歌唱教材として掲載されている。さらに中学校や高等学校の教科書には，SMAP の《世界に一つだけの花》，サザンオールスターズの《TSUNAMI》など，2000年代以降の大ヒット曲が掲載されている。もちろん授業では教科書のみが用いられるわけではなく，ほかにも J-POP を用いた授業の実践報告は，校種を問わず数多くある。

J-POP をはじめとするポピュラー音楽を授業に用いることの意義は，なんといっても，生活のさまざまな場面で子どもたちが耳にし，口ずさみ，親しんでいる楽曲を用いることにより，活動の楽しさや楽曲に思いをのせて表現する気持ちよさを味わいやすいという点であると考えられる。小学校の授業でも，教師が「次は○○を歌いましょう」と J-POP の楽曲名を口にした瞬間，「やったー！」と喜び，大きな声で積極的に歌いだす子どもたちの姿が見られる。

しかし一方で，ポピュラー音楽を用いた授業には問題も指摘されている。その最たるものは，子どもが親しんでいる・好んでいるというだけでその楽曲を教材化しており，授業を通じて何を学習するのかという視点が欠けているというものである（安部，2008）。

③ ポピュラー音楽を用いた授業づくりに向けた視点

ポピュラー音楽を授業で用いる場合には，先述のように学習内容の検討が課題となる。ここでは，そのための視点を3つ提示しておきたい。

一つには，ポピュラー音楽の多様性への着目である。ポピュラー音楽には，J-POP 以外にも多くのジャンルが含まれ，それぞれに特有の手法がある。例えばヒップホップにおけるラップは韻を踏みながらバック・トラックに乗せてメッセージを語りかける手法である。バック・トラックには既存の楽曲が用いられることも多く，語られる内容は社会問題から日常のつぶやきまで幅広い。長調や短調の音階の知識がなくとも，言葉とリズムを工夫することで自らの思いを訴える音楽をつくることができるこの手法は，音楽づくりの活動の題材に適している。これに限らず教師自身が多様なポピュラー音楽に接し，題材化を検討することは大切であろう。

二つには，ポピュラー音楽実践のコンテクストへの着目である。例えばジャズにおいては，演奏の途中であってもミュージシャンの名演奏に対して随時喝采をおくる慣習がある。こうしたポピュラー音楽の各ジャンルに特有の聴き方・参加の仕方を，学習内容の範疇に入れることもできるであろう。これまでの音楽の授業において，どの音楽も同じ聴き方や歌い方で学ばれがちであったことについても，あわせて省みられる必要がある。さらにマクロなコンテクストでいえば，ポピュラー音楽には社会性や政治性が結びついていることも多い。そうした要因を何らかのかたちで取り上げていくことも，一つのアイディアであろう。

三つには，ポピュラー音楽のカバーやサンプリング，「パクリ」の文化への着目である。ポピュラー音楽では，同一の楽曲を異なるミュージシャンが個性豊かにアレンジし，さまざまなヴァージョンを発表することや，既存の楽曲の一節を引用して新たな楽曲をつくりだすことが行われている。例えばそのような関連性をもつ複数の楽曲を比較しつつ鑑賞することは，子どもたちの音楽的思考を活性化させるであろう。

刻一刻と変化し，多様化を遂げているポピュラー音楽のダイナミックなありようを捉えて題材化を検討する柔軟性と自由な発想が音楽科に求められる。

課題

ポピュラー音楽の楽曲を1つ選び，それを教材とした授業を構想してみよう。その授業で子どもが「何を学ぶのか」，習得が考えられる内容の検討を必ず行おう。

引用・参考文献　安部有希「音楽教科書におけるポピュラー音楽──教材としての意義と可能性」『岐阜大学カリキュラム開発研究』25巻2号，2008年。／月溪恒子・北川純子他著『現代日本社会における音楽』放送大学教育振興会，2008年。

第Ⅲ部　初等音楽科教育の課題と展望

多文化音楽教育——外国につながりのある子ども と音楽教育

① 米国の多文化音楽教育の成立と教材の多様化

　多様な人種や民族で構成される米国で誕生した多文化音楽教育（Multicultural Music Education）は，国内の民族や人種，そして障がいやジェンダーなどさまざまな人々が肯定的なアイデンティティを形成し，平等に教育にアクセスすることを目的とする多文化教育（Multicultural Education）の考え方に基づいている。多文化音楽教育の特徴は，西洋クラシック音楽の学習だけではなく，世界の諸民族の音楽やポピュラー音楽などの多様な音楽を学習することである。

　多文化音楽教育が成立した背景には，1950年代から60年代にかけての公民権運動がある。アフリカ系アメリカ人によって人種差別の排除を目指して展開された公民権運動は，音楽教育にも大きな変革をもたらした。具体的には，アフリカ系アメリカ人の音楽教育者が，西洋クラシック音楽の学習が中心であった音楽授業に，ブルースやロックといった音楽を教材として取り入れるように主張したのである。こうした主張が受け入れられ，アフリカ系アメリカ人の音楽が教材化されるに至った。さらに，1970年代より，諸民族の音楽に関する研究が進展したことも多文化音楽教育成立の重要な背景である。民族音楽学の研究の進展にともなって，民族音楽学者は，米国，そして世界各国の音楽教材を開発したのである。その成果は，多文化音楽教育の指導資料集の出版や，多様な音楽が教科書に取り入れられることにつながった。

② 多様な音楽を学習することの意味

　多文化音楽教育において，多様な音楽を学習することには，子どもたちにとって次の3つの意味がある。第1は，人種・民族的マイノリティの子どもたちや外国につながりのある子どもたちの肯定的なアイデンティティを形成することである。それは，例えば，アフリカ系アメリカ人の子どもがジャズを学習することで，自分自身の文化のよさや豊かさに気づくことができ，自尊感情を育むことができるということである。

　第2は，多様な音楽を教材とすることで，子どもたちの学習参加を促すことである。子どもたちの家庭の音楽文化はさまざまである。ピアノのある家庭もあれば，ギターに親しんでいる家庭もある。ギターに親しんでいる子どもは，ピアノより，ギターが得意であろう。このように，教材を多様化することによって，子どもの音楽文化に適した教材を選択することができる。同時に，自分自身の民族や人種にかかわる音楽を学習することは，子どもたちにとって興味・関心のある活動として取り組まれるはずである。

　第3は，多様な音楽のよさや面白さを知り，音楽を育んできた人々への理解を深めることができることである。そのことは，国内の人種・民族，そして世界の国々の音楽の豊かさを学ぶことでもある。

　以上のなかでも人種・民族的少数派の子どもたちの肯定的なアイデンティティを形成することや，多様な民族的・文化的背景の子どもたちの音楽授業への参加を促すことを目指している点は，多文化音楽教育の重要な側面である。

③ 日本における多文化音楽教育——在日外国人児童 生徒教育としての取り組み

　多文化音楽教育に類似した日本の教育実践には，在日外国人児童生徒教育がある。在日外国人児童生徒教育は，1970年代の終わりより，西日本の韓国につながりのある子どもたちが多く暮らす地域を中心に実践が展開されてきた。例えば，小学校の音楽授業では，韓国語の歌や民謡，伽那琴といった韓国の伝統楽器について学習する。そこで子どもたちは，歌を通して韓国語，特徴的な旋律や音色について理解を深める。在日外国人児童生徒教育は，音楽だけではなく，他教科のなかでも韓国の文化や歴史に関する学習を行う。学習を通して，韓国につながりのある子どもたちは，自分自身に関連する音楽や文化の面白さを知ることができる。一方で，日本人の子どもたちも，友だちの音楽や文化のよさを実感することができるようになる。こうした教育実践には，日本人と外国につながりのある子どもの共生を実現させる可能性がある。

　外国につながりのある子どもの増加は，今日の教育における大きな課題である。そうした状況にともなって，音楽教育においても，これまでの在日外国人児童生徒教育と，米国の多文化音楽教育の考え方を踏まえ，中国，韓国，フィリピン，ブラジルといった外国につながりのある人々の音楽を教材化し，それらの音楽を学習することが期待される。

④ 多文化音楽教育の実践に向けて——これからの課題

　日本で多文化音楽教育に取り組む際の一つの課題は，近年，強調されている日本の伝統音楽の学習との両立である。日本の伝統音楽を学習することの重要性は言うまでもない。他方で，外国にルーツのある子どもたちが増加を続ける現状において，彼らの音楽をカリキュラムのなかに盛り込んでいくことも必要である。外国につながりのある子どもたちが，自分の民族や国の音楽について学び，それらのよさに気づくこと，そしてすべての子どもたちが多様な音楽の豊かさを理解することのできる音楽カリキュラムを構成することは，これからの日本の音楽教育における重要なテーマの一つである。

コラム

①民謡をうたう

　学習指導要領にも取り上げるよう明記されている民謡だが，教科書には《こきりこ節》や《ソーラン節》が掲載されていることが多いものの，実際には，ほとんどうたったことがなく，どうやってうたってよいのか迷う人も多いのではないだろうか。民謡をはじめ日本に古くから伝わるうたの多くは，口頭伝承，つまり範唱をまねるという学習形態がとられる。民謡を学ぼうという時，ぜひよいお手本を探して，とにかくまねるところからはじめてみてほしい。お手本をまねるためには，よく聴くことがまず第一歩である。よく聴いてみると，いろいろな民謡の特徴がわかってくるだろう。声の出し方や節回し，言葉の発音やリズム感など，特徴をよくつかんで，それに近づけるように，何度もうたってみてほしい。

　お手本に近づくために，とくに２つのことに注意したい。一つ目は，声の出し方である。民謡の多くは，子どもや女性が合唱をうたう時などに使う「頭声」や「裏声」といった軽い声ではなく，「地声」や「表声」などと呼ばれる重い声を使ってうたう。自分と同じ性別のうたい手がうたっているものをお手本にすると，声の使い方のイメージをもちやすいだろう。二つ目は，コブシや産み字と呼ばれる旋律の節回しである。産み字は，同じ母音で音の高さが変化するうたい方で，コブシは，より細かな装飾的な旋律の動きである。いずれも民謡のよさを生み出す重要なエッセンスである。範唱をよく聴き，どこでどのような節回しをしているかを確かめながら，何度もまねてうたってみよう。

　このように，範唱の特徴を捉え，それに近づくために試行錯誤していくという学習形態は，決して受け身の活動なのではなく，実に主体的・対話的で深い学び，つまりアクティブ・ラーニングなのである。主体的・対話的で深い学びとするために大切なのは，「こういうふうに私もうたいたい」と思うことのできる範唱をお手本にすることである。憧れをもてる師匠を探すことが，上達の第一歩なのである。

②能はおもしろい

　「能はおもしろい？」と問えば「退屈」「古い」「わからない」が反応３点セットである。では「何がおもしろいか？」と問われれば，まず，シェークスピアより100年も前，今から600年以上も前に始まった芸能が未だに続いていることである。能も生まれた当時はサブカルチャーだっただろう。その後，足利将軍や徳川

幕府の支援を受けたとはいえ，人々の心をつかまない芸能の命は短い。現在のわれわれを取り巻く種々の芸能のなかで，100年以上も続いているものは何だろうか。これまで人々は能の何に惹かれてきたのだろうか。

　外国の音楽家と能を観に行くと，まず小鼓，大鼓，太鼓の複雑に絡み合ったリズムと掛け声，加えて，これらのリズムにまるで無関係のように響く笛の音に心を奪われるようである。リズムは，基本的に８拍のパターンで繰り返されているにもかかわらず，耳だけで構造を理解しようとするとまるでパズルである。笛の旋律は五線譜に書き取ることはできない。そのうえ，突拍子もなく高く強い音（ヒシギ）が突然響き渡る。これは一体何を表しているのだろう。能はたしかに心をワクワクさせ，不思議に満ちた世界に誘う芸能である。

　多くの演目では，前半で旅の僧が何かの由縁によって一人の人物に出会う。その人物が，後半で過去のしがらみ，執念を抱えた亡霊となって現れる。亡霊が主役（シテ）であるような演劇は，世界でも類い稀なのではないか。シテの執念は男女間や親子間の愛憎，戦いや殺戮，物欲などさまざまであり，しかもどの執念も最後には溶解する。観客は，舞台を見ている間はそれらの執念がどのように謡われ，舞われ，囃し立てられるか，その表現を楽しむ。シテの執念がどれほど強かろうとも，東の空が白んでくるとシテは成仏する。終演である。能は，その意味でカタルシスの総合芸術といえよう。

　能を観に行く前には筋書きを読み，執念を理解してから，能舞台に足を運ぶと「能はおもしろい」。

③私とサムルノリ

　サムルノリとは，朝鮮半島の伝統打楽器による合奏のことを言う。サムルを漢字で書くと四物となり，四種類の打楽器を言う。ノリとは日本語では遊戯と訳されるが，むしろ演奏などの時に使う「ノリが良い」のノリがぴったりだと思う。４種の楽器とは，日本の鼓を大きくしたようなチャンゴ（チャングともいう），丸い太鼓のプク，鉦のような小さな金属楽器クエングワリ（ケンガリと略記），銅鑼（ドラ）のチンの４つの楽器をさし，それらの合奏をサムルノリと言う。

　サムルノリは伝統楽器を使用するので，古くから演奏されていた合奏形式だと思われているが，むしろ現代音楽の部類に入るとても新しい合奏様式である。1978年２月韓国のソウルで，伝統楽器奏者の金徳洙がリーダーとなって４人で４種の打楽器演奏を始めたのがサムルノリの始まりである。当初韓国では余り注目

されなかったが，ニューヨークのカーネギーホールでの演奏が評判を得，全世界に広がっていった。日本でも在日コリアンを中心に1980年代初頭から急速な広がりを見せ，とくに在日コリアンが最も多く住む大阪市生野区を中心に盛んに演奏された。

私が金徳洙らのサムルノリの演奏を聴いたのは1980年であった。激しいリズムの躍動感に圧倒され，そのとき一緒に演奏を聴いた私の子どもたちも，それ以来サムルノリの演奏に夢中になり，私たちが所属しているハンマダンや，1993年から始まった地域のまつり「東九条マダン」の楽器指導のリーダーとして活躍するようになった。この東九条マダンでは，1996年の第4回から，和太鼓とサムルノリのセッションが演奏され，これも毎年新しく創作され今や「ワダサム」として，東九条マダンではなくてはならないプログラムの一つになっている。

④古楽が捉える音楽における大切なもの

〈譜例1〉

〈譜例2〉

譜例1と譜例2は小学校第3学年の鑑賞教材として教科書で取り上げられているベートーヴェンの《メヌエット第2番》の冒頭部分である。譜例1はベートーヴェンの生前1796年に公刊された初版譜，譜例2は1918年公刊のモシュコフスキー版である。教科書ではヴァイオリンによる演奏となっているが，現在初版として確認されているのはこのアルターリア版のピアノ譜のみである。試しに手近にあるピアノで両方の楽譜のスラーを正確に演奏してみてほしい。譜例1は演奏しづらく不自然だ。譜例2のほうがずっと自然な音楽の流れを表現していると感じられるだろう。譜例1の演奏しづらさは，第2小節と第3小節のスラーのかかり方にある。16分音符という短い音を奏した後，次の2分音符の前にほんの僅かなアーティキュレーションを施す指示である。

しかし現代のピアノで演奏すると，16分音符をスタッカートにせざるを得なかったり，あまりに性急なアーティキュレーションのため2分音符に1拍目としての重みがかけられなかったりする。譜例2のように2分音符の後に余裕をもってアーティキュレートし，3拍目から1拍目へレガートで演奏するほうが自然に演奏できるのである。

このような奏法上の違和感の要因は，楽器の構造の変化が引き起こす演奏様式の変化に求めることができる。ベートーヴェンの時代のピアノのハンマーヘッドは革で覆われており，フェルトで覆われている現代のピアノに比して，音の立ち上がりが速いという特性があった。また現代のピアノのように鋳鉄フレームが設置されておらず，木だけでできていたため，弦の張力が低く，音の減衰が速いという特性もあった。つまり譜例1のようなスラーはこういったベートーヴェン時代のピアノの特性と密接に結びついている。キーワードは前述の「アーティキュレーション」。古楽が目指すところはこうした演奏様式の追求を当時の楽器を用いて検証し，作曲者の意図へ立ち返るとともに楽譜に書かれた情報を正確に深く読み解くことにある。

昨今の楽譜出版は譜例1のような初版あるいは自筆譜を第一次資料とする原典版が主流である。ところが原典版を使用しているにもかかわらず，上記のような理由で現代の楽器の特性に流され，楽譜に記してあるさまざまな情報を現代の演奏様式に置き換えてしまっている例は枚挙に暇がない。楽譜はなぜそう書かれているのか，その答えを探る最も有効な手段として当時の楽器で演奏法を研究するべきであることは明らかである。このように書くと，古楽器奏者は楽譜を見る度に「現代の楽器によるこの解釈は違う」とか，「当時の理論書に書かれてあることを敷衍させるとこの部分の解釈はこうあるべきだ」などと正しさの証明のようなことばかりしているのかと思われるかもしれない。

しかし「あれが違う，これが違う」と現代の演奏様式との違いを追求し続けると，その行く先に，私たちとは違わない，普遍性が顕在化してくる。結晶作用と言ってもよいだろう。この瞬間に古楽器奏者は，バッハやベートーヴェンとつながることができたと実感する。違いを超えた普遍性は，時代を超えて未来永劫人間がもち続けるべき大切なものだろう。古楽はそれを捉えようとしているのである。

* 音楽用語としてのアーティキュレーションは，次の音へのつなげ方あるいは切り方に関する奏法全般をさす。レガートやスタッカート等の奏法のほか，ボーイングやタンギングまでが範疇に含められる。一方で「ある音をアーティキュレートする」と言う場合，ある音は直前の音から切り離され，明瞭に発音されることを意味する。この場合はこの言葉の元来の意味に沿った使われ方と言えるだろう。

2 多様な学校音楽教育の諸相

音楽教育と他教科との連携

① 教科をこえた学び——意義と可能性

音楽作品の背景には，言語や地理，歴史，気候等，多くの要素が密接にかかわり合っている（図1参照）。音楽を総合的に理解するためには，さまざまな角度からのアプローチが必要であり，その実践は学習者のものの見方を広げる学習へとつながる。そこに教科をこえた学びの意義と可能性がある。授業実践では，子どもの学齢や興味，経験等に応じた題材の設定と柔軟性のある指導が求められる。

例えば歌唱活動では，発声，リズムやメロディ等の学習に加え，生活習慣や気候風土等，背景にある文化の学習を組み合わせることで，教材がもつ音楽の世界に一歩踏み込むことができる。具体的には，季節や気候が歌われた曲にみられる気象現象を科学的な眼で捉え，表現の真意を推測し，イメージを広げるきっかけを得ることができる。また，子ども自身の季節感とも関連させて詩の理解を深めて歌唱表現を工夫するなかで，子ども自らが意図をもった表現を見出すことが期待される。一方，歌われている事象を起点に，そこから当該の地域の気候や自然にふれるという学習の方向も有効である。

このような教科をこえた相互の学びは，ESD（Education for Sustainable Development「持続可能な開発のための教育」）の視点からも注目される（図2参照）。「教科として学んでいる個々の内容が，実はさまざまな側面でつながっていること」に学習者自身が気づくことができるならば，その学習はまさにESD的視点の育成という意味でも有意義なものになる。

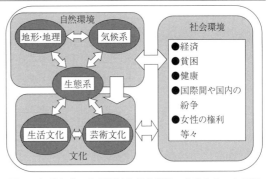

図2　気候などの自然環境と社会環境，文化とのつながり

② 実践に向けて——音楽科と理科の連携，実践例

第1学年〜第2学年では，「遊び歌」のような身近なテーマが相応しい。歌の背景にある気候や季節の特色を介して世界の各地の人々の生活や，その地ならではの生活文化があることを感じる素地を養いたい。第3学年〜第4学年，第5学年〜第6学年では，テーマの範囲を広げ，例えば，季節を歌った童謡，唱歌，歌曲を素材に，季節の事象や変化を捉えて歌のイメージを広げ，歌唱表現を追究する。

以下に，音楽感覚と科学的なものの見方を組み合わせた音楽科と理科の連携事例（岡山県公立小学校第5学年）を紹介する。

題材名「桜が咲く頃の気候の特徴を知り，イメージを膨らませて歌おう」

目標：① 気温を中心に，桜の咲く頃の気候の特徴を知り，人々の気持ちや行動を考える（第1時 理科）。

　　　② ①の気づきをもとに詩を捉え，イメージを膨らませ思いをもった歌唱表現をする（第2，3時 音楽）。

教材《どこかで春が》詩：百田宗治・曲：草川　信

実践の特徴：詩に歌われている光景を，季節変化にともなう自然現象として具体的に捉えることを通して，歌唱表現の手がかりを得る。それを生かして主体的な歌唱を行う。

また，伝統的な音楽については，地域の気候や地理，歴史と，そこに育まれた歌や楽器の素材とのかかわりを視点に学習を構想することもできる。このような学習は，異文化理解にも発展でき，「総合的な学習の時間」においても展開可能である。

参考文献　加藤晴子・加藤内藏進『気候と音楽——日本やドイツの歌と春』協同出版，2014年。

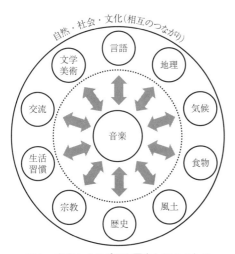

図1　音楽とさまざまな要素とのかかわり

第Ⅲ部　初等音楽科教育の課題と展望

特別活動における音楽教育

①　特別活動とは

　特別活動は，教育課程における領域の一つである。「小学校学習指導要領解説特別活動編」（2017年）では，これまでの特別活動の実践が，「構成の異なる集団での活動を通して，児童生徒が学校生活を送る上での基盤となる力や社会で生きて働く力を育む活動として機能してきた」ことにより，「協働性や異質なものを認め合う土壌を育むなど，生活集団，学習集団として機能するための基盤となるとともに，集団への所属感，連帯感を育み，それが学級文化，学校文化の醸成へとつながり，各学校の特色ある教育活動の展開を可能としている」ことを成果として強調している。新学習指導要領の「第6章　特別活動」では，「人間関係育成」「社会参加」「自己実現」の3つの視点に基づいて目標および育成すべき資質・能力が明確に示された。

第1　目標

　集団や社会の形成者としての見方・考え方を働かせ，様々な集団活動に自主的，実践的に取り組み，互いのよさや可能性を発揮しながら集団や自己の生活上の課題を解決することを通して，次のとおり資質・能力を育成することを目指す。

⑴　多様な他者と協働する様々な集団活動の意義や活動を行う上で必要となることについて理解し，行動の仕方を身に付けるようにする。

⑵　集団や自己の生活，人間関係の課題を見いだし，解決するために話し合い，合意形成を図ったり，意思決定したりすることができるようにする。

⑶　自主的，実践的な集団活動を通して身に付けたことを生かして，集団や社会における生活及び人間関係をよりよく形成するとともに，自己の生き方についての考えを深め，自己実現を図ろうとする態度を養う。

　これらを実現するための内容については，従前のとおり学級活動，児童会活動，クラブ活動および学校行事の4つで構成され，さらに学校行事は，儀式的行事，文化的行事，健康安全・体育的行事，遠足・集団宿泊的行事，勤労生産・奉仕的行事の5つからなる。音楽科は教科の特性上，特別活動のあらゆる場面にかかわっていくことが求められるが，ここではとくに重要な役割を果たす儀式的行事，文化的行事，クラブ活動とのかかわりについて述べる。

②　特別活動と音楽科とのかかわり

[儀式的行事] 儀式的行事では音楽科の担当教員が中心的な役割を担う場面が多くなる。入退場の音楽の演奏，国歌や校歌の指導や伴奏，在校生の歌唱指導に加えて，式典の内容によっては記念演奏が求められることもある。音楽は儀式を成功させるための一手段ではあるが，一連の活動を通して音楽科の学習活動にかかわる資質・能力の向上が期待できる。例えば，入学式において1年生を迎えるための上級生の演奏は，新入生に学校生活や音楽の授業への憧れの気持ちをもたせるとともに，その後の音楽学習で目指すべきモデルを示すことになる。また，鳴り響く全校児童の歌声により，卒業式は児童や保護者，教師が音楽の感動をともに味わう場となる。指導にあたっては，儀式で取り扱う音楽を児童たちが話し合いながら構成したり，上級生が下級生を指導支援する場を設定したりするなど，児童が主体的に考え，実践できるよう工夫したい。

[文化的行事] 校内音楽会や合唱コンクールなどの文化的行事は，日頃積み重ねた音楽学習の成果を発表する有効な場となる。聴衆を意識した練習の積み重ねやほかのクラスや学年の演奏を聴くことは，日頃の授業だけでは得難い学習効果をもたらすことが期待できる。音楽科の授業で身につけた資質・能力が，特別活動の実践的学習の場で活用されることによって学びが確かなものとなっていくのである。また，児童の日頃の学習成果を発表することに加えてオーケストラなどの音楽鑑賞会や地域の伝統芸能の鑑賞会などを行うことも可能である。

[クラブ活動] クラブ活動は，主として第4学年以上の同好の児童をもって組織される。学級や学年の所属を離れ，異年齢集団の交流を深めながら追求する音楽活動は，質の高い音楽経験とともに特別活動の目標達成および資質・能力の獲得に直結するものとなる。指導にあたっては，児童が活動計画を立て，曲を選んだり役割を分担したりしながら，協力して運営するように工夫したい。

　クラブ活動の経験は中学校や高等学校での吹奏楽や合唱などの部活動につながり，さらには音楽にかかわる生涯学習へと発展していくことが期待できる。教師に求められるのは，日頃の教材研究に裏打ちされた企画力や選曲にあたっての適切な助言であり，児童の発想を生かしながら主体的な活動を促す指導力である。

　以上のように音楽科と特別活動は，相互に作用しながら児童一人ひとりの資質・能力を高めていく。特別活動における音楽の諸活動を充実させることは，教科の時間だけでは成しえない成果を生み出すのである。しかし一方で，音楽科の授業は特別活動のためのものではないという認識も忘れてはならない。音楽科本来の目指すべき目標，学習すべき内容があるのだから。

特別支援教育における音楽科教育

① 小学校における特別支援教育の充実と音楽科教育

小学校には，特別支援学級に在籍する児童はもちろん，通常の学級にも発達障害をはじめ特別な支援を必要とする児童が在籍している可能性がある。2012（平成24）年に文部科学省が実施した「通常の学級に在籍する発達障害の可能性のある特別な教育的支援を必要とする児童生徒に関する調査」では，公立の小・中学校の通常学級において，学習面または行動面で著しい困難を示す児童生徒は6.5％程度（推定値）の割合で在籍していることが明らかになっている。

このような状況を受けて小学校の新学習指導要領では，児童一人ひとりの障害の状態や発達の段階に応じた指導や支援を一層充実するよう改訂が行われた。例えば，総則では特別支援学級や通級による指導を行う場合の教育課程編成の基本的な考え方を示している。また，各教科等の「第3 指導計画の作成と内容の取扱い」においても，障害のある児童などが学習活動を行う際に生じる困難さに応じた指導内容や指導方法の工夫を計画的・組織的に行うことを規定している。そして，「小学校学習指導要領解説音楽編」では，以下のように具体例を示している。

> ・音楽を形づくっている要素（リズム，速度，旋律，強弱，反復等）の聴き取りが難しい場合は，要素に着目しやすくなるよう，音楽に合わせて一緒に拍を打ったり体を動かしたりするなどして，要素の表れ方を視覚化，動作化するなどの配慮をする。（略）
> ・多くの声部が並列している楽譜など，情報量が多く，児童がどこに注目したらよいのか混乱しやすい場合は，拡大楽譜などを用いて声部を色分けしたり，リズムや旋律を部分的に取り出してカードにしたりするなど，視覚的に情報を整理するなどの配慮をする。

このほか，目と手の協応が難しいために楽器の演奏が困難な場合には，課題をスモールステップ化することや，演奏している様子を録画して振り返りを行うなどが考えられる。

また，音楽科における工夫や配慮は，「できないことをできるようにする」ためだけではない。多様な実態の児童たちが音や音楽に対するさまざまな感じ方や表現を交流させ共有できる場を創り出すこともその一つである。その際，サウンド・エデュケーションや音楽づくり，リトミックやオルフの音楽教育など（本書第Ⅴ部参照），諸感覚を働かせ体全体で音や音楽を感じ取ったり，児童の自由な発想や表現を促したりする実践や理論は，有益な示唆を与えてくれるだろう。

② 音楽の特性を活かし児童の発達を促す音楽科教育

特別支援教育における音楽科教育は，多様な音楽文化に出会い，親しむための音楽の知識や技能の習得を通じて豊かな情操を培うといった音楽科の目的に直結した視点だけでなく，音楽の特性を活かして児童の発達を促そうとする視点も有している。文部科学省編纂の特別支援学校知的障害者用音楽科教科書『おんがく☆』『おんがく☆☆』『おんがく☆☆☆』には上記の視点が反映されている。同上解説書（2011年）では，音楽がもつ有効な教育的機能の例として，(1)情緒の安定を図る，(2)聴きとめる，聴き分ける力を育てる，(3)全身をリズミカルに動かし，表現する力を育てる，(4)手指の機能を高める，(5)音声言語を導き出す，(6)集団参加や協力の態度を養うことがあげられ，音楽活動を通じて児童の発達課題の解決を図ろうとしていることが読み取れる。したがって，指導のねらいを定めるためには，発達や障害の特徴，生活歴，行動の特徴，音楽に対する反応などといった児童の実態の把握が必須である。そのためには，できる／できないだけで判断するのではなく，児童の言動・表現の意味や意図を探っていくことはもちろん，保護者や他の教員，特別支援教育コーディネーターなどと連携して情報を共有することも重要になる。

こうした児童の全体的な成長・発達を促すことをベースにした音楽活動には，感覚や機能に働きかけるような歌詞や動作をともなうもの，音や音楽で対話・応答をすることで自己表現や他者とのコミュニケーションを促すものが多い。手あそび歌やわらべ歌，音楽療法で用いられる曲はその代表例であり，上述の教科書にも掲載されている。例えば，《いっしょにならそうよ》では，順番に楽器を鳴らす場面と，一人ずつ即興演奏を行う場面がある。この活動では，楽器操作による手指の運動機能の向上，順番を待つという社会性の育成，即興による自己表現の促進等が期待される。また，音楽活動を行う際には，児童の表現を促すだけでなく，児童のさまざまな表現を受け止められる「安心して表現できる場」をつくることも重要である。なぜならそのような場によって引き出された主体的・積極的な表現は，豊かな音楽表現への契機となるからである。

当然のことながら，特別支援教育における音楽科教育は，特別な支援を必要とする児童のためだけに行うものではない。すべての児童が必要不可欠な存在としてともに「音楽する」ことができるよう，児童の多様性に対応したよりよい教育システムや学習環境を模索し続けることが教師には求められる。

参考文献 津田正之「音楽科の学びの過程における困難さに対する指導の工夫」『初等教育資料』8月号，2017年，24〜25ページ。

グローバル社会における音楽教育

① 社会のグローバル化と学校教育

　情報通信技術の進展，交通手段の発達，国際的な市場開放等にともなう社会のグローバル化の波は，子どもたちが学ぶ教室の様相も大きく変えつつある。

　文部科学省「学校基本調査」によれば，2016年5月1日現在，日本の公立学校に通う外国人児童生徒数は8万119人，2年前の2014年度から9.3％増加した。また，同省による「日本語指導が必要な児童生徒の受入状況等に関する調査」によれば，2016年5月1日現在，公立学校に在籍している日本語指導が必要な外国籍の児童生徒数は3万4335人に上る。さらに近年は日本語指導が必要な日本国籍の児童生徒数も別途調査されるようになり，その人数を加えると，4万4000人近くの日本語指導が必要な児童生徒が公立学校で学んでいる。2006年度の同調査では，日本語指導が必要な児童生徒数は外国籍・日本国籍合わせて2万6271人であり，この10年間に1.7倍となっている。

　こうした状況に対応すべく，文部科学省は2014年4月の学校教育法施行規則改正により，日本語指導が必要な児童生徒のための教育を「特別の教育課程」によることができるとする制度をスタートさせた。それにより，学校教員には，外国人児童生徒の日本語能力等を的確に判断し，各教科の内容や学習言語を個々の子どもの日本語能力や背景としてもつ文化との関係から捉え，それらを総合して適切な個別の教育課程を編成し実施する力量が求められることとなった。

② 言語・文化の多様性と教科指導

　現在，外国人児童生徒（外国にルーツをもつ子どもを包括した用語として用いる）の在籍する日本の学校では，日本語指導を主とした支援が行われ，近年は，教科指導についても国語，算数・数学，理科，社会科等の認知的教科を中心に具体的な教材や指導事例が蓄積されつつある。しかし，教科の指導においては，ややもすれば，日本語能力の不足によるつまずきをいかに補うかという観点から，外国人の子どもが日本人の子どもに追いつくように，あるいは日本人の子どもと均質的な学習ができるようにといった方向性が強くなりがちである。もちろん，そのなかで重視される学習言語としての日本語の習得が，外国人または日本語を母語としない児童生徒にとって教科学習の強化のために必須であることはいうまでもない。だが一方で，日本語習得のみを重視した支援では，外国人児童生徒の言語的・文化的背景を一つの文化資本として活かしながら教育を遂行していくという観点が薄くなりがちである。その結果として，日本人の子どもと外国人の子ども，あるいは日本語を母語としない子どもとの間に一元的な「優劣」の力関係が生じやすい。

　このような問題を考えると，外国人児童生徒の在籍する学校において必要なのは，日本人・外国人双方の子どもの自尊感情と他尊感情を育み，相互理解を醸成しつつ学力の向上を図ることであるといえる。なぜなら，グローバル化する社会のなかで人々に求められるのは，自分と異なる他者の存在や多様な価値観への理解や共感，異質な文化を相互に学び合うことによって身につけることのできる複眼的な視点であるからだ。

③ 多様性を活かす音楽教育の可能性

　音楽に目を向けると，本人または保護者世代が国際移動の背景をもつ外国人児童生徒は，日本社会における日常生活においても，「学校と家庭」「友だちと家族」，あるいは「日本のメディアと出身国のメディア」といった複数の音楽文化間を行き来する文化間移動を経験している。とりわけ，昨今のインターネットを介しての音楽配信は，出身国の歌・音楽をリアルタイムで視聴し，歌うことのできる環境をつくり出している。しかし，それにもかかわらず，外国人児童生徒の家庭における音楽文化や出身国のメディアを介した音楽文化は，彼らの家庭やコミュニティの内側に留まりがちであり，外国人児童生徒たちの音楽生活のなかでは周辺的な位置にしか置かれない傾向にある。音楽文化に関しても，無意識のうちに一元的な力関係が働いてしまっているともいえる。

　こうした状況下で学校音楽教育の役割は重要である。音楽は非言語的な表現手段であると同時に，歌には歌詞がつき，言語との結びつきは極めて深い。すなわち，音楽は言語的・非言語的の両面から文化的アイデンティティの形成に強くかかわる領域なのである。

　音楽科の授業では，歌唱領域の学習において，日本語との関係は切り離せない。とりわけ，歌唱共通教材として示される楽曲は，文語調の歌詞を含み，現代生活でなじみのない言葉が多用され，伝統的な定型詩の型のものが多いことから，日本語に習熟していない児童生徒にとっては，より理解しづらい。また，「我が国や郷土の音楽に愛着がもてるよう，……長い間親しまれてきた唱歌，それぞれの地方に伝承されているわらべうたや民謡など日本のうたを含めて取り上げ」るという新学習指導要領第3の2(4)アに記された歌唱教材設定の観点も，文化的多様性を前提とするならば，より相対的・複眼的な見地に立った取扱いが望ましい。

　一方で音楽科は，子どもたちの文化的多様性を活かし，学習の発展につないでいく可能性をおおいに含む。グローバル化の進展のなかで，これからの学校に求められるのは，言語的・文化的多様性を「財産」として活かしていく教育であり，音楽科は，その要求に十分応えうる教科であると言うことができる。

2 多様な学校音楽教育の諸相

幼保小接続

① 幼児期の終わりまでに育ってほしい姿との関連

子どもが「何を学ぶか」、そして「何ができるようになるか」を明確にすることが、教育に求められている今日、中等教育学校卒業時までに身につけるべき資質・能力を見通した、幼稚園からの学校段階を越えたつながりが一層重要視されてきている。

新学習指導要領には、幼稚園との接続について、以下のように記されている。

> 第3　指導計画の作成と内容の取扱いの1(6)
> 低学年においては、第1章総則の第2の4の(1)を踏まえ、他教科等との関連を積極的に図り、指導の効果を高めるようにするとともに、幼稚園教育要領等に示す幼児期の終わりまでに育ってほしい姿との関連を考慮すること。特に、小学校入学当初においては、生活科を中心とした合科的・関連的な指導や、弾力的な時間割の設定を行うなどの工夫をすること。

ここで述べられている「幼児期の終わりまでに育ってほしい姿」とは、『幼稚園教育要領』のなかで指導の手掛かりとして示されている、以下の10の姿をさしている。

> 幼児期の終わりまでに育ってほしい姿
> (1)健康な心と体、(2)自立心、(3)協同性、(4)道徳性・規範意識の芽生え、(5)社会生活との関わり、(6)思考力の芽生え、(7)自然との関わり・生命尊重、(8)数量や図形、標識や文字などへの関心・感覚、(9)言葉による伝え合い、(10)豊かな感性と表現

『幼稚園教育要領』では、5つの領域に分けて内容が示されている。音楽科と関連が深いと言える領域「表現」は、とくに(10)の「豊かな感性と表現」を育てることをそのねらいとしていると言えよう。(10)「豊かな感性と表現」の内容を見てみよう。

> 「豊かな感性と表現」
> 心を動かす出来事などに触れ感性を働かせる中で、様々な素材の特徴や表現の仕方などに気付き、感じたことや考えたことを自分で表現したり、友達同士で表現する過程を楽しんだりし、表現する喜びを味わい、意欲をもつようになる。

幼稚園だけでなく、『保育所保育指針』においても、5つの領域が教育に関する保育の内容として置かれているが、いずれも、遊びを通した総合的な指導が行われており、小学校における教科等の枠組みとは大きく異なる。よって、個別の領域の内容と小学校の各教科等の内容を短絡的に結びつけようとすることには無理がある。

② 「音楽的な見方・考え方」との関連

小学校第1学年～第2学年の各教科等において幼稚園や保育所との接続を考える際には、10の幼児期の終わりまでに育ってほしい姿のすべてを考慮するとともに、それが結びつく先の教科の「見方・考え方」との関連を考えることが大切になってくる。

> 音楽的な見方・考え方（小学校音楽科）
> 音楽に対する感性を働かせ、音や音楽を、音楽を形づくっている要素とその働きの視点で捉え、自己のイメージや感情、生活や文化と関連付けること

「音楽的な見方・考え方」は、新学習指導要領で音楽科の目標に組み込まれており、教科の学びの軸となるものである。ではここで、下の課題に取り組んでみてほしい。

> 【課題1】この音楽的な見方・考え方と、10の幼児期の終わりまでに育ってほしい姿とは、具体的にどのような関係があり、どういったつながりが考えられるか、周りの人と話し合ってみよう。

音楽的な見方・考え方は、幼児期の終わりまでに育ってほしい姿の、いずれとも関係があることが見えてきたのではないだろうか。だからこそ、幼児期の終わりまでに育ってほしい姿として現れている、幼児期に育成された資質・能力の基礎を、音楽科の学びに生かすことが、「生活や社会の中の音や音楽と豊かに関わる資質・能力」を育成するという、音楽科の目標を達成するうえで不可欠となるのである。

このことは音楽科だけでなく、他教科等においても同じだと言える。なぜならば、幼児期の終わりまでに育ってほしい姿は小学校のすべての教科等にかかわっているものだからであり、それゆえ他教科との関連が重要になってくるのである。では、音楽科では具体的にどのような他教科等との関連が考えられるか、下の課題に取り組んでみよう。

> 【課題2】幼児期の終わりまでに育ってほしい姿のいずれか（複数でもよい）を選び、それを音楽的な見方・考え方として生かして、他教科等（道徳や特別活動を含む）との関連的な指導の例を考えてみよう。

ぜひ、周りの人たちとアイディアを共有して、さまざまな指導の可能性について考えを広げるとともに、そういった活動のなかで、子どもたちがどのような学びを展開するか想像してみてほしい。幼児期に育まれた子どもたちの力を生かそうとすることで、主体的・対話的で深い学びにつながる可能性を見出すことができるのではないだろうか。

第Ⅲ部　初等音楽科教育の課題と展望

小中接続

　小学校音楽科は教科担任制を導入する割合が高く（第5学年以上での導入率は60％以上[1]），そのため中学校との接続を図りやすい教科といえる。この特性を踏まえ，9年間を見通した音楽科の指導を考案する際，留意すべきこととして，次の3点を見てみよう。

①　「音楽を形づくっている要素」の扱い

　第1は「音楽を形づくっている要素」の着目である。小・中学校の「学習指導要領解説音楽編」（2017年）では，子どもの「深い学び」の鍵となるのは，各教科等の「見方・考え方」を十分に働かせることにあると記している。音楽科については以下の通り。

音楽的な見方・考え方（小学校（中学校））音楽科
　音楽に対する感性を働かせ，音や音楽を，音楽を形づくっている要素とその働きの視点で捉え（下線は筆者），自己のイメージや感情，生活や文化（中学校版では「生活や社会，伝統や文化」）などと関連付けること

　このように「音楽的な見方・考え方」には，「音や音楽を，音楽を形づくっている要素とその働きの視点で捉え」ることが深くかかわっている。「音楽を形づくっている要素」の具体については，〔共通事項〕で扱う内容として「第3　指導計画の作成と内容の取扱い」に，次のように示されている。

小学校	中学校
音楽を特徴付けている要素 　音色，リズム，速度，旋律，強弱，音の重なり，和音の響き，音階，調，拍，フレーズなど	音色，リズム，速度，旋律，テクスチュア，強弱，形式，構成など
音楽の仕組み 　反復，呼びかけとこたえ，変化，音楽の縦と横との関係など	

　「音楽を形づくっている要素」に即した指導例を考えてみよう。例えば「強弱」は，小学校では 強い音，弱い音の聴き取りだけでなく，「強弱」の変化が距離感を表したり，「速度」の要素と合わさって「追いかけられているような感じ」を表す等，各要素の変化とそれらの働きが生み出す特徴について学習する展開が考えられる。また中学校では，様々な要素が加わった音楽を知覚・感受し，それらの関わりについて考えを深める中で，例えばffは力強さや大きな喜びだけでなく，悲しみや絶望も表すという新たな「知識」を構築していく学習へと発展させることができる。その他，中学校の「テクスチュア」は，小学校の「音の重なり」「和音の響き」「音楽の縦と横との関係」等を踏まえたうえで学習すべき要素であり，「構成」は，小学校の「反復」「呼びかけとこたえ」「変化」等を包括した要素と見ることができる。そのため，授業者は小・中学校音楽科の「音楽を形づくっている要素」全体を見通したうえで，教材を選び指導計画を立てることが大切である。

②　小中接続を視野に入れた音楽科の指導内容

　第2は，児童生徒の発達段階や学習内容の継続性を意識した指導である。ここでは(1)変声期の指導，(2)読譜指導をあげてみよう。

　(1)多くの子どもが小学校高学年から中学校段階において変声期を迎えることから，小・中学校を通しての変声期および変声前後の児童生徒への配慮が必要である。変声は成長の証であり，変化には個人差があることを十分に説明したうえで，児童生徒が心理的にも安心して，声帯に負担をかけず，無理のない音域，音量で歌えるような指導・支援を心掛けたい。

　(2)小学校ではハ長調，イ短調の楽譜，中学校では1♯，1♭程度をもった楽譜の視唱や視奏に慣れさせることが目指されている。とくに視唱では音と音との関係を捉える相対的な音程感覚が身につくように，適宜「移動ド唱法」（階名唱）を用いることとしている。相対的な音程感覚やリズム感などを身につけるために，小学校第1学年〜第2学年から，音楽の雰囲気や様子を身体の動きで表現したり，音高とその働きを示すハンドサインを用いる活動などを五線譜上の学習と組み合わせていくことは有意義である。

③　他教科等や地域と連携した小中接続の音楽活動

　第3は，他教科等や地域との連携を視野に入れることである。伝統芸能や郷土芸能にかかわる音楽活動を例に見てみよう。これらは人々の生活や文化とかかわり，主に口承されてきた。また少子高齢化から地域芸能の継承が深刻な状況にあり，学校は，それらを受け継ぎ発信していく重要な機関となっている。例えば，《こきりこ節》で有名な富山県五箇山地方では，小・中・高等学校の音楽科や総合的な学習の時間，地域の行事等を通じて，民謡を学ぶ仕組みが作られている。また，2016年度に残念ながら休校となった和歌山県有田川町立城山西小学校では，1989年より当該地区の二川歌舞伎を「こども歌舞伎」として地域の人々や白馬中学校生徒らと連携し，実演伝承してきた。このように，小中接続を視野に入れた指導を考える際には，①音楽科内の系統性，②他教科等や地域との連携など複眼的視点をもつことが大切である。

（1）　文部科学省「平成27年度公立小・中学校における教育課程の編成・実施状況調査の結果」2016年，13ページ。

ゲスト・ティーチャーとの連携

① ゲスト・ティーチャーとは

　ゲスト・ティーチャーとは，各分野の専門的知識や技術・経験を有するその道の「プロ」として学校に招かれ，児童へ「本物を感じる教育」を提供してくれる外部講師をさす。音楽科では，演奏家がゲスト・ティーチャーとして招かれるケースが多い。教師が不足している分野の知識や技術，経験を補完し，児童の興味や関心，意欲を喚起する教育的効果が認められるため，多くの学校において導入されている。保護者や地域の住民を人材として招いていることが多いが，近年アウトリーチ活動の一環として劇場等に登録しているアーティストを招くケースも増えてきている。

② 音楽科におけるゲスト・ティーチャー

　音楽科においては，日本の伝統音楽，民族音楽，オーケストラ楽器等の学習のために，ゲスト・ティーチャーを招聘している事例が多い。学習指導要領［平成10年改訂］の「総合的な学習の時間」導入によって，ゲスト・ティーチャーは各教科で積極的に取り入れられるようになってきた。音楽科に関しては，とりわけ和楽器など日本の伝統音楽の学習において活用されている。その背景には教師のなかに和楽器を演奏できる人材が少ない，という理由がある。このことの解決策の一つとして，日本の音楽に関するゲスト・ティーチャーの招聘がなされたという経緯がある。

　演奏家の優れた生演奏を聴き，演奏に向かう真摯な態度を身近に肌に感じられるゲスト・ティーチャーの授業は，児童が音楽のよさを見つめ直し，より理解を深めていく効果がある。また，学校におけるコンサートは，公共ホールで行われるコンサートとは違い，演奏家と児童らとの音楽を通した交流が密になる「生きた場」であると言える。

③ ゲスト・ティーチャー導入に関する留意点

　地域の人材や演奏家を学校教育現場に招き，鑑賞活動やワークショップを行うゲスト・ティーチャーの活動は，利点や効果が多い反面，単発的な学習内容に陥ってしまうという危険性ももち合わせている。児童らが音楽を吟味して学習する場というよりは，体験する段階にとどまる学習傾向にあるという課題が指摘されているのである。これらの課題解決のため，教師は授業に向け，ゲスト・ティーチャーとの打ち合わせを十分に行う必要がある。ゲスト・ティーチャーと児童との円滑な相互コミュニケーションを図るためには，ゲスト・ティーチャーと教師が連携して効果的な学習方法を検討することが必要なのである。ゲスト・ティーチャー招聘前には，その活動における目標と内容を十分に打ち合わせ，児童が学ぶべき知識や技術は勿論，招聘後の振り返り活動，児童の感想・疑問への対応なども見通し，準備する必要がある。同時に，どのような役目をゲスト・ティーチャーに担ってほしいかについて伝えることも重要である。

　ゲスト・ティーチャー招聘時の留意すべきポイントとして，以下2点をあげる。

(1) ゲスト・ティーチャーと音楽教師との連携・協働

　1時間の授業をスムーズに進行し，有意義なものにするためには，ゲスト・ティーチャーと教師は，事前打ち合わせを密に行う必要がある。ゲスト・ティーチャーが授業を担当する児童の実態を十分に把握しているケースは少ない。そのため，児童の実態を把握している担当教師と授業のねらいやテーマに関する共通認識をもち，お互いの役割を事前に打ち合わせすることが肝要となる。ゲスト・ティーチャーが，クラスの児童の実態や音楽的発達段階，音楽的背景に関する情報を事前に音楽教師から得ることによって，授業はより効果的な学習へと変化するのである。

　演奏家をゲスト・ティーチャーとして招聘した授業では，これまで提供するアーティストの視点で授業が構成され，実施されることが少なくなかった。しかし，1時間の授業展開すべてをゲスト・ティーチャーに委ねるのではなく，音楽教師も積極的に授業に参加し，ゲスト・ティーチャーと協働して授業をつくっていくことが児童の学習理解を促し，深めるうえでもポイントとなる。すなわち，児童とゲスト・ティーチャー，そして音楽教師三者のコミュニケーションがとれた授業を目指すことが理想なのである。

(2) 系統性を考慮した導入

　外部からゲスト・ティーチャーを招いた授業を行う場合，単発的な1回だけの授業に終始してしまうケースが時折見られる。発展的な学習につなげていくためには，教師が学習指導要領や音楽科カリキュラムを見据え，系統性を有した学習展開になるよう考慮する必要がある。事前に，ゲスト・ティーチャーが演奏する作品や作曲者，用いられる楽器について学習を行い，これまで学んできたことを発展，積み上げていくような内容になるよう工夫することがポイントとなる。

④ 展望

　CDやDVD等オーディオ機器の音質は日々進化し，教室において良質な音楽を聴くことは容易になってきている。しかし，演奏者の息遣いやメッセージを児童が五感を通して感じられる「生の演奏」は重要である。このことを教師は心にとどめ，ゲスト・ティーチャーと連携・協働して児童のための授業づくりを行うことが大切となる。

第Ⅲ部　初等音楽科教育の課題と展望

コラム

⑤アウトリーチ活動と音楽教育

　学校の授業や行事に音楽家を招く機会があるだろう。こういった機会もちょっとした工夫でより充実した時間にすることができる。学校でコンサートや演劇などを行う従来の芸術鑑賞教室は存在し続けているが、1998年頃にアメリカからアウトリーチ活動という概念が日本に導入されるようになった。アウトリーチ活動とは、音楽分野の場合、音楽家や音楽団体・機関が普段音楽にふれる機会の少ない人々に働きかけ、音楽を普及することである。そして、音楽の提供者と享受者が対等な立場で一緒に楽しむ双方向的なスタンスが特徴である。子どもたちに音楽や音楽家をもっと身近に感じてもらうために、ただ体育館に椅子を並べて舞台上の音楽家の方を向いて音楽を聴くというかたちにとどまらず、子どもの並び方や音楽家が子どものそばに来るなどの形態を工夫したり、状況に応じて教室や音楽室といったより小さな空間を使ったりもする。またワークショップ形式で音楽家と一緒に音楽をつくったり、演奏したりするなど、子どもたちの参加の仕方にも配慮する。こういった工夫次第で、音楽家と子どもたちの距離が一段と近くなる。

　このように学校の授業や行事に音楽家を招くには、芸術鑑賞教室や教師が知り合いの音楽家に個人的に依頼するほかに、最近ではアウトリーチ活動の社会的な広まりもあって、公共ホールや大学、NPO、音楽家個人などの方からプログラムを組んで学校に声をかけてくる機会も増えた。そのような場合にも、ただ先方のプログラムをそのまま受け入れるだけではなく、教師が事前に打ち合わせをして、学校側が希望すること、子どもたちの状況などのすり合わせをすることで、より充実したプログラムになるだろう。子どもと教師が音楽家と出会うことによって、音楽的な経験の幅が広がることがアウトリーチ活動の意義である。そのような活動のなかで、教師は子どもと音楽家をつなぐ重要な役割を担っているのである。

⑥生涯音楽学習とミュージッキング

　「音楽は"行為"である」と主張したのはCh. スモールである。私たちは、楽譜やCDといったモノを通じて音楽に接しているかもしれないが、そもそも歌い奏でるという"行為"なしに音楽はありえない。当たり前のことなのだが、そう主張せざるを得ないほど音楽はモノとして考えられてきた。たとえば楽譜というモノ。楽譜なしには音楽は成立しない、楽譜が読めなければ演奏できないという思い込みが、私たちにも

ないだろうか。

　スモールはそうした状況への批判を込めて「ミュージッキング（musicking）」という概念を提唱した（Ch. スモール，2011，『ミュージッキング──音楽は「行為」である』水声社，2011年）。ミュージッキングは音楽〈music〉という名詞の動名詞形であり、歌う、奏でる、といった行為だけではなく、コンサートのもぎりや会場の清掃など、演奏を成立させるすべての行為をさす。

　スモールの主張に沿って考えると、音楽を「学ぶ」という行為はミュージッキングの一つである。だが、音楽の学びとは何だろうか。日本では1980年代に「生涯学習」という概念が注目された。さまざまな背景があるが、その一つに学校教育への反省がある。この頃ゆとり教育が始まったことからもわかるように、当時は詰め込み教育や画一化された教育が批判されていた。一方、生涯学習は「人々が……必要に応じ自己に適した手段・方法を自ら選んで行う学習」（中央教育審議会「生涯教育について（答申）」1981年）である。

　生涯学習という概念によって、音楽の学びという行為の幅は広がった。文化活動として、趣味として、レクリエーションとして、ボランティアとして……。近年では、参加型コンサートやアウトリーチも盛んになりつつある。だが、音楽はどこかや誰かから与えられるモノだけではない。私たち自身が私たち自身の幸福のために生み出す行為なのだ。そういう意味では、生涯学習という言葉のもとで営まれる音楽活動もまた、そうであってほしい。

⑦日本人学校における音楽教育

　日本人学校という言葉を聞いたことがあるだろうか。世界各国で現地の日本人会等が設置し、文部科学省の認定を受けた学校である。原則的に日本の学習指導要領に基づいた教育課程で、教科書も日本で使用されているものが使われている、海外に住む日本人の子どものための学校である。

　私が勤めていたベルリン日本人国際学校は小学校第1学年〜中学校第3学年で約30名しか在籍していない小規模校であった。学級は複式で組まれ、音楽科の授業も2学年ないし3学年での複式授業であった。同じドイツにありながらもデュッセルドルフ日本人学校は児童生徒数が約500名で推移していることと比べると、学校によって教育環境が大きく異なることがわかる。それでは、海外に住んでいる子どもに共通することはどのような点だろうか。それは日本の音や音楽に対する関心の高さである。

例えば，日本からベルリンに神輿がやって来た時のことである。神輿が学校に到着し，外で組み立てられ始めると，鈴の音が「ジャラン」と鳴った。その時，授業中だった児童は目を輝かせ「先生，お神輿が来たね！」「少し窓から見てもいい？」と口々に言い出した。日本では聞き慣れており「日本の音」と意識されにくい音にも児童生徒は敏感に反応し，まさに心も身体も踊っていた。

また日本文化を体得したいという意識も強く，和楽器に触れる授業には非常に意欲的だ。ただし，学校に十分に和楽器がないため，ベルリン在住和楽器奏者の方々の協力を得て授業を行い，箏・三味線・尺八・和太鼓の奏者が集まった贅沢な授業となった。

一方，現地の学校との音楽を通した交流やオペラ座での授業等，日本国内の学校とは一味違った実践も日本人学校では経験した。教職を志し，かつ海外での教育に関心がある方には，ぜひ，日本人学校という教育現場があることを知ってほしい。

⑧震災と音楽教育

震災後の音楽教育において万能に適用可能な方法論，教材は存在しない。被災地の内／外，被害の程度，時間の経過によって対応は大きく異なるからである。教師には各々が置かれた状況下でその都度の最良を導くプラグマティックな実践が求められる。

被災地における音楽科教育にあって最優先されるべきは，日常の音楽生活を取り戻すことである。授業，クラブ活動で必要な楽器の整備や練習場所の確保が早急に求められ，そのための多面的な支援は欠かせない。

これまで東日本大震災ほど「音楽」と「復興」とが直截に結びつけられたことはなかった。多くの人々が音楽によって励まされた一方，少なからぬ人々がこの図式に違和感を抱いたのも事実である。これは音楽から受ける印象が，人々の置かれている状況やコンテクストの影響を色濃く受けるためである。学校に復興支援コンサート等を受け入れるかどうかは，子どもの心理状態に十分配慮し，慎重に判断する必要がある。

被災した子どもたちが，音楽的な日常性を取り戻す延長上で実施するボランティア演奏は，（それ以外のケースと比して）被災者に受け入れられる場合が多かろう。とはいえ日常を逸した過度な活動で子どもたちを疲弊させるべきではない。教師は話し合いを通じて彼らの意思をしっかり確認する必要がある（大越・杉田・伊藤，2015）。

被災地以外の子どもたちが，被災者を励ましたいと願う善意からボランティア演奏などに取り組む意欲は尊重されて然るべきである。ただしチャリティー的な言説や活動は，する側とされる側との上下関係を固定化する傾向にあり（Vaugeois, 2007），対象者を傷つける場合があることを教師は認識しておく必要がある。そのため趣旨や時期，選曲等の熟慮が求められる。復興を願って制作された楽曲であっても，当時の記憶とリンクするため，いまだ受け入れ難い被災者は多い。とはいえ東日本大震災以降に生まれた子どもたちが小学校へと入学するほどに年月は経過した。これら楽曲の一部が，震災のアクチュアリティや教訓を未来へと継承する重要なメディアとなる可能性はあろう。

東日本大震災以降，民俗芸能が地域住民に果たす役割の重要性に注目が集まった。懸田（2015）によると，かつて民俗芸能の宝庫であった福島県浜通りの6割程度の地区が津波や放射能汚染により存続の危機にある。音楽科教育では民俗芸能等，地域文化の教材化，実践を通じて再興に寄与し，ひいては地域住民のアイデンティティやコミュニティ感覚の（再）構築に貢献できる可能性があることを，付言しておきたい。

参考文献 懸田弘訓「はじめに—福島県の民俗芸能」『ふくしまの民俗芸能』福島民友新聞社，2015年，2～3ページ。／大越良子・杉田政夫・伊藤孝子「東日本大震災後の被災地高校における合唱部活動の実態」『福島大学総合教育研究センター紀要』第19号，2015年，45～54ページ。／Vaugeois, L., "Social Justice and Music Education," *Action, Criticism, and Theory for Music Education*, 6, no.4, 2007, pp. 163-200.

3 音楽科教育のICT化

① ICTとは

ICTは「Information and Communication Technology」の略語であり，コンピュータやネットワークに関連するさまざまな技術やサービスをさす。日本では，まずITという用語が一般化し，その後，人と人，人とモノを結ぶコミュニケーション（＝C）が重視されるようになり，ICTという用語が積極的に使用されるようになった。教育工学の研究者である堀田龍也は，学校におけるICTを「ビデオカメラ，デジタルカメラ，DVDからPC，インターネット，電子黒板，実物投影機まで，学校現場に広く導入されている新旧デジタル機器やデジタル教材全般」（堀田，2014）と定義しているが，近年，タブレットの重要性が際立っている。

② これまでを振り返る

他教科の授業がまだ黒板とチョーク，紙と鉛筆で行われていた1980年代，音楽の授業ではすでにLD／CDを使いこなし，電子楽器も活用していた。1990年代に入り，学校にコンピュータ室が設置されると，いわゆるDTM（デスクトップミュージック）ブームが起こった。

ところが，2000年代になると，まるで世の中の流れや他教科の動きに逆行するかのように，ごく一部の例外を除き，ICTを使った音楽科の実践は進化を止めてしまった。2001年に制作されたウェブ上の教科書「オンライン音楽室」（教育芸術社）が2005年にPC用パッケージソフトウェアに切り替えられ，2011年からムービーDVDとして教科書とセット販売を始めたことによって，かろうじて現場の教師によって認知されたことでも状況がわかるだろう。

音楽科教育のICT化がこのように停滞している大きな要因として，ICTの整備が普通教室から実施され，音楽室の整備は後回しになりがちであることがあげられる。さらに，セキュリティの観点から，教師所有のノートPCやタブレットを音楽室にもち込めない学校が多いこと，自治体によって学校のインターネット接続が制限されていることなども影響している。

③ 音楽室のICT環境を整える

しかし，第7次学習指導要領において情報活用能力が学習の基盤として位置づけられ，さらに「学校におけるICT環境整備の在り方に関する有識者会議」で整備義務についても言及された。また，DTMはプログラミング的思考力の育成に有効であるとされている。こうした背景から，音楽科教育のICT化が待ったなしの課題であるという認識がようやく形成されつつある。

まず音楽室には教師用ノートPC，教師用タブレット，実物投影機，そして，これらの機器と接続し，教材の拡大提示，映像や音声の出力用として使用する大型提示装置（プロジェクターによる投影，大型テレビによる表示）を整備する必要がある。

提示装置の画面は，教室の最後方からはっきりと見える大きさでなければならない。また，大容量データのダウンロードや集中アクセス時にも安定的に稼動する無線LAN環境も今後は不可欠であり，授業展開に応じて必要なときには「一人1台タブレット」も実現したい。

写真1　大型テレビに教材やめあてを映す　　写真2　ピアノの傍にはノートPCとiPad Pro

（戸田市立戸田東小学校　小梨貴弘教諭提供）

④ 音楽科におけるICT活用のメリット

教科におけるICT活用とは，教科の目標を達成するために教師や児童がICTを活用することである。音楽室のICT環境が整った際の教師側の主なメリットとして次のようなものがあげられる。

(1)授業準備・評価等の効率化：PCやタブレットでの音源／動画の一元管理によって，音楽室がすっきりシンプルになる。教務アプリによる授業計画や実施記録の作成および教材の電子化が，教務や授業準備に要する時間を短縮する。楽譜を電子化すれば，再利用や書き込み，再編集が容易になる。(2)授業進行の迅速化：音源／動画の一元管理によって，ディスクの入れ換え時間を短縮し，題材提示や伴奏再生が瞬時に可能となる。(3)わかりやすい授業の実現：関連する画像や映像を大型画面に提示すること，実物投影機で教師の範奏の様子を映すことなどによって，児童の理解度や技能に合った授業ができる。(4)音楽行事の現代化：演奏に関連する映像やスライドショーの投影，使用音源等の管理ができる。

児童側の主なメリットは以下のとおりである。

(1)演奏に対する自己評価：タブレットの録画／録音機能を使用し，自身の演奏を振り返る。(2)主体的で協働的な学びのための道具として：音楽制作アプリを使用して仲間と音楽づくりをする，音楽を形づくっている諸要素を個別にあるいは協働で学ぶ。(3)音楽体験等の増加：鑑賞／楽器アプリや動画サイト等を活用し，学習機会を増やす。(4)家庭学習の確保：教師の模範演奏動画を自宅で視聴するなど，家庭学習を促進する。

⑤ タブレット＋アプリの可能性

ICT活用のなかで最も期待されているのがタブレットとアプリの組み合わせである。映像編集アプリを使って楽譜と音を一つに編集し，スクリーンに提示することや，音形編集アプリでWAVEデータの調性やテンポを変更して，歌唱や器楽の指導で使うといったことも手軽にできるため，授業の準備にかかる時間を短縮し，ピアノ伴奏に関する負担も軽減することができる。

写真3　音形編集アプリで調性やテンポを変更

写真4　iPadで伴奏をする

（筑波大学附属小学校　平野次郎教諭提供）

音楽鑑賞においてオーケストラについて学べるアプリを活用することや，音楽制作アプリで簡単な伴奏をつくることも有効であろう。さらに，箏アプリと実際の箏の両方を使った箏体験学習，カード型プレゼンテーションアプリを使って，主題の展開を個人あるいはグループで考えさせる鑑賞の活動などに取り組んでいる音楽専科教員もいる。

⑥ 指導者用デジタル教科書

2015年4月に教育芸術社と教育出版から小学校版指導者用デジタル教科書が発売された。これらを使用すると，歌唱では，音楽室の大型画面に教科書のページを投影しながら，模範演奏の再生，歌詞の拡大表示などができる。器楽に関しては，リコーダーや鍵盤ハーモニカの学習における楽譜と運指の連動表示・奏法の指導動画，器楽合奏譜のパート別再生などのコンテンツがある。同様に，音楽づくりや鑑賞についても，さまざまなコンテンツが搭載されている。

⑦ デジタル教材

導入予定の学習者用デジタル教科書の他に，「一人1台タブレット」を視野に入れ，デジタル教材の開発が進められている。ヤマハはすでに「ボーカロイド教育版」「ソプラノリコーダー授業」などを発売しており，今後もこうした動きが加速するだろう。

企業が開発するデジタル教材のみならず，教師が作ったデジタル教材にも期待したい。例えば，東京都内の公立小学校で，音楽専科教員らが作成したリコーダー演奏の解説・演奏動画教材をタブレットに入れて家庭にもち帰らせた事例があるが，児童の演奏力が格段に伸び，家庭学習の効果が示された。

この実践は「一人1台タブレット」環境で行われたが，児童に配布するプリントにQRコードを付け，家庭のスマートフォンで読み込むという方法でも同様のことができる。リコーダーや鍵盤ハーモニカ，各種打楽器などの演奏支援映像や，読譜や音楽記号に関する自習教材があれば，児童一人ひとりの能力に応じた学びが実現するだろう。

⑧ 音楽室に日常的なICTを

コンピュータ室でしかPCに触れることができなかった頃，デジタルはアナログと対立する関係であったかもしれない。コンピュータ室では歌うことや楽器を演奏することはできなかったのだから，DTMと生の歌声や楽器演奏との間には対立もあっただろう。

しかし，これからは音楽室にノートPCやタブレットをもち込んで，歌唱，器楽，鑑賞，創作などあらゆる学習を支援することができる。アナログ，デジタルのいずれかを選ぶのではなく，場面に応じて適したほうを選び，時に補い合うことも可能なのである。

ICTを活用しようという意欲と情報活用能力は，児童のみならず，音楽の授業を担当する教師にこそ求められている。

参考文献・資料

深見友紀子（連載）「音楽科教育とICT」（全12回）『教育音楽』音楽之友社，2015〜2016年。

深見友紀子・佐藤和紀・森谷直美・中平勝子・堀田龍也「小学校音楽科リコーダー学習における一人1台端末を活用した家庭学習が技能に及ぼす効果」『日本教育工学会論文誌』Vol.41 No.1，2017年，89〜96ページ。

堀田龍也「学校教育における情報化の動向と課題」『音楽教育実践ジャーナル』Vol.11 No.2，2014年，6〜13ページ。

今井康人「デジタル教科書の現状と今後」『音楽教育実践ジャーナル』Vol.11 No.2，2014年，14〜21ページ。

特集「ここまできた！ICTを活用した最新授業」『教育音楽』音楽之友社，2015年12月号，21〜33ページ。

4　音楽科教育に求められる教師の力量

①　教師の「力量」とは

わが国において，教師研究が盛んになってきた1980年代半ば，小山（1986）は教師の力量を「指導技術的な側面と人間の資質的な側面の両面」とした。こうした小山の理論を踏まえて後年，藤原（2007）はさらに詳しく以下のような定義を発表した。

　　教育活動のための専門的な知識や技術と，そうした活動のよりよい遂行を志向した構えや態度を意味する（8～9ページ）。

教師の力量についてはさまざまな考え方があるが，ここでは上に示した藤原の定義に従って述べていくこととする。

②　音楽科における教師の力量モデル

音楽科における教師の力量に関して，篠原（1992）の先行研究に着目してみたい。篠原は，音楽科における教師の力量モデルを以下の通り提示した（図1参照）。

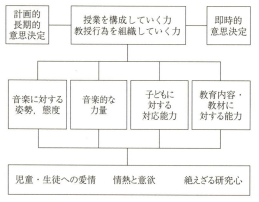

図1　音楽科教師の力量モデル

図1の下部にある項目「児童・生徒への愛情」「情熱と意欲」「絶えざる研究心」は，藤原の述べる「活動のよりよい遂行を志向した構えや態度」と符合し，教科・領域を超えてすべての教育活動の基盤あるいは根底になるものと考えられよう。また，中間部の4項目について解説すると次のようになる。

【音楽に対する姿勢，態度】

これは，下部にある人間的な資質にかかわるものでもあるが，感受性にとんだ美意識，常に美しい音楽を追究していこうとする意欲，音楽を味わい感動する心等，音楽科教師の音楽に対する姿勢・態度といったものである。

【音楽的な力量】

これに関して基準を設けることは難しいが，教師の意図する範唱ができるくらいの歌唱技能，また教師の意図する範奏・伴奏ができるくらいの演奏技能は，最低限必要である。また，創作の技能や読譜・記譜の能力も必要なものといえる。

【子どもに対する対応能力】

これは，一人ひとり違う児童生徒の固有の考え方や能力を把握し，それを踏まえ，授業のなかで指導のねらいに対照させながら，児童生徒に対応していく力のことである。また，学年ごとの児童生徒の発達に見あう対応力も必要である。

【教育内容・教材に対する能力】

これは，学年の発達段階を踏まえ，適切な教育内容を設定し，それにふさわしい教材を選択したり構成したりする力，また教材を分析し適切なポイントを見つけたり，それを選別していく力，等である。

以上の4項目は，藤原の定義の「教育活動のための専門的な知識や技術」と同義であると解することができよう。このように，藤原の定義と篠原のモデルは，教師の力量を基本的に同じ立場から捉え論じていることが理解できる。

③　音楽科授業において教師の力量はどのような形であらわれるのか

篠原の理論では，中間部の4項目に加えさらに上位項目が設定されている。意思決定の視点を交えた「授業を構成していく力」「教授行為を組織していく力」である。この2つの力は，中間部の4つの力，根底を支える3つの資質といった教師の力量が結集して表出したものと解釈することができよう。このことに関して，篠原（1992）は次のように述べている。

　　これらの力量は，教師の意思決定場面に凝縮した形であらわれるのである（336～337ページ）。

意思決定とは，当然ながら教師の思考であるため，上記の一文は「これらの力量は授業中の教師の思考場面に凝縮した形であらわれる」というように読み替えることができるであろう。このことは教師の力量研究に重要な示唆を与えている。すなわち，授業中の教師の思考を手がかりとして，彼らの力量を解明することが可能なのではないかといった論理が浮かび上がってくるのである。

この論理は，授業中の教師の思考や認知が彼らの力量形成に大きく関与しているとした多くの指摘からも導くことができよう。このような指摘を含んだ重要な先行例として，佐藤ほか（1990，1991）が発表した2つの研究をあげることができる。この2つの研究では，創造的な熟練教師と新人教師の授業のモニタリン

グを比較し，熟練教師の保有している実践的知識の特質と，それを基盤として展開される実践的な思考様式の性格の解明を試みている。これらの研究の結果から佐藤（1996）は，実践的思考様式が教師の専門的力量の中枢をなすものと主張したのである。

この佐藤らの研究のバックグラウンドになっているのは，ショーン（Schön, 1983）の「反省的実践家（Reflective Practitioner）」理論である。ショーンは，教師を含めた専門職に「反省的実践家」としての力量形成が不可欠であることを主張した。ショーンの研究は，1980年代よりアメリカの教師教育に多大な影響を及ぼした。わが国においてもこの理論を掲載した著書は，専門家養成機関における必読の書ともいわれるほど，その研究的価値を評価されている。

④ 音楽科授業における教師の力量を高めるために

木原（2007）は教師の力量を高めるためには次のことが肝要であると述べている。

「目の前の子どもの意欲や理解の状況を把握して即時に適切な意思決定をする柔軟で個性的な教授行為」に立ち向かうことが求められよう（35～36ページ）。

これはどの教科にもいえることではあるが，とりわけ音楽科では教科の特質上，瞬間的な音の聴き分け，子どもの表現する姿勢や表情の見極めなど，多様な状況把握能力が教師に要求される。また，このような状況把握に基づいて，技能の定着度合いを洞察する，あるいは音楽活動への興味関心レベルを推察するなど，判断能力も要求されてくる。

そこで，音楽科授業において教師が状況把握および判断をするために留意したいポイントを以下に示す。

（1）　的確な状況把握のために

当然ながら，音楽科では教科の特質上，教師の瞬間的な音の聴き分けが頻繁に要求される。そのため，聴く焦点を絞り積極的に児童生徒の発した音をキャッチしにいく姿勢が重要となろう。

また，聴くことだけでなく見ることにも留意すべきであろう。なぜなら，歌唱や器楽等の表現の指導には姿勢や表情といった身体的所作を見ることが重要であることに加え，音楽科においても当然ながら児童生徒の健康状態や人間関係などを適宜見ながら授業を展開していくことが求められるからである。このような音以外の側面も意識し，刻々と変化する児童生徒の瞬間的な状況を，一つたりとも見逃すまいとする実践的態度を培うことが望まれよう。このように，授業を進めながらも児童生徒の細部まで捉える力をもち得るような，いわば観察者としての授業者になれるような能力を開発することが授業成立の鍵を握っているといっても過言ではない。

（2）　推論をともなう判断のために

教師は児童生徒の実態として，彼らの音楽的能力，音楽的経験，興味関心の対象等といった音楽的背景は無論のこと，クラスにおける人間関係，家庭環境，その日の健康状態など，あらゆる側面からの情報収集に努めることを常に意識しておきたい。このことが，推論の成否を決定づけるといってもよい。

また，将来的に児童生徒にどのような力が備わっていてほしいのかといった，最終目標を明確にした教育実践を積む必要があろう。加えて，教師は今ここで行っている授業が，最終目標に到達するための通過点であることを強く意識したい。

このように，教師の音楽体験あるいは音楽的能力といった「教科的専門性」だけではなく，それに「授業で生起する事実や出来事」を関連づけることによってはじめて，リアルで焦点化された推論は生み出されるのである。

引用・参考文献

藤原顕「現代教師論の論点——学校教師の自立的な力量形成を中心に」グループ・ディダクティカ編『学びのための教師論』勁草書房，2007年。

稲垣忠彦・佐藤学『授業研究入門』岩波書店，1996年。

木原成一郎「初任者教師の抱える心配と力量形成の契機」グループ・ディダクティカ編『学びのための教師論』勁草書房，2007年。

小山悦司「力量の概念」岸本幸次郎・久高善幸編『教師の力量形成』ぎょうせい，1986年，32～37ページ。

佐藤学・岩川直樹・秋田喜代美「教師の実践的思考様式に関する研究（1）——熟練教師と初任者教師のモニタリングの比較を中心に」『東京大学教育学部紀要』第30巻，1990年，177～198ページ。

佐藤学・岩川直樹・秋田喜代美・吉村敏之「教師の実践的思考様式に関する研究（2）——思考過程の質的検討を中心に」『東京大学教育学部紀要』第31巻，1991年，183～200ページ。

Schön, Donald A., *The Reflective Practitioner : How Professionals Think in Action*, Basic Books,. 1983.

篠原秀夫「音楽科教師の力量形成に関する一考察　——意思決定を中心に」『北海道教育大学紀要』第43巻，第1号，1992年，333～344ページ。

高見仁志『音楽科における教師の力量形成』ミネルヴァ書房，2014年。

第IV部

初等音楽科教育の教材研究

1　指揮と伴奏

指揮法

① 指揮の役割

初等音楽科の授業において指揮を行う目的は2つある。一つは教師が児童の合唱や合奏を指揮して一人ひとりの児童の表現意欲を高めるとともに，その合唱や合奏の活動の楽しさを体験することを通して，児童の豊かな音楽性を引き出すことである。もう一つは，児童自身が指揮の動作をすることで，音楽の仕組みや要素の働きを知覚しながら，自らの意図する音楽表現や音楽に対する思いを育むことである。

小学校では授業や学校行事等で教師が児童たちの合唱や合奏を指揮する場面が多いが，その際には教師の指揮の基本動作が児童の手本となるとともに音楽に対する見方や考え方に影響を与えることを考慮して行う必要がある。

② 指揮法の基礎

指揮をする際には，まず肩の力を抜いて自然体で立ち，膝を曲げたり肘が手と異なる動きをしたりといった無駄な動作をともなわず，必要最小限の力で両手を機能的に使うことが大切である。基本的には，右手にもった指揮棒で，テンポ（速度），ディナーミク（強弱），アゴーギク（速度の変化や揺れ），アーティキュレーション（音の切り方や続け方）などを表現し，左手は5本の指を使って曲想や音の表情，弱起の入りなどの合図，フレーズの終わり方などを示す。

指揮棒をもつ際には，棒の部分を親指のふくらみと人差し指の第一関節の横との間に軽く置き，人差し指を手のひらの方に半分程曲げ，残りの指で握りの部分を軽く包み込むようにする。指揮棒は腕の延長になるようにイメージし，指揮棒の先と目線を一致させ，その延長線上に奏者が見えるようにする。少人数の合唱や合奏では指揮棒を用いないこともあるが，その場合は，軽く開いた右手の人差し指に意識を集中するとよい。

③ 指揮の動作の基本

図1のように自然体で立ち，肩の力を抜いて腕全体の重さを感じながら胸の前で，次ページの図2から図6のような図形を描く練習をする。基本的に指揮棒の範囲は胸の前の約50cm四方で図形を描くようにし，ディナーミク（強弱）は描く図形の面積で表現する。

指揮の基本は明確な拍子を示すことで，そのためには，まず明確な打点をもった「叩き」の練習をする。このとき，手の甲が上を向くようにすると手首のコントロールがしやすい。

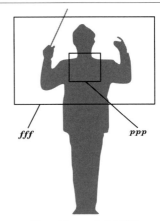

図1　ディナーミクの表現

「叩き」とは文字どおり打点を叩く動作で，叩いた後は打点から跳ね返るように加速と減速を繰り返しながら，次ページの図2から図6のように運動の方向を切り替えて図形を描く。図形の面積が小さいときは手首から先を使い，大きくなるに従って肘から先，さらに肩から先といった感じで腕全体を使う。

また，「叩き」の動作の速度によってスタッカートやマルカートを表現する。この基本動作を身につけたのち，打点に対する加速と減速を平均速度に近づけるように滑らかにしていくとレガートを表現する動きになる。

2つ振りは2拍子やテンポの速い6拍子（8分の6拍子のマーチなど）に用いられる。3つ振りは3拍子に，4つ振りは4拍子に用いられる。5拍子の場合は，リズムの組み合わせや歌詞などにより左に3つと右に2つ（3＋2）になるときと，左に2つと右に3つ（2＋3）になるときがある。テンポの遅い6拍子は6つ振りにする。

④ 曲の始め方と終わり方

指揮者の最も重要な役割は，曲を始めるタイミングとそのテンポや音楽の表情を示すことである。曲を始めるときの動作は「予備運動」と呼ばれる。一般的に「予備運動」は，開始拍の打点からの「跳ね上げ」の動作が使用される。通常は曲が始まる前の1拍を示すが，速いテンポの場合はもう1拍加えて2拍を示したほうがわかりやすい。また，演奏者の注意を引きつけるために，指揮者は予備運動の前にはっきりとした静止の動作をする必要がある。指揮の動作全般について言える「無駄な動きをしない」ということは，曲の始め方についても同じで，仮に児童らのために予備拍を多くとることが必要だと判断した場合でも，その動き

127

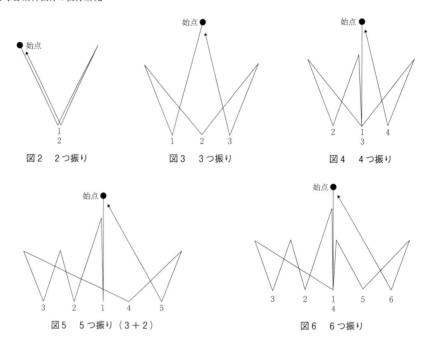

図2　2つ振り　　図3　3つ振り　　図4　4つ振り

図5　5つ振り（3＋2）　　図6　6つ振り

は最小限にとどめるべきである。

　演奏の終わらせ方は，その曲のテンポや音楽の表情によってさまざまである。テンポが速いときや最後の音が短いときは，打点を小さく叩いて音を止めたり反時計回りに小さな円を描いて止めたりする。テンポが遅いときや音を長く伸ばしている時などは左手を使うことも有効である。音楽の印象は演奏がすべて終わったときに決定づけられる。曲の終わりをどのように示すかは，曲の始め方と同様に指揮者の重要な役割である。

⑤　指揮をするうえで大切なこと

　指揮は右手で描かれる図形だけで表現できるものではない。左手の繊細な動きや顔の表情，そして何よりも大切なことは，呼吸をともなった自然な音楽表現が無駄のない動きで表現されることである。そして，小学校の授業で合唱や合奏の指揮をするときには，言葉によるコミュニケーションも含め，児童の信頼を一身に集めて，彼らの潜在的な音楽表現能力を引き出すことに教員の意識が向いていなければならない。

📖 次への一冊

クルト・レーデル／秋山直樹訳『指揮のテクニック』音楽之友社，2002年。

　ドイツの名指揮者による指揮講習会のエッセンスをわかりやすくまとめたもの。指揮者とは何か／打法と図形／性格の異なるいろいろな振り方／指揮者の心得／指揮の実際／の5章。

小松和彦『改訂新版・実践的指揮法──管弦楽・吹奏楽の指揮を目指す人に』音楽之友社，2008年。

　著者の師である齋藤秀雄のメソッドを根底に，実践に即した指揮法とその指導法の全般について詳しく述べている。写真・図版・譜例などが多数収録されているのが特徴。

斉田良男『はじめての指揮法──初心者のためのバトンテクニック入門』音楽之友社，1999年。

　著者の師である齋藤秀雄のメソッドをもとにした指揮法の実践的指導書。初心者向けに《春の小川》や《ふるさと》などの学校教材を多数取り上げ，理論面と技術面について解説。

高階正光『完本　指揮法入門』音楽之友社，2001年。

　基礎篇，実践篇，展開篇の三部構成による「斎藤メソッド」の実践的入門書。［展開篇］には著者の指揮理論による4分打法や波打ち運動などの技法の実習課題が設けてある。

ダン・カーリンスキー＆エド・グッドゴールド／齋藤純一郎訳『おうちで指揮者』音楽之友社，1998年。

　オーケストラのCDを聴きながら指揮者の真似をすることで指揮法の基礎を学ぶというユニークな入門書。難解な指揮法の勉強に抵抗があるという人向け。指揮棒の付録付き。

山本訓久『新版　学ぼう指揮法 Step by Step──わらべ歌からシンフォニーまで』アルテスパブリッシング，2016年。

　題材として《Believe》《明日へ》《重なり合う手と手》など学校で人気の合唱曲から《セビリャの理髪師》など本格的なオーケストラ曲までを幅広く取り上げた実践的な指揮法教程。

伴奏法

辞典／事典における「伴奏」の定義には「従属」「補助」という言葉が，主役を支えるという意味合いで用いられている。授業における「学び」の主役が児童だとすると，教師には，その学びをしっかりサポートする姿勢（＝伴奏）が必要である。

ここでは本書「歌唱共通教材の研究」における「本伴奏」「簡易伴奏」の特徴や活用，演奏法について述べる。

「簡易伴奏」は，主に鍵盤楽器奏者（＝教師）の演奏の負担を軽減する目的で創作されている。本書では幅広い活用ができるように，多くの簡易伴奏譜にコードネームを付し，右手は歌唱旋律とほぼ一致させた。

「本伴奏」は，原曲の作曲者による伴奏，またはもともと伴奏がない作品を教材化するときに加えられたものであり，次のような特徴がある。

・長年用いられてきた伴奏なので，多くの人にとって馴染みがある。
・ピアノでの演奏が想定されており，ある程度の演奏技術を要する。
・右手は主に歌唱旋律であるが，和音や伴奏等が充填・補強されることもある。

① 「簡易伴奏」について

教師は，児童が授業を理解できているかなど，多くのことに気を配る必要がある。児童を観察しながら伴奏するには，手元を見ることなく演奏できるよう考慮された簡易伴奏が有効である。

また，旋律以外の音が少なく，指導内容を明確にできる。とくに，電子楽器（キーボード）を用いた歌唱指導の際には，音の立ち上がりが早く，減衰がなく，ピッチのゆらぎが少ない音色（リードオルガンなど）と，シンプルな簡易伴奏の組み合わせが有効である。

② 「本伴奏」について

音楽を「表現」する学習段階では，テンポや強弱の細かな指示とともに，豊かなハーモニー（和声）も加わり，より一層深い表現が盛り込まれた本伴奏が適している。幅広い表現が可能なピアノの使用を推奨する。電子キーボードをピアノの代用で使用するときは，ダンパーペダルの機能を使用したい。

③ ピアノの演奏について

ピアノを弾く際に「どの指を使うか」「ペダルをどの箇所でどのように使用するか」は，大変重要である。そこで，本書の歌唱共通教材の各伴奏譜には，「ペダル記号」「指使いの指示」を記載したので参考にしてほしい。

④ ダンパーペダルと指使いについて

ピアノを演奏する際，ダンパーペダルによる響きの操作は，正しく行わなければならない。このペダルは右足で操作し，踏まれている間に生まれた音はペダルを離すまで楽器内で響き続ける。ペダルを用いることで「音の滑らかさ」や「和声感（ハーモニー）」が豊かになる。その反面，音の濁りの原因ともなるため，使用法や使用箇所は適切でなくてはならない。

ペダルは，以下のように操作する。

℘. ペダルを踏む。または踏み直す。
❈ ペダルを離す。

・踏むタイミングは，打鍵の直後で，かつ指が鍵盤を押し下げている時である。
・踏み直す場合は，新しい音の打鍵と同時にペダルを解除し，その直後に（指が鍵盤を押し下げている時に）踏み直す。
・発音のない箇所では，記号が書かれた位置のタイミングで操作する。

（例）

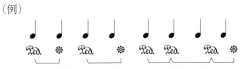

（音符／ペダル記号／ペダルの状態の図）

音が濁っていないかを耳で確かめながら，素早く静かに操作する。

⑤ 指使いについて

指使いが適切であれば演奏の助けとなり，音楽の表現にも影響する。

《春が来た》の下記の箇所では，音楽的（レガートが切れる指示）にも，言葉のまとまり（「やまにきた」と「さとにきた」）においても，流れ（フレーズ）を分けるべきである。この場面では3の連続使用指示によって，自然にフレーズが分かれている。

なお，簡易伴奏には，演奏の易しさを優先した指使いを付した。

⑥ コードによる伴奏について

コードによる伴奏では，一般的に旋律を右手，和音を左手で演奏することになる。

歌唱共通教材のほとんどが，以下の(1)〜(3)の型のコード進行となっている。

その他については，(4)に登場する曲ごとに示す。これらを組み合わせることで，歌唱共通教材のコード伴奏に対応できる。それぞれの歌唱共通教材に記載の「伴奏のポイント」も合わせて参考としていただきたい。

第Ⅳ部 初等音楽科教育の教材研究

2 楽典

① 譜表と音名

(1) 五線

音の高さを示すために五線と音部記号を用いる。五線は譜1のように下から第1線〜第5線，線と線の間は下から第1間〜第4間と呼ぶ。

[譜1]

五線を超える音域の音は，加線をひいて示す。譜1右側に例示した音は，五線に近い方から上第1間，下第1線，上第2線，下第3間などと呼ぶ。

(2) 音部記号と譜表

五線のなかの一つの線に基準となる音高を示す音部記号をつけることによって，各線・各間に記された音高が決まる。ト音記号は，五線のうち第2線が1点ト音（右段〈オクターブの表記法〉を参照）であることを示す記号であるので，第2線を中心にして記すようにする。ヘ音記号は，五線のうち第4線がヘ音であることを示す記号であるので，第4線を中心にして記すようにする。

[譜2]

(3) 音名

音の高さを表す名称には音名と階名がある。このうち階名は主音が移動すれば変化するが，音名は調の違いにかかわらず一定である。ここでは，日本語と英語の音名を示しておく。

〈幹音の音名〉

[譜3]

〈派生音の音名〉

[譜4]

♯によって半音高められた音をさらに半音高くする場合には𝄪（重嬰記号）を用い，♭によって半音低められた音をさらに半音低くする場合には𝄫（重変記号）を用いる。そして，これらの音を幹音に戻す場合には，♮（本位記号）を用いる。

〈オクターブの表記法〉

どの音域のオクターブの音であるかを示すために，ひらがなとカタカナ，大文字や小文字，さらに点やダッシュなどをつけて区別する。

[譜5]

② 音符と休符

(1) 単純音符・単純休符

〈4分音符（休符）を1拍とした場合〉

[譜6]

(2) 付点音符・付点休符

付点音符・付点休符は，もとの音符や休符の長さにその半分の長さが加わる。

[譜7]

(3) 連符

単純音符を3等分や5等分にしたり，付点音符を2等分や4等分にする場合に用いる。

[譜8]

③ リズムと拍子

(1) リズム

時間芸術である音楽において「リズム」は最も根源的な要素である。「リズム」とは，音楽の流れのなかで次々に出現し変化する音の時間的関係に一定の秩序を与える音の長短と強弱の組み合わせである。

(2) 拍子

一定の時間的間隔で規則的に生じる音は「パルス」と呼ばれる。この連続する「パルス」のなかのいくつかにアクセントがつけられ，そのアクセントが規則的に生じる時，そこに「拍子」が生まれる。「パルス」が「拍子」のなかで意識される時，「拍」と呼ばれる。

〈単純拍子〉…2拍子，3拍子，4拍子など基本となる拍子。

4分の2拍子は4分音符を1拍として2拍ごとにまとまりをつくる拍子である。8分音符を1拍とした場合には8分の2拍子，2分音符を1拍にした場合には，2分の2拍子となる。

同様に，3拍ごとにまとまりをつくると，3拍子，4拍ごとにまとまりをつくると4拍子となる。

〈複合拍子〉…1拍が3個の小単位からなる2拍子，3拍子，4拍子。

〈混合拍子〉…異なる種類の拍子が組み合わされてできた拍子。

④ 音 程

(1) 全音と半音

ホ音とヘ音，ヘ音と嬰ヘ音など，鍵盤上隣り合う音の関係を「半音」と言い，長音階・短音階（次頁参照）では最小の音程単位をなす。イ音とロ音など「半音」2つ分の幅をもつ音程単位を「全音」と呼ぶ。

(2) 単音程と複音程

「音程」は2つの音の高さがどれほど離れているかを示す言葉である。五線上同じ高さの音から1度，2度…と数える。1度から8度までの音程は「単音程」，1オクターブを超える音程は「複音程」と言う。「複音程」はそのままの度数を数えてもよいし，1オクターブと残りの「単音程」という形で表す。

(3) 音程の種類

譜13のa.(1)と(2)の音程は両方とも3度である。しかし，五線上で間の音を埋めてみると，(1)は［半音＋全音］の組み合わせ，(2)は［全音＋全音］の組み合わせとなっており，(2)の3度の方が1半音広い。

b(1)と(2)は両方とも5度であるが，(1)は［全音＋半音＋全音＋全音］，(2)は［半音＋全音＋全音＋半音］なので，(2)の5度の方が1半音狭い。

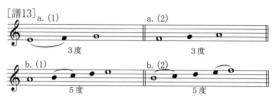

このように，同じ度数の音程でも，実際の幅には違いが生じる。この違いを区別するために，度数の前に「長・短」「完全」「増・減」をつけて表す。

2度，3度，6度，7度の音程には「長・短」を，1度，4度，5度，8度の音程には「完全」を使う。「増・減」はどの音程にも用いられ，さらに広い・狭い音程には「重増・重減」をつける。

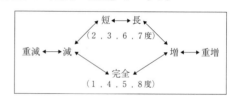

(4) 基本となる音程（幹音どうしの音程）

(5) ♯・♭のついた音程

譜15は♯や♭がついた音程の例である。この場合，♯・♭をとって幹音どうしの音程にしてみると，(1)は短3度，(2)は完全5度である。

(1)は上の音に♯がついて半音上がるので，音程の幅は半音分広くなり［短3度→長3度］となる。(2)は下の音に♭がついて半音下がるので，音程の幅は半音分

広くなり［完全5度→増5度］となる。

このように♯や♭がついた場合は，基本となる幹音どうしの音程をもとに，増減させて考えればよい。

［譜15］

⑤ 音階

音楽で用いられる音を順に1オクターブ並べたものを「音階」と呼ぶ。国や民族などによって音階にはさまざまなものがあるが，ここでは17～18世紀の西洋音楽のなかで形づくられた長音階と短音階，そして日本の音階を取り上げる。

(1) 音階の構成音

長音階でも短音階でも，音階の最初の音を第1音とし，上に向かって第2音，第3音と順に呼んでいく。

［譜16］

第1音はその音階や調の中心となる音で，「主音」と呼ぶ。これに対して「主音」から完全5度上の音にあたる第5音を「属音」，完全5度下の音にあたる第4音を「下属音」と言う。また，第7音はすぐ上の「主音」を導く性格を強くもっており「導音」と呼ぶ。

(2) 長音階

長音階は譜17のような全音と半音の並びでできている。第3音と第4音，第7音とオクターブ上の第1音の間が半音になっている。

［譜17］

主音の高さをかえても，同じ全音と半音の並びの関係をつくっていけば長音階ができる。その場合，♯や♭が必要になり，調が異なってくる。その♯や♭をまとめたものがそれぞれの調の調号になる。

［譜18］

(3) 短音階

短音階は譜19のような全音と半音の並びでできている。第2音と第3音，第5音と第6音の間が半音になっている。

［譜19］

長調と同様，主音の高さをかえても，同じ全音と半音の並びの関係をつくれば短音階ができる。その場合，♯や♭が必要になり，調が異なってくる。その♯や♭をまとめたものがそれぞれの調の調号になる。

［譜20］

上の短音階は「自然短音階」と呼ばれ，基本となる短音階である。これに対して，音階の第7音を半音上げて導音としての和声的機能を強めたものを「和声短音階」と呼ぶ（譜21）。

［譜21］

さらに，音階の第6音と第7音を半音上げて，旋律としてより自然な上行型にしたものを「旋律短音階」と呼ぶ。この場合，下行型では第6音と第7音がもとの音に戻って「自然短音階」になるため，「旋律短音階」では上行型と下行型は異なる形になる（譜22）。

［譜22］

(4) 日本の音階

日本の音階をどのように分類するかは，説によって異なるが，今日では小泉文夫による4つの分類が一般に知られている。

［譜23］

「民謡音階」は民謡やわらべ歌などに多く見られ，「律音階」は雅楽や声明などに用いられる。「都節音階」は箏曲や長唄などに多く見られるが，民謡のなかにも用いられる。「沖縄音階」は，その名の通り沖縄の音楽に広く見られる特徴的な音階である。

⑥ 調

(1) 調号

長音階と短音階で見たように，主音の高さをかえてさまざまな調の音階をつくることができる。その時に必要となる♯や♭をまとめて示したものを「調号」と呼ぶ。「調号」のまとめ方は，♯の場合は嬰ヘ音を最初にして，次の♯はその5度上（嬰ハ），次の♯はさらにその5度上（嬰ト）という順でつける。一方，♭の場合は変ロ音を最初にして，次の♭はその5度下（変ホ），次の♭はさらにその5度下（変イ）につける。

［譜24］

「調号」を見てそれが何調を示すのか知るために

は，その「調号」の右端についた♯・♭に注目する。♯の場合，一番右端についた♯の音が，その長音階の第7音，短音階の第2音になる。一方，♭の場合には，一番右端についた♭の音が長音階の第4音，短音階の第6音になるので，そこから第1音（主音）をたどっていけばその「調号」が示す調（イ長調と嬰ヘ短調：変ホ長調とハ短調）がわかる。

[譜25]

(2) 調の関係

調のなかで互いに関係の深い調を「近親調」と呼ぶ。もとになる調を「主調」と呼ぶが，「主調」に対する「近親調」には次の6つの調がある。

同主調…主音が同じ調。例えばハ長調に対してハ短調，イ短調に対してイ長調など。

平行調…調号が同じ調。長調の音階の第6音を開始音として並びかえれば，同じ調号の短調の音階になる。平行調の主音どうしは短3度の関係になる。ハ長調に対してイ短調，ハ短調に対して変ホ長調など。

属調　…主調の属音を主音とする調。ハ長調に対してト長調，イ短調に対してホ短調など。

下属調…主調の下属音を主音とする調。ハ長調に対してヘ長調，イ短調に対してニ短調など。

属調の平行調…ハ長調に対してホ短調など。

下属調の平行調…イ短調に対してヘ長調など。

⑦ 和　音

(1) 三和音の構成と種類

ある音をもとにして，その3度上と5度上に音を重ねると三和音ができる。三和音を構成する音のうち，もとになった音を根音，3度上の音を第3音，5度上の音を第5音と呼ぶ。

[譜26]

三和音には基本的に次の4つの種類がある。

長三和音…根音と第3音が長3度，根音と第5音が完全5度

短三和音…根音と第3音が短3度，根音と第5音が完全5度

増三和音…根音と第3音が長3度，根音と第5音が増5度

減三和音…根音と第3音が短3度，根音と第5音が減5度

[譜27]

(2) 固有和音

特定の調の音階をなす音を，それぞれ根音として計7つの三和音をつくることができる。これらをその調の「固有和音」と呼ぶ。

[譜28]

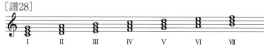

(3) 主要三和音と属七の和音

固有和音のうち，Ⅰ，Ⅳ，Ⅴの和音を「主要三和音」と言い，それ以外の和音を「副三和音」と呼ぶ。Ⅰの和音は「主和音」，Ⅳの和音は「下属和音」，Ⅴの和音は「属和音」と呼ばれる。

[譜29]

長調の主要三和音は，すべて長三和音になる。短調ではⅠの和音とⅣの和音は短三和音になるが，Ⅴの和音は，和声短音階の第7音（Ⅴの和音の第3音にあたる）が半音上がるため，長三和音になる。

[譜30]

(4) 属七の和音

属和音であるⅤの和音は，根音から短7度上の音を加えて属七の和音をつくることができる。記号で示す場合には，V_7のように右下に7をつけて表す。

[譜31]

(5) コードネーム

ジャズやポピュラー音楽などでは，和音を示す記号としてコードネームがよく用いられる。これは，和音の根音を英語音名で記し，その右横に和音の種類を小さく略号で示す方法である。

長三和音（major triad）…根音の音名だけを記す。

短三和音（minor triad）…根音の音名にmを記す。

増三和音（augmented triad）…根音の音名にaug，もしくは+5または♯5を記す。

減三和音（diminished triad）…根音の音名にm−5またはm♭5を記す。

属七の和音（dominant 7th chord）…根音の音名に7を記す。

[譜32]

⑧ 記号・用語

(1) テンポとその変化を示す記号

♩=96	1分間に4分音符を96打つ速さ
Adagio（アダージョ）	ゆるやかに
Largo（ラルゴ）	幅広くゆるやかに
Andante（アンダンテ）	ゆっくりと歩くような速さで
Allegro（アレグロ）	速く
Presto（プレスト）	急速に
ritardando（rit.）（リタルダンド）	だんだん遅く
accelerando（accel.）（アッチェレランド）	だんだん速く
a tempo（ア・テンポ）	もとの速さで

(2) 強弱記号

pp（ピアニッシモ）	とても弱く
p（ピアノ）	弱く
mp（メッゾ・ピアノ）	少し弱く
mf（メッゾ・フォルテ）	少し強く
f（フォルテ）	強く
ff（フォルティッシモ）	とても強く
crescendo（cresc.） ＜（クレシェンド）	だんだん強く
decrescendo（decresc.） ＞（デクレシェンド）	だんだん弱く
diminuendo（dim.）（ディミヌエンド）	だんだん弱く

(3) 発想標語

agitato（アジタート）	激しく，せきこんで
cantabile（カンタービレ）	歌うように
dolce（ドルチェ）	甘く，やわらかく
espressivo（エスプレッシーヴォ）	表情豊かに
leggiero（レッジェーロ）	軽く
maestoso（マエストーソ）	荘厳に
semplice（センプリチェ）	単純に，素朴に
sostenuto（ソステヌート）	音の長さを十分に保って

(4) 奏法を示す記号

Legato	レガート	音と音の間をなめらかにつなげて
♩・♩	スタッカート	その音を短く切って
♩ ♩	テヌート	その音を十分に保って
♩ ♩	アクセント	その音を強調して
♩ ♩	フェルマータ	その音符や休符をほどよく延ばして
(楽譜)	タイ	同じ高さの2つの音をつなげて
(楽譜)	スラー	違う高さの2つ以上の音をなめらかに

(5) 反復記号

[譜33]

A-B-C-A-B-C-D-E-F-D-E-Fの順で演奏

A-B-C-D-A-B-C-E-Fの順で演奏

A-B-C-D-E-F-A-B-Cの順で演奏

A-B-C-D-E-F-C-Dの順で演奏

3　教材研究

歌唱共通教材の研究——第1学年

1．うみ（文部省唱歌）

作詞：林　柳波　　1892（明治25）年～1974（昭和49）年
作曲：井上武士　　1894（明治27）年～1974（昭和49）年

初出は1941（昭和16）年発行の国民学校教科書である文部省『ウタノホン上』。東京高等師範学校附属小学校訓導であった井上武士が第1学年対象に作曲。当時は「海事思想を鼓吹し，明朗闊達の精神を養う」ことが目標とされた。4分の3拍子，ト長調。

簡易伴奏

■歌唱のポイント　○4小節の大きなまとまりを感じて歌う。○「が」の鼻濁音は，鼻の奥で「んが」と発音し，やわらかい響きにする。
■伴奏のポイント　○ゆったりとした3拍子を維持し，2小節が1つのフレーズとなるよう拍の流れを意識する。○歌いだしから4小節目では，しっかりとクレシェンドし，右手の2分音符をおさえている間も，音が強くなり続けているイメージをもつとよい。○簡易伴奏は，2段目左手において1の指を連続して使うことで，技術的な負担が減る。また，3小節目，11小節目のC-D₇が難しい場合，D₇でもよい。

うみ

文部省唱歌
林 柳波 作詞
井上 武士 作曲

♩ = 88

1. う　み　は　ひ　ろ　い　な　おお　きい　な
2. う　み　は　おお　なみ　を　あおか　いな
3. う　み　に　おふ　ね　を　おか　いな

つゆい　きれっ　がてて　のどみ　ぼこた　るまい　しでな　ひつよ　しくの　がづそ　ずやく　むらに

2．かたつむり（文部省唱歌）

　文部省『尋常小学唱歌（一）』1911（明治44）年，初出。『尋常小学唱歌』に掲載された唱歌の作詞，作曲者名は，当時公表されなかったため不明。戦後の1947（昭和22）年に発行された国定教科書の『一ねんせいのおんがく』に掲載。4分の2拍子，ハ長調。

■歌唱のポイント　〇2拍子の拍の流れを感じながら，付点音符と8分音符のリズムの違いを明確に歌う。〇「でんでん」の「ん」の響きを感じて歌う。
　　　　　　　　〇「つのだせやりだせ」の部分は，かたつむりに呼びかけるように歌う。
■伴奏のポイント　〇付点のリズム（付点8分音符と16分音符の組み合わせ）と，8分音符と8分音符の組み合わせの箇所との違いを明確にし，4小節が
　　　　　　　　1つのフレーズとなるように弾く。

3 教材研究

かたつむり

文部省唱歌

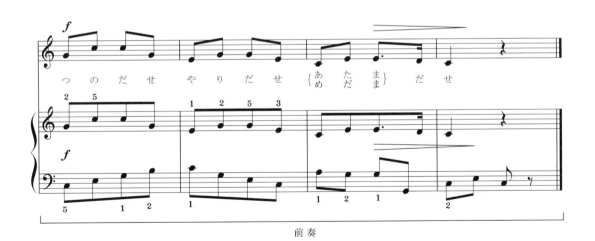

前奏

第Ⅳ部　初等音楽科教育の教材研究

3. 日のまる（文部省唱歌）

作詞：高野辰之　1876（明治9）年〜1947（昭和22）年
作曲：岡野貞一　1878（明治11）年〜1941（昭和16）年

　文部省『尋常小学唱歌（一）』1911（明治44）年，初出。長野県出身の高野辰之と鳥取県出身の岡野貞一によりつくられる。二人とも東京音楽学校の教授で，多くの唱歌を生み出した。『尋常小学唱歌（一）』には《日の丸の旗》として掲載され，1941（昭和16）年の『ウタノホン上』では，《ヒノマル》となる。戦後の1947（昭和22）に発行された国定教科書の『一ねんせいのおんがく』にも掲載されたが，歌詞の修正がなされた。1958（昭和33）年以降，共通教材として指定されている。4分の2拍子，ヘ長調。

簡易伴奏

■歌唱のポイント　○拍の流れを感じながら，旋律や歌詞のまとまりを意識して歌う。○「げ」の鼻濁音は，鼻の奥で「んげ」と発音し，やわらかい響きにする。○曲の山となる「ああうつくしい」の2つの「あ」はつながらないように歌い，感嘆詞に思いを込めてのばす。
■伴奏のポイント　○4小節が1つのフレーズであることを意識し，各和音の響きを大切にして弾く。○ペダルを使用し，音の滑らかさを保つ。

3　教材研究

日のまる

文部省唱歌
高野 辰之 作詞
岡野 貞一 作曲

第Ⅳ部　初等音楽科教育の教材研究

4. ひらいたひらいた（わらべうた）

　古くから歌い継がれてきた日本の伝統的なわらべうた。江戸から広がった輪遊び歌。1900（明治33）年には，言文一致歌詞が図られた納所弁次郎（1865～1936）・田村虎蔵（1873～1943）共編の『教科適用幼年唱歌（初ノ上）』に掲載。5音からなる日本の音階でできている。

〈遊び方の例〉
　「ひらいた　ひらいた～」 輪になって手をつなぎ，拍の流れにのって右回りに歩く。→「いつのまにか」 中心に向かって近付き，輪を小さくする。→「つぼんだ」 小さい輪をつくり，その場に座る。

簡易伴奏

●歌詞　れんげ（蓮華）…ハスの花
■歌唱のポイント　○ハ行の子音をはっきり発音する。○「げ」「が」の鼻濁音は，鼻の奥でそれぞれ「んげ」「んが」と発音し，やわらかい響きにする。
　　　　　　　　○遊びも加えて楽しく歌う。
■伴奏のポイント　○子どもが歌いやすいテンポで弾く。

ひらいたひらいた

わらべうた

第Ⅳ部　初等音楽科教育の教材研究

歌唱共通教材の研究——第2学年

5. かくれんぼ（文部省唱歌）

作詞：林　柳波　　1892（明治25）年～1974（昭和49）年
作曲：下総皖一　　1898（明治31）年～1962（昭和37）年

　文部省『ウタノホン上』1941（昭和16）年，初出。国民学校芸能科音楽教科書の編纂委員の下総皖一（東京音楽学校教授）が作曲。日本的な音階を使用し，わらべうた風の旋律となっている。当時の歌詞が現在も使用されている。4分の2拍子。

簡易伴奏

■歌唱のポイント　○付点のリズムは，軽く弾むように歌う。○「もういいかい」「まあだだよ」と「もういいかい」「もういいよ」の箇所は，声の強弱を工夫する（役割分担して歌ってもよい）。
■伴奏のポイント　○付点のリズムをやわらかく弾く。○最下段の「もういいよ」は遠くから聞こえてくるイメージで，弱く遅めに，余韻を残して終わる。

3 教材研究

かくれんぼ

文部省唱歌
林 柳波 作詞
下総 皖一 作曲

第Ⅳ部　初等音楽科教育の教材研究

6．春がきた（文部省唱歌）

作詞：高野辰之　1876（明治9）年～1947（昭和22）年
作曲：岡野貞一　1878（明治11）年～1941（昭和16）年

文部省『尋常小学読本唱歌』1910（明治43）年，初出。戦後の1947（昭和22）年発行の国定教科書の『二年生のおんがく』に掲載。1958（昭和33）年以降，共通教材として指定されている。歌詞は，1905（明治38）年発行の文部省『尋常小学読本』に掲載された詩の教材からとられた。4分の4拍子，ハ長調。

■歌唱のポイント　○1番は「春」，2番は「花」，3番は「鳥」の情景を想像しながら，明るい声でのびのびと歌う。○「のにもきた」の長6度（の－に）の跳躍音程を正確に歌うために，必要に応じて階名唱を取り入れる。○「が」の鼻濁音は，鼻の奥で「んが」と発音し，やわらかい響きにする。
■伴奏のポイント　○本伴奏の左手の分散和音はなめらかに弾く。○本伴奏のテヌートがついている2分音符は，やわらかく響きを感じて表現する。○本伴奏のブレス直前の左手パートは少しゆっくり弾き，歌いやすくする。

春がきた

第Ⅳ部　初等音楽科教育の教材研究

7．虫のこえ（文部省唱歌）

　文部省『尋常小学読本唱歌』1910（明治43）年，初出。作詞，作曲者不明。戦後の1947（昭和22）年発行の国定教科書『二年生のおんがく』に掲載。原曲では2番が「キリキリキリキリ　きりぎりす」となっていたが，「キリキリキリキリ　こおろぎや」に改められた。4分の2拍子，ハ長調。

簡易伴奏

■歌唱のポイント　○2番の2小節目と8小節目の「キリキリ」「うまおい」のリズムに注意し，言葉をはっきりと歌う。○「が」「ぎ」の鼻濁音は，それぞれ鼻の奥で「んが」「んぎ」と発音し，やわらかい響きにする。○いろいろな虫たちが鳴いている様子を思い浮かべ，擬声語の表現を工夫しながら思いをもって歌う。○「ああ　おもしろい」は感嘆の気持ちで，曲全体の楽しさを表現する。
■伴奏のポイント　○ペダルを使用する際には美しい響きを大切にする。○最後から4小節の*f*は，力強く丁寧に弾く。○スタッカートとスラーの違いを意識して弾く。

3 教材研究

虫のこえ

文部省唱歌

前奏

第Ⅳ部　初等音楽科教育の教材研究

8．夕やけこやけ

作詞：中村雨紅　1897（明治30）年～1972（昭和47）年
作曲：草川　信　1893（明治26）年～1948（昭和23）年

『文化楽譜：あたらしい童謡その一』1923（大正12）年，初出。大正期の童謡運動の時期につくられた楽曲。中村雨紅は東京の小学校教員をしており，荒川区立第三日暮里小学校に勤務していた1919（大正8）年に作詞。戦後の1947（昭和22）年発行の国定教科書の『三年生の音楽』に掲載。4分の2拍子，ハ長調，二部形式。

■歌唱のポイント　○夕暮れの情景を想像して思いをもって歌う。○「ゆうやけ」は，母音をたっぷりのばし，「ゆーやけ」と歌うとよい。○「おててつないで」に出てくる付点のリズムに思いを乗せ，表情豊かに歌う。

■伴奏のポイント　○4分の2拍子を意識し8分音符を滑らかに表現する。○本伴奏の左手にはト音記号の部分があるため気をつける。○本伴奏の前奏はお寺の鐘の音をイメージして余韻を楽しむ。○「おててつないで」以降はスラーを意識する。

第Ⅳ部　初等音楽科教育の教材研究

歌唱共通教材の研究——第3学年

9．うさぎ（日本古謡）

　江戸時代から伝えられてきた日本の古謡。伊澤修二（1851～1917）編纂で，1892（明治25）年発行の『小学唱歌（二）』に掲載。1941（昭和16）年発行の国民学校第2学年の教科書の『うたのほん下』にも掲載。都節音階（地域によっては律音階で歌うこともある）。

●歌詞　十五夜…陰暦で毎月15日の夜（狭義では，名月を観賞する8月15日の夜）
■歌唱のポイント　○日本の音階が生み出す雰囲気を感じ取りながら，自然で無理のない歌い方で歌う。○最後の「みてはねる」のリズムと音程に気をつける。○前半と後半の呼びかけとこたえになっている会話形式を工夫して歌う。○「ぎ」「ご」の鼻濁音は，それぞれ鼻の奥で「んぎ」「んご」と発音し，やわらかい響きにする。
■伴奏のポイント　○ゆったりとしたテンポで，16分音符をやさしく弾く。○最後の部分の左手のタイに気を付けて，余韻を感じてやさしく弾く。○ピアノだけではなく，キーボードで「箏」の音色を用いても面白い。

うさぎ

日本古謡

第Ⅳ部　初等音楽科教育の教材研究

10. 茶つみ（文部省唱歌）

　　文部省『尋常小学唱歌（三）』1912（明治45）年，初出。作詞，作曲者不明。歌詞は，京都府宇治田原の茶摘み唄，三重県多賀郡の茶摘み唄等からとられたとの説がある。4分の4拍子，ト長調，二部形式。

簡易伴奏

前　奏

- ●**歌詞**　八十八夜…立春から88日目のことで，5月1日から2日頃　あかね（茜）だすき…赤い色のタスキ　すげのかさ（菅の笠）…すげという草で編んだかぶり物　ひより（日和）…穏やかに晴れた日
- ■**歌唱のポイント**　○歌いだしの4分休符を意識して歌う。○5小節目「のにも」と13小節目「あかね」ならびに6小節目「やまにも」と7小節目「わかばが」の旋律の違いに気をつける。○「が」「げ」「ご」の鼻濁音は，それぞれ鼻の奥で「んが」「んげ」「んご」と発音し，やわらかい響きにする。○手合わせ遊びを加えても面白い。
- ■**伴奏のポイント**　○スタッカートは軽やかに，右手の和音はソフトに表現する。○前奏部のリズムパターンの雰囲気を維持する。

茶つみ

第Ⅳ部　初等音楽科教育の教材研究

11. 春の小川 （文部省唱歌）

作詞：高野辰之　1876（明治9）年〜1947（昭和22）年
作曲：岡野貞一　1878（明治11）年〜1941（昭和16）年

文部省『尋常小学唱歌（四）』1912（大正元）年，初出。1942（昭和17）年に発行された国民学校の第3学年の教科書の『初等科音楽（一）』にも掲載されるが，3番が削除され，歌詞の修正がされた。戦後の1947（昭和22）年発行の国定教科書の『三年生の音楽』でも，歌詞の修正がされる。1958（昭和33）年以降，共通教材として指定されている。4分の4拍子，ハ長調，二部形式。

■歌唱のポイント　○旋律の動きと強弱の関係を意識して，フレーズのまとまりを感じながらなめらかに歌う。○歌いだしの「はる」のハ行の子音を丁寧に発音する。○「はーる」は「はある」，「きーし」は「きいし」，「すーがた」は「すうがた」と歌うとよい。○「が」「ぎ」「げ」の鼻濁音は，それぞれ鼻の奥で「んが」「んぎ」「んげ」と発音し，やわらかい響きにする。
■伴奏のポイント　○右手の分散和音は川のせせらぎをイメージして，レガートでやさしく弾く。

3　教材研究

春の小川

文部省唱歌
高野辰之 作詞
岡野貞一 作曲

第Ⅳ部 初等音楽科教育の教材研究

12. ふじ山 （文部省唱歌）

作詞：巖谷小波（いわやさざなみ）　1870（明治3）年～1933（昭和8）年

　　文部省『尋常小学読本唱歌』1910（明治43）年，初出。作曲者不明。歌詞は，文部省『尋常小学読本』1910（明治43）年に《ふじの山》として掲載されていた詩の教材であった。なお，文部省『尋常小学唱歌（二）』1911（明治44）年では《富士山》と漢字表記になった。4分の4拍子，ハ長調，二部形式。

簡易伴奏

●歌詞　そびえ立ち…高く立ち　かすみのすそ（霞の裾）…霞がかかっている山のふもと　しほう…四方
■歌唱のポイント　○「みおろして」の速度と音程に気をつける。音程を意識するために階名唱を取り入れてもよい。○曲の山である「ふじは～」で雄大さを表現するために，前の4分休符で十分息を吸い，たっぷりとはりのある声で歌う。
■伴奏のポイント　○富士山の雄大さを表現するために重みのある響きで演奏する。○歌声との音量バランスに気をつけ，途中の派生音を正確に弾く。○ペダルを使用する際には，和音の美しい響きを味わって弾くとよい。

第Ⅳ部　初等音楽科教育の教材研究

歌唱共通教材の研究——第4学年

13. さくらさくら（日本古謡）

音楽取調掛編『箏曲集』1888（明治21）年，初出。『箏曲集』では「さくらさくら　弥生の空は　見渡す限り　霞か雲か　匂いぞ出ずる　いざや　いざや　見にゆかん」の歌詞であったが，1941（昭和16）年発行の国民学校第2学年の教科書の『うたのほん下』において修正され，現在はそれが使用されている。都節音階。

■歌唱のポイント　○日本語の美しさや都節音階の感じを生かして，情景を想像して歌う。○「さくら」のサ行の子音の発音を強調し，「ら」は2分音符をたっぷりのばす。○「さとも」「かぎり」「くもか」「におう」ならびに最後の「はなざかり」の音程に気をつける。○「ぎ」の鼻濁音は，鼻の奥で「んぎ」と発音し，やわらかい響きにする。
■伴奏のポイント　○箏による演奏をイメージして一音一音を丁寧に弾く。○音符左側の波線はアルペッジョ（arpeggio）を意味し，和音の各音を下から上の順に素早く弾く。

3 教材研究

さくらさくら

日本古謡
橋本 国彦 編曲

第Ⅳ部　初等音楽科教育の教材研究

14. とんび

作詞：葛原しげる　1886（明治19）年〜1961（昭和36）年
作曲：梁田 貞　1885（明治18）年〜1959（昭和34）年

『大正少年唱歌（一）』1918（大正7）年，初出。葛原しげるは「ぎんぎんぎらぎら〜」で始まる《夕日》（作曲：室崎琴月）等を作詞。梁田貞は《どんぐりころころ》（作詞：青木存義）等の童謡も作曲。4分の4拍子，ハ長調，二部形式。

■歌唱のポイント　○歌いだしは，最高音のドの音に向かって息をしっかりと感じてたっぷりと歌う。○「ピンヨロー〜」については，強弱の変化を工夫し，とんびの鳴き声を表現する楽しさを感じながら歌う。
■伴奏のポイント　○悠然と旋回するとんびの姿をイメージし，大きなフレーズを感じながら弾き始める。○分散和音やトリル（**tr.**）は，静かになめらかに弾く。

15. まきばの朝（文部省唱歌）

作曲：船橋栄吉　1889（明治22）年～1932（昭和7）年

文部省『新訂尋常小学唱歌（四）』1932（昭和7）年，初出。作詞者は不明とされているが，杉村楚人冠（1872～1945）が1910（明治43）年，福島県岩瀬牧場に滞在した際の景色をもとに作詞したという説が有力。1942（昭和17）年発行の国民学校第5学年の教科書『初等科音楽（三）』，戦後の1947（昭和22）年発行の国定教科書『五年生の音楽』にも掲載された。4分の4拍子，ハ長調。

■歌唱のポイント　○牧場のさわやかな朝の情景を想像し，のびやかな声で歌う。○フレーズの終わりを丁寧に歌う。○「なみきの」の音程や発音に気をつける。○「が」「ご」の鼻濁音は，それぞれ鼻の奥で「んが」「んご」と発音し，やわらかい響きにする。
■伴奏のポイント　○左手の分散和音はやさしく，レガートに演奏する。○スタッカートやアクセントをやわらかく，曲のイメージに合わせて弾く。

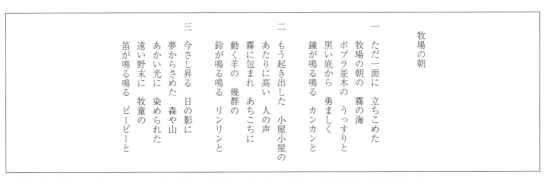

●歌詞　ひのかげ（日の影）…日の光　のずえ（野末）…野の外れ　ぼくどう（牧童）…牧場で家畜の世話をする子ども

第Ⅳ部 初等音楽科教育の教材研究

まきばの朝

文部省唱歌
船橋 栄吉 作曲

第Ⅳ部　初等音楽科教育の教材研究

16. もみじ（文部省唱歌）

作詞：高野辰之　1876（明治9）年～1947（昭和22）年
作曲：岡野貞一　1878（明治11）年～1941（昭和16）年

文部省『尋常小学唱歌（二）』1911（明治44）年，初出。国民学校の教科書には掲載されなかった。1958（昭和33）年以降，共通教材として指定されている。4分の4拍子，ヘ長調，二部形式。

■歌唱のポイント　○日本の美しい紅葉をイメージし，思いをもって歌う。○「やまのふもと」は「（い）やまのふもと」と小さな「い」を短く入れて発音すると，言葉がはっきりする。○「すそもよう」は「すそもよお」と発音するとよい。○「が」の鼻濁音は，鼻の奥で「んが」と発音し，やわらかい響きにする。
■伴奏のポイント　○本伴奏は和音が多いので，ペダルを適切に使う。○和音のやわらかな響きを大切に，レガートで弾く。

もみじ

文部省唱歌
高野 辰之 作詞
岡野 貞一 作曲

第Ⅳ部　初等音楽科教育の教材研究

二部合唱版

3 教材研究

■**合唱指導のポイント**　○前半の輪唱風な重なりと後半の3度を中心とした2声の重なりの特徴に気づき，互いの歌声を聴いて，声を合わせて歌うことができるようにする。

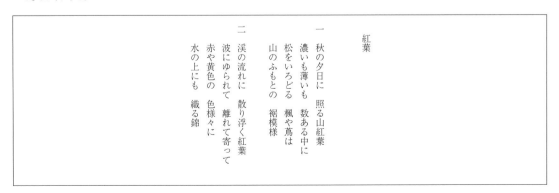

●**歌詞**　すそもよう（裾模様）…着物の裾に付けた模様　ちりうく（散り浮く）…散らばって浮いている　にしき（錦）…種々の色糸が入った美しい織物

第IV部　初等音楽科教育の教材研究

歌唱共通教材の研究——第5学年

17. こいのぼり（文部省唱歌）

　文部省『尋常小学唱歌（五）』1913（大正2）年，初出。作詞者は不詳ではあるが，作曲者は，弘田龍太郎（1892～1952）であったと推察される。戦後の1947（昭和22）年発行の国定教科書『五年生の音楽』に掲載。なお，1931（昭和6）年，『エホンショウカ』に発表された「やねよりたかい～」で始まる近藤宮子（1907～1999）が作詞した《こいのぼり》とは異なる。4分の4拍子，ヘ長調，二部形式。

簡易伴奏

●歌詞　いらか（甍）…かわら　たちばな（橘）…ミカンの類の古称　ももせ（百瀬）…たくさんの速い流れのある所　なりぬべき…なるであろう　おのこご（男子）…男の子

■歌唱のポイント　○付点のリズムを生かして躍動的に歌う。付点8分音符，8分音符，16分音符のリズムの違いに気をつけて表現する。○「たちばな」は，*mp*で，丁寧に歌う。○曲の山である「たかくおよぐや～」の出だしの前の4分休符で十分息を吸い，*f*でたっぷりと，力強く歌う。○「が」「ぐ」「ご」の鼻濁音は，それぞれ鼻の奥で「んが」「んぐ」「んご」と発音し，やわらかい響きにする。

■伴奏のポイント　○曲想を生かすために，付点のリズムを明確に弾く。

第Ⅳ部 初等音楽科教育の教材研究

18. 子もり歌（日本古謡）

「江戸子守唄」とも呼ばれ，江戸時代に江戸を中心に歌われた。愛知県の「岡崎の子守唄」とも類似しており，徳川家康が江戸幕府を開いたときに，岡崎の家臣等を大勢，江戸に連れて行ったため，「岡崎の子守唄」が基になって「江戸子守唄」が生まれたという説もある。1941（昭和16）年発行の『ウタノホン上』には「コモリウタ」として掲載され，律音階（陽音階）の譜例が用いられた。国民学校では歌唱のほか，鑑賞教材としても用いられていた。律音階，都節音階。

■歌唱のポイント ○律音階と都節音階の雰囲気の違いを感じ取って歌う。○ゆったりと，子どもをあやしている気持ちで愛情を込めて歌う。○「げ」の鼻濁音は，鼻の奥で「んげ」と発音し，やわらかい響きにする。
■伴奏のポイント ○一つ一つの音をやさしく丁寧に，アルペッジョはゆったりと，余韻を感じて弾く。

3 教材研究

子もり歌（都節音階）

日本古謡

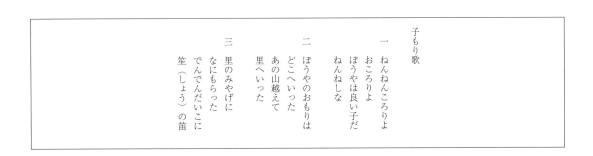

子もり歌

一　ねんねんころりよ
　　おころりよ
　　ぼうやは良い子だ
　　ねんねしな

二　ぼうやのおもりは
　　どこへいった
　　あの山越えて
　　里へいった

三　里のみやげに
　　なにもらった
　　でんでんだいこに
　　笙（しょう）の笛

●コラム　「子もり歌」について

　赤ちゃんの産声の高さは，「ラ」（イ）くらいです。そして3歳頃には，1オクターブ下の「ラ」（イ）まででるようになり，声域が広がります。赤ちゃんは養育者の歌声を聴いて，それをまねることで表現を獲得していきますから，子もり歌は赤ちゃんの発育にとってとても重要です。

　「子もり歌」は口頭伝承で伝わったもので，各地にはさまざまな子もり歌があります。その大部分が都節音階（陰音階）で歌われていました。1941（昭和16）年発行の音楽教科書では，律音階（陽音階）の《コモリウタ》が掲載され，当時は，学校では律音階（陽音階），家庭や地域では都節音階（陰音階）の子もり歌が歌われるという現象がみられた楽曲です。

175

19. スキーの歌 （文部省唱歌）

作詞：林　柳波　1892（明治25）年～1974（昭和49）年
作曲：橋本国彦　1904（明治37）年～1949（昭和24）年

文部省『新訂尋常小学唱歌（六）』1932（昭和7）年，初出。作曲者の橋本国彦は，東京音楽学校教授で作曲やヴァイオリンを教えていた。なお，1942（昭和17）年発行の国民学校第6学年の教科書の『初等科音楽（四）』に掲載された，時雨音羽（1899～1980）作詞，平井康三郎（1910～2002）作曲の《スキー》（「山は白銀～」）とは異なる。4分の4拍子，ト長調。

■歌唱のポイント　○歌い出しの付点のリズムを生かして，躍動感ある表現を工夫するとよい。○歌い出しから2小節目「はゆる」の短7度（は－ゆ）の跳躍音程とハ行の発音に気をつける。○曲想の変化にふさわしい表現を工夫し，思いや意図をもって歌う。○最終フレーズは雄大にはっきりと力強く，響きを感じて歌う。○「が」「ぎ」「げ」の鼻濁音は，それぞれ鼻の奥で「んが」「んぎ」「んげ」と発音し，やわらかい響きにする。
■伴奏のポイント　○スキーの躍動感を出すために，適度に弾力性をもたせたスタッカートで演奏する。「ふもとをめがけて～」からは曲想を変え，レガートに弾く。

3　教材研究

スキーの歌

一　輝く日の影　はゆる野山
　　輝く日の影　はゆる野山
　　麓を目がけて　スタートきれば
　　粉雪は舞立ち
　　ストックかざして　我は翔る
　　風は叫ぶ

二　飛ぶ飛ぶ大空　走る大地
　　飛ぶ飛ぶ大空　走る大地
　　一白影なき　天地の中を
　　ストックかざして　我は翔る
　　我は翔る

三　山越え　丘越え　下る斜面
　　山越え　丘越え　下る斜面
　　忽ちさえぎる　谷をば目がけ
　　踊ればさながら
　　飛鳥の心地
　　飛鳥の心地

●歌詞　ひのかげ（日の影）…日の光　いっぱくかげなき（一白影なき）…辺り一面真っ白で，影もない　さながら…ちょうど　ひちょうのここち（飛鳥の心地）…高い空を飛ぶ鳥のような気持ち

177

第Ⅳ部　初等音楽科教育の教材研究

スキーの歌

文部省唱歌
林 柳波 作詞
橋本 国彦 作曲

第Ⅳ部　初等音楽科教育の教材研究

20. 冬げしき（文部省唱歌）

　文部省『尋常小学唱歌（五）』1913（大正2）年，初出。作詞，作曲者不明。国民学校第5学年の教科書の『初等科音楽（三）』1942（昭和17）年，戦後の1947（昭和22）年発行の国定教科書『五年生の音楽』に三部合唱として掲載された。1958（昭和33）年以降，共通教材として指定されている。4分の3拍子，ヘ長調，二部形式。

簡易伴奏

●歌詞　さぎり…霧　みなとえ（港江）…港のある入り江　げに…本当に　こはるび（小春日）…冬の初めの温かい日　返りざき…季節外れに咲くこと　しぐれ（時雨）…冬の初めに降ったりやんだりする雨　もれこ（来）ずば…もれてこなければ　分かじ…分からない

■歌唱のポイント　○歌いだしの「さぎり」の発音に注意し，3拍子を感じて歌う。○簡易伴奏の1，2，4段目は同じリズム，曲の山となる3段目でリズムに変化があることに気づき，歌い方や強弱等を工夫する。○二部合唱として取り上げる場合，3度の重なりの響きをよく感じながら歌う。○「ぎ」「ぐ」の鼻濁音は，それぞれ鼻の奥で「んぎ」「んぐ」と発音し，やわらかい響きにする。

■伴奏のポイント　○4小節のフレーズをレガートに弾く。

第Ⅳ部　初等音楽科教育の教材研究

歌唱共通教材の研究——第6学年

21. 越天楽今様（日本古謡）
えてんらくいまよう

作歌：慈鎮和尚　1155年〜1225年

　「今様」とは「今ふうの新しい」という意味があり，平安時代半ばから鎌倉時代初期にかけて流行した歌である。「雅楽」は5〜9世紀頃にアジア各地から伝えられ，しだいに日本独自の音楽として整えられた。雅楽《越天楽》の旋律に歌詞が付けられたのが「越天楽今様」である。福岡県民謡の《黒田節》にもこの旋律が使用されている。律音階。

● 歌詞　やよい（弥生）…旧暦の3月のことで，今の4月頃　さみだれ（五月雨）…今の6月頃の長雨，梅雨。
■ 歌唱のポイント　○律音階による旋律や七五調の歌詞の特徴を感じ取って歌う。○「しらくもの」の「の」では下降する音程を正確に歌う。○最終フレーズの前はしっかりと息を吸い，ゆったりと歌う。○「ぎ」「ぐ」の鼻濁音は，それぞれ鼻の奥で「んぎ」「んぐ」と発音し，やわらかい響きにする。
■ 伴奏のポイント　○雅楽の雰囲気を感じながら，ゆったりとしたテンポで丁寧に弾く。

3 教材研究

越天楽今様

日本古謡
慈鎮 和尚 作歌
下総 皖一 編曲

第Ⅳ部　初等音楽科教育の教材研究

22. おぼろ月夜（文部省唱歌）

作詞：高野辰之　1876（明治9）年〜1947（昭和22）年
作曲：岡野貞一　1878（明治11）年〜1941（昭和16）年

文部省『尋常小学唱歌（六）』1914（大正3）年，初出。1942（昭和17）年発行の国民学校第6学年の『初等科音楽（四）』，戦後の1947（昭和22）年発行の国定教科書『六年生の音楽』には二部合唱として掲載された。1958（昭和33）年以降，共通教材として指定されている。岡野の出身地である鳥取の風景を思い浮かべながら作曲されたともいわれる。4分の3拍子，ハ長調，二部形式。

簡易伴奏

●歌詞　入り日うすれ…夕日の光が弱くなって　やまのは（山の端）…山のはし　におい淡し…月の光がほんのりうすい　さとわのほかげ（里わの火影）
　　　…村の辺りの明かり　たどる…行く　かわず…かえる　さながらかすめる…すべてかすんでいる
■歌唱のポイント　○情景を想像し，日本語の語感を生かした旋律にふさわしい表現を工夫する。○3拍子の弱起に着目し，歌いだしを丁寧にし，ゆったりと歌い始める。○「が」「げ」の鼻濁音は，それぞれ鼻の奥で「んが」「んげ」と発音し，やわらかい響きにする。
■伴奏のポイント　○ゆったりとしたテンポであることや弱起で始まることを意識して，落ち着いて前奏を弾き始める。

おぼろ月夜

文部省唱歌
高野 辰之 作詞
岡野 貞一 作曲

第Ⅳ部　初等音楽科教育の教材研究

23. ふるさと（文部省唱歌）

作詞：高野辰之　1876（明治9）年～1947（昭和22）年
作曲：岡野貞一　1878（明治11）年～1941（昭和16）年

　文部省『尋常小学唱歌（六）』1914（大正3）年，初出。国民学校の教科書には掲載されなかった。戦後の1947（昭和22）年発行の国定教科書の『六年生の音楽』では三部合唱として掲載された。1958（昭和33）年以降，共通教材として指定されている。4分の3拍子，ヘ長調，二部形式。

●歌詞　かの山…あの山　かの川…あの川　いかにいます…どうしていらっしゃるだろうか　つつが（恙）なしや…無事だろうか　友がき…友達
■歌唱のポイント　○文語体による歌詞の内容や曲想を味わいながら，歌詞に歌われた郷里への思いをこめて歌う。○1拍目の言葉を丁寧に発音し，3拍子を感じて，なめらかに歌う。○「が」「ぎ」「ぐ」の鼻濁音は，それぞれ鼻の奥で「んが」「んぎ」「んぐ」と発音し，やわらかい響きにする。
■伴奏のポイント　○右手の8分音符をなめらかに弾く。○強弱記号を生かして，豊かな曲想を表現する。

ふるさと

文部省唱歌
高野 辰之 作詞
岡野 貞一 作曲

前奏

第Ⅳ部　初等音楽科教育の教材研究

三部合唱版

国歌「君が代」

古歌
林 広守 作曲

■**伴奏のポイント**　○ペダルを使用し，和音は十全に響かせ，荘厳な響きで弾く。

● **コラム　《君が代》の成立**

　《君が代》の歌詞の初出は，『古今和歌集』（905年）の「わが君は千代に八千代に　さざれ石のいわおとなりて苔のむすまで」とされています。『和漢朗詠集』（1018年頃）にも収められ，薩摩琵琶曲『蓬莱山』等にも登場します。

　この歌詞をつかった《君が代》は複数あることが知られています。

　1870（明治３）年，イギリスの軍楽隊長フェントンは，薩摩藩を指導している際，《君が代》を作曲しました。1877（明治10）年から1882（明治15）年にかけて式部寮雅楽課によって編纂された『保育唱歌』には，雅な曲調の《君が代》が含まれていました。1881（明治14）年，音楽取調掛編纂『小学唱歌集』にも《君が代》が掲載され，旋律はイギリスの歌が用いられています。

　フェントンの《君が代》は，1880（明治13）年，ドイツ人のエッケルトによって編曲され，林広守の名で発表されます。1888（明治21）年，公式の楽譜が配布されましたが，これが現在歌われている《君が代》です。

＜参考文献＞

・内藤孝敏『三つの君が代――日本人の音と心の深層』中央公論社，1997年。
・杜こなて『「君が代」日本文化史から読み解く』平凡社，2015年。

第Ⅳ部　初等音楽科教育の教材研究

24. われは海の子（文部省唱歌）

　文部省『尋常小学読本唱歌』1910（明治43）年，初出。1942（昭和17）年発行の国民学校第6学年の『初等科音楽（四）』には，二部合唱として7番まで歌詞が掲載されていた。当時の7番には「いで軍艦に乗組みて，我は護らん海の国」の歌詞があった。現在では，3番までしか掲載されていない。4分の4拍子，ニ長調，二部形式。

●歌詞　とまや（苫屋）…とま（カヤ等の草）で屋根がつくられている家　湯あみ…ここでは産湯のこと　せんり（千里）…約4,000キロメートルのことで，ここでは「はるか遠く」の意味　ふだん（不断）の…絶えることのない　いみじきがく（楽）…すばらしい音楽

■歌唱のポイント　○歌いだしの「わ」は，「(う)われは」と小さな「う」を短く入れて発音するとよい。○2番の歌いだし「うまれて」と「わらべ」，3番の「なぎさ」は，付点4分音符と8分音符のリズムで歌う。○各フレーズの最後の付点2分音符は，3拍しっかりのばす。○曲の山となる最終フレーズは，曲想を生かして，たっぷりと力強く表現する。○「が」「ぎ」「ぐ」の鼻濁音は，それぞれ鼻の奥で「んが」「んぎ」「んぐ」と発音し，やわらかい響きにする。

■伴奏のポイント　○4拍子を意識して力強く演奏する。○本伴奏では、ペダルの効果を生かして豊かな響きで弾く。

190

3 教材研究

われは海の子

文部省唱歌

前奏

第Ⅳ部　初等音楽科教育の教材研究

歌唱教材の研究

■表現指導のポイント　○足踏みをしたり，手拍子を打ったりして，拍の流れを感じて表現する。○スタッカートや付点のリズムを生かして，思いをもってのびのびと表現できるようにしたい。全学年を通して，全校で楽しく取り組める楽曲であるので，音楽集会等で取り上げられることが多い。

■**表現指導のポイント** ○3段目と4段目では，4分休符においてしっかり息つぎをし，たっぷりと丁寧に歌う。○二部合唱として取り上げる場合は，3度の響きやフレーズを感じ取りながら，歌詞の内容を理解し，思いや意図をもって歌う。児童が好んで歌う楽曲の一つで，さまざまな行事や卒業式等でも歌われることが多い。

第Ⅳ部 初等音楽科教育の教材研究

器楽教材の研究

汽車にのって

作曲：原　由多加

* 演奏順序の例… ア → ア → イ → イ → ウ → ウ → ア → イ → ウ → ア

■**楽曲について**　まさに汽車が走り抜けていくような、木琴とタンブリンの力強い8分音符の連打に乗って、リコーダーと鉄琴が印象的なメロディを奏でるアンサンブル曲である。どのパートも難しすぎることはなく、基礎的な技能を習得するのにふさわしい。したがって、中学年、とりわけ第3学年において、それぞれの楽器と初めて出会い、演奏する機会に取り上げると効果的である。器楽合奏の基本を学ぶことができる楽曲である。

■**表現指導のポイント**
〈子ども主体の学習〉
　学級の全員が、すべての楽器を演奏できるようにすることが大切である。音楽室にすべての楽器を複数配置しておき、順番に交代しながら練習を進めていくとよい。子ども同士で教え、学び合いながら楽器の練習を進めたり、ひととおり演奏できるようになったらグループに分かれて強弱や曲想を工夫する場面をつくったりするなど、子どもの主体的な活動となるよう気をつけたい。
〈楽器の基本的な奏法の指導〉
　楽器の基本的な奏法については丁寧に指導し、器楽合奏の基礎的な技能を身につけるようにしたい。
　リコーダーはサミングや低音がなく、第3学年の秋以降であれば十分に吹奏することができる。力強い曲調に引っ張られて力むことがないよう、タンギングを使った美しい音色で吹くよう促したい。
　鉄琴は、撥で音板を押さえつけるのではなく、手首を使って弾むように打つという基本の動作を習得させる。これができていれば2分音符を綺麗に伸ばすことができる。
　木琴1は、二人に分かれて上の音符と下の音符を演奏するとよい（ただし人数によっては一人で演奏することもできる）。左右の撥を交互に打つ技能を習得させたい。鉄琴と同様、音板を押さえつけるのではなく、手首を使って音を響かせるように指導する。鉄琴で2分音符をきれいに伸ばせるようになってから、木琴の練習をするとよい。
　木琴2はバス木琴、もしくは記譜音の1オクターブ下の音で演奏する。一人で2つの音を同時に鳴らす重音の練習をするとよい。
　タンブリンは、片方の手で楽器を持って固定し、もう片方の手（利き手）で打つ。この曲では大きな音は必要ないので、手のひら全体を使うのではなく、打つ方の手の指をそろえて枠の近くを丁寧に鳴らす。

第Ⅳ部　初等音楽科教育の教材研究

メヌエット
（リコーダー二重奏）

作曲：クリーガー
編曲：石桁冬樹

■楽曲について　メヌエットはバロック時代の舞曲の一つであり，同時代に隆盛を極めたリコーダーで演奏するのにふさわしい楽曲である。クラス全体の合奏だけでなく，二人ずつの演奏でリコーダー二重奏の美しさを味わうようにしたい。

■表現指導のポイント　アとイの前半部（4小節目）までは，2本のリコーダーのかけ合いを意識し，互いの音をよく聴くよう指導する。また，アとイそれぞれの6〜7小節目は，「ヘミオラ」と呼ばれる拍節構造になっているので，1小節ごとに「1・2・3／1・2・3」と数えるのではなく，2小節を「1・2／2・2／3・2」のように，大きく3つに数えると演奏しやすい。
　　大譜表の楽譜はピアノ伴奏でもよいが，上段と下段を分けて一人ずつが担当し，電子オルガンなどで音色を工夫して演奏するなど，グループアンサンブルに挑戦してもよい。音色は，パイプオルガン，あるいは上段をチェンバロ，下段をチェロやファゴットにするとバロック時代の雰囲気を味わうことができる。

音楽づくり教材の研究

音楽づくりの活動では，どのような教材が用いられるだろうか。まず，音の出るものがあげられるだろう。そこには，楽器はもちろん，コンピュータ，声や手拍子などの自分の体，日用品など，多様なものが含まれる。次に，つくった音楽を記録するためのワークシートなども，教材としてあげられる。教師は，記録の必要性と目的を意識しながら，記録をするかしないか，する場合はどのような方法を採るのかを適切に判断していきたい。また，コンピュータやタブレット端末を，音楽づくりの教材として使うこともある。

ここでは，それらの教材に焦点をあてて，実際の活動のなかでの使い方を考えていこう。

① 活動例1　好きな音を探そう

> 教師はあらかじめ楽器や音の出るものを準備しておく。児童はそれらを用いて音を出してみながら，好きな音を探す。

この活動では，教師は，児童に「注意深く聴く」ことをより一層強調し，児童が自分だけの音色の探求をしていくように促すことが大切である。

まず，どのような楽器や音の素材が活用できるかを考えてみよう。タンブリンや鈴など，一般的な音楽室にあるような楽器はもちろん，民族楽器やおもちゃ楽器，民芸品のなかにも簡単に面白い音が出せるものは多い。ただし，日用品など，楽器ではないものを使う場合は「壊れるような音の出し方」「怪我をしてしまうような音の出し方」にならないよう留意する必要がある。

準備する楽器が多種多様であるほど，児童の「選ぶ楽しさ」も広がる。しかしながら，選べる楽器をあえて減らしておくことによって，撥や奏法の違いに着目した工夫を促すこともある。

もし，見つけた音を記録しておくなら，以下のようなワークシートを用意しておくとよいだろう。

好きな音を記録しておくワークシートの例
（表中は書き込み例）

つかうがっき	つかいかた	でてくるおと
ギロ	力をこめてゆっくりこする	ギリ・・ギ・・ギリギリ・・・

この例では，言葉や擬音を用いて記録しているが，簡単な絵で記録することもできる。言葉や絵などの選択肢から，児童が自分の得意な方法を採れるようにしておくとよい。

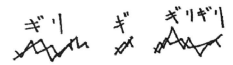
簡単な絵で示した例

② 活動例2　つくったリズムをつなげよう

> 教師はウッドブロックを用いて等間隔の拍を打つ。児童は，教師の打つ拍にのって，4拍のリズムを手拍子で即興的につくる。

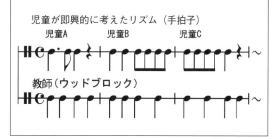

教師は，ウッドブロックで拍を示す代わりに，多様なリズム・パターンの自動演奏機能を活用することもできる。この方法には，教師が児童の活動に集中することができるという利点がある。

児童は，手拍子の代わりに，楽器を用いることもできる。「このリズムに合いそうな楽器はこれかな？」などと，つくりたい音楽をイメージしながら，児童は楽器を選んでいく。鍵盤ハーモニカのように音高のはっきりした楽器を用いれば，旋律や和音が生まれる可能性も出てくる。

さらに，この活動は，特定の音階（例）に基づいて即興的に表現する活動に発展させることもできる。

例：C-E-F-G-Bの音階

その場合，音階を構成する音しか出ないような楽器を準備するとよい。トーンチャイムやハンドベルなどの，音階を構成する一音一音が独立した楽器はその代表例である。また，オルフ楽器など，音板の取り外しができるタイプの鍵盤打楽器であれば，音階の構成音に応じた音板のみを用いることもできる。このような楽器を用いることによって，その音階のもつ響きを保障することができる。児童が失敗を恐れず，自由に生き生きと取り組むためのよい手立てになるだろう。

第Ⅳ部　初等音楽科教育の教材研究

写真，左は通常の箱型鍵盤打楽器
右は，C-E-F-G-B の音階の音板のみにしたもの

　また，この活動において，音階から醸し出されるムードを変化させるために中心音としてのドローン（長く持続する音）を加える場合には，鉄琴やトーンチャイムなどの余韻の長い楽器が適している。例えば，上の C-E-F-G-B の音階に基づいた即興的表現の場合，C を中心音にするのと，F を中心音にするのでは，ムードがかなり違ったものになる。

③　活動例3　短い演奏素材を重ねて音楽をつくろう
　これは，活動例2をさらに発展させたものである。

> 1小節のリズムまたは旋律（演奏素材）を複数つくり，それらの重ねかたを考える。また，重ねかたによって生じる変化を意識して，音楽のはじめからおわりまでの流れを考える。

　この活動からつくられる音楽は複雑である。そのため，つくった音楽を覚えておくことが難しくなる。そこで役に立つのが，〈演奏シート〉などと呼ばれる表に記す方法である。この場合，演奏素材を記したメモと併用して活用するとよい。

Aさん	ア	イ	ウ	エ		ア
Bさん		ア	イ	ウ	エ	ア
Cさん			ア	イ	ウ	エ
Dさん	オ	オ	オ	オ	オ	カ

　上の演奏シートでは，演奏素材の順番のみを記しているが，強弱など，他の情報も適宜書き込むことができる。また，演奏の際には，必要に応じて，演奏シートをスクリーンや電子黒板，ホワイトボードなどに大きく表示するとよいだろう。

④　活動例4　ヴォイス・アンサンブルをつくろう

> 等間隔の拍に乗って，動物の名前を即興的に唱えたり，意味のない声を出したりして音楽をつくろう。

　教師は，拍を打つ場合，フロアタムなどの楽器で担当することもできるが，前述の自動演奏機能を活用することもできる。
　動物の名前を即興的に唱えるというのは，例えば次のようなものである。唱え方にはさまざまな工夫ができる。

　意味のない声とは，例えば次のようなものである。

　うぃ〜　ふゔァぁ！　オロロロロロ……

　この活動で重要なことは，声を工夫することである。声の特長は，人それぞれに違う音色やニュアンスをもち，多様な表情が出せる点にある。話し声に近い声だけでなく，叫んだり，だみ声や裏声を出してみたり，息を吸いながら声を出してみたりして，表現の可能性を探求すると面白い。この活動では，教師自身が最良の教材になることをとりわけ強く意識してほしい。児童から多様な表現を引き出すためには，教師自身が大胆に楽しみながらいろいろな声を出すことが不可欠である。
　なお，この活動を行う際には，即興的な演奏をとことん追求したほうがよい。演奏シートなどのような記録を用いると，演奏順序に気をとられ，生き生きとした声の表現ができなくなってしまうことが多いからである。活動しやすい条件のなかで気楽な遊びのように行うのがよいだろう。

⑤　活動例5　旋律をつくろう

> 16小節の旋律をつくる。つくった旋律は五線譜に記録する。

　旋律をつくる活動は，音楽づくりの活動のなかでもよく行われる活動の一つである。
　用いる楽器は，リコーダーや鍵盤ハーモニカなど，多くの児童に馴染みがあり，考えた旋律をすぐに演奏

できるような楽器がよいだろう。また，周囲の音を気にせず，個人的な活動を促したい時には，イヤホンを挿した電子キーボードを用いることも考えられる。

和音進行をあらかじめ決めておく場合は，和音を出すことができる楽器も必要である。鍵盤楽器が一般的だが，タブレット端末用のアプリケーションのなかには，和音を鳴らしたり，あらかじめ決めておいた和音進行を自動演奏させたりできるものもある。

旋律を記録する方法としては，五線譜が一般的であるが，児童の実態に応じて，次のようなワークシートを用いることもできる。

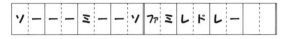

また，旋律づくりの活動では，音楽づくりを支援するソフトウェア（いわゆる作曲ソフト）が活用できることも多い。このようなソフトウェアは，音楽をつくる過程で簡単に再生することができ，確かめながら音楽をつくっていけるという利点がある。児童は，自らの演奏技能に左右されることなく音楽をつくることに専心できるのである。

こうしたソフトウェアには，さまざまな便利な機能が付随していることも多いので，必要に応じて活用していきたい。例えば，口ずさんだ旋律を自動的に五線譜にしてくれる機能は，五線譜を書くことが苦手な児童の助けになることはもちろん，五線譜への苦手意識を変えるきっかけにもなるだろう。また，旋律をもとに和音進行を割り当てて自動的に伴奏をつけてくれる機能は，（しばしば意外な結果をもたらしながら）児童がつくった旋律がさまざまな表情をもち得る可能性を示してくれる。

⑥　より複雑な音楽を記録するには

つくる音楽がより複雑になっていくと，覚えることが難しくなり記録する必要性が増してくる。この場合は，五線譜，絵，言葉などを適宜組み合わせて音楽を記録するとよい。その際に留意すべき点は，記録する情報を必要最小限に留め，できるだけ簡便にすることである。例えば，次の譜例は，ごく短時間で作成されたものであり，書かれている情報も断片的である。しかし，自分たちがつくった音楽を自分たちが演奏するための記録としては十分である。

さまざまな方法を組み合わせた記録の例

⑦　つくった音楽の演奏を記録するには

ICレコーダーやビデオカメラを用いれば，つくった音楽の演奏を記録することができる。この方法は，自分たちのつくった音楽を客観的に聴くことができるため，新たな〈発想〉や〈思いや意図〉をもつきっかけになることも多い。

また，録音・録画には，記録することのほかに，もう一つ重要な効用がある。それは，児童が，普段とは違った表現性を発揮する場合があるということである。本番の演奏が，練習のとき以上の魅力的な表現になることがあるように，ビデオカメラを向けられた児童もまた，あたかも本番のような感覚をもって演奏に臨むことがある。

以上，音楽づくりの教材についていくつか紹介し，また，その活用の可能性も提案してきた。しかしながら，ここで取り上げているものはごく一部である。実践を通してさらなる教材の可能性を追求していただきたい。

鑑賞教材の研究──第1学年～第2学年

ルロイ・アンダソン作曲
おどるこねこ（The Waltzing Cat）

■楽曲について

The Waltzing Cat という名が示す通り，猫が踊っている様子を多彩に表現した楽曲である。楽曲の形式は，序奏─A─A'─B─A─コーダから成る複合3部形式である。Aはゆったりとしたリズムで，猫の鳴き声（ヴァイオリンのグリッサンド）が聴こえてくる（楽譜①）。Bは軽快なリズムで奏でられる（楽譜②）。Bではウッドブロックやウィンドホイッスルが加わるが，猫の鳴き声は聴こえない。再びAとなるが，犬の鳴き声で楽曲は慌ただしく終結する。

楽譜①

楽譜②

■教育内容の設定例
【①音楽の雰囲気や情景】音楽を聴いて，猫が踊っている様子を思い浮かべたり，身体表現したりして音楽の雰囲気を感じ取る。
【②音楽を形づくっている要素】3拍子（ワルツ）を味わったり，主要な旋律の反復やヴァイオリンのグリッサンドを聴き取ったりする。

■鑑賞指導の5つの視点による指導ポイントの設定例
○聴取対象の明確化
・猫の鳴き声が何回登場するか数える。
○聴取結果の注視
・猫の鳴き声がある場面とない場面の違いを考える。
・AとBで身体の動かし方を変えたのはなぜか，音楽と結びつけて考える。
○聴取過程の可視化
・身体表現から，曲想の変化を捉えているか見取る。
○聴取結果の共有化
・AとBの場面の違いを曲想の変化から確認する。
○表現と鑑賞の相互関連
・主な旋律を歌い，聴取の手がかりとする。

ヨハン・シュトラウス1世作曲
ラデツキー行進曲

■楽曲について

2分の2拍子の行進曲であり，楽曲は主部（ABA）─トリオ（ABA）─主部で構成されている。楽曲の冒頭は，すべての楽器が一斉に奏でるため，力強い印象を与える。楽曲全体を通して強弱の変化が明確であるため，強弱を中心とした楽曲の表情の変化を聴き取る学習に結びつけやすい。楽曲名にあるラデツキーとは，北部イタリアの独立運動を鎮圧したオーストリアのラデツキー将軍に由来する。

冒頭より主部A

トリオよりA

■教育内容の設定例
【②音楽を形づくっている要素】旋律の反復に気づいたり，楽曲に合わせて行進することで2拍子を感じ取ったり，強弱の変化を聴き取ったりする。

■鑑賞指導の5つの視点による指導ポイントの設定例
○聴取対象の明確化
・拍の流れに合わせて行進する。
・楽曲に合わせて手拍子し，強弱の変化を手拍子で表現する。
○聴取結果の注視
・強く大きな動きで打つ手拍子と，弱く小さな動きで打つ手拍子の違いを音楽に結びつけて考える。
○聴取過程の可視化
・曲想の変化を身体で表現させたり，強弱の変化に合わせて手拍子を打たせたりして見取る。
○聴取結果の共有化
・手拍子の変化を手がかりにして，曲の強弱の変化を確認する。
○表現と鑑賞の相互関連
・音楽における強弱の変化の面白さを，表現領域の各活動でも意識させる。

セルゲイ・プロコフィエフ作曲
出発　組曲《冬のかがり火》より第1曲

■楽曲について

　組曲《冬のかがり火》は，詩（マルシャーク作）の朗読をともなう管弦楽曲であり，冬休みの子どもたちの遊びが描かれている。「出発」「窓の雪」「氷のワルツ」「かがり火」「ピオネール集会」「冬の夕べ」「行軍行進曲」「帰還」という8曲から成る。

　「出発」は，子どもたちの楽しい遠足の始まりであり，汽車が出発していく様子が描かれている。ホルンの演奏に続き，弦楽器やティンパニの軽快なリズムに乗って汽笛が聴こえた後，主題が登場する（楽譜①）。続いて子どもたちの歌声のような旋律（楽譜②）が登場し，再び主題が奏される。郊外の駅に列車が到着する様子で楽曲は終結する。

楽譜①

楽譜②

■教育内容の設定例
【①音楽の雰囲気や情景】曲を聴いて情景を想像したり，詩の内容を確認したりする。
【②音楽を形づくっている要素】曲に合わせて身体で列車の動きをさせることで，曲想の変化，終結部の速度の変化を身体で感じ取る。

■鑑賞指導の5つの視点による指導ポイントの設定例
○聴取対象の明確化
・曲のどの場面で，主な2つの旋律が登場しているかを聴き取る。
○聴取結果の注視
・自分の身体表現が，音楽の表現している列車のどのような様子と結びついているのか考える。
○聴取過程の可視化
・曲に合わせて，列車の動きを身体で表現させる。
○聴取結果の共有化
・曲想の変化や速度の変化を捉えることができているか，身体表現の様子から確認する。
○表現と鑑賞の相互関連
・汽車や乗り物に関連する曲を歌ったり，楽器で演奏したりする。

テオドール・エステン作曲
人形のゆめと目ざめ

■楽曲について

　「人形のゆめと目ざめ」は，全6曲から成るピアノ小品集《子どもの情景》の第4曲である。初級者向けのピアノ作品として知られており，単独で演奏されることが多い。原曲はピアノ独奏曲であるが，オーケストラ用に編曲されているものもある。

　この曲は，「子もりうた（3拍子）」「人形のゆめ（4拍子）」「人形のめざめ（4拍子）」「人形のおどり（2拍子）」という標題をもつ4つの部分から構成されている。曲の進行（曲想の変化）にあわせて拍子が変化するとともに，テンポも変化していく。曲想の変化を感じ取りやすく，場面ごとの人形の様子を想像しやすい楽曲であるが，挿絵や標題も提示することで，より一層，情景を思い浮かべやすくなる。

■教育内容の設定例
【①音楽の雰囲気や情景】音楽を聴きながら人形の様子を思い浮かべる。
【②音楽を形づくっている要素】拍子，速度，強弱等を手がかりに，曲想の変化を感じ取る。

■鑑賞指導の5つの視点による指導ポイントの設定例
○聴取対象の明確化
・4つの挿絵を用いて，音楽を聴きながら場面に合う挿絵を考える。
○聴取結果の注視
・人形の様子を，音楽の諸要素と結びつけて考える。
・場面の移り変わりで変化した音楽の諸要素について，前後の場面を比較しながら考える。
○聴取過程の可視化
・各場面に合う挿絵を選択できているか確認する。
・曲に合わせて身体表現させることで，曲想の変化を捉えられているかを見取る。
○聴取結果の共有化
・場面によって身体表現をどのように変化させたか，クラスで共有する。
・各場面の曲想と，想像した情景や挿絵・標題との結びつきを確認する。
○表現と鑑賞の相互関連
・場面の様子を意識しながら特徴的な旋律を歌う。

鑑賞教材の研究——第3学年〜第4学年

▌フランツ・フォン・スッペ作曲
▌序曲 喜歌劇《軽騎兵》より

■楽曲について
　《軽騎兵》は，華やかな軍人生活を描いた喜歌劇であり，ハンガリーの舞曲であるチャールダーシュ等が用いられている。
　序曲は，劇中で用いられる主要な旋律を中心に構成されている。楽曲の形式は3部形式である。勇ましい軽騎兵の姿を暗示するトランペット（楽譜①）から始まり，それにホルンが続く。軽騎兵のギャロップ風の音形が登場すると，騎馬の行進が描き出される（楽譜②）。情緒的な中間部分を経て，再び行進となる。

楽譜①

楽譜②

■教育内容の設定例
【①音楽の雰囲気や情景】曲想の変化を感じ取り，それぞれの場面の情景を思い浮かべる。
【②音楽を形づくっている要素】曲想の変化を強弱，速度，楽器の音色といった音楽の諸要素の変化と結びつけて考える。主な旋律の反復や変化に気づく。トランペットの音色を聴き取る。

■鑑賞指導の5つの視点による指導ポイントの設定例
○聴取対象の明確化
・トランペットの楽器の音色を聴き取る。
○聴取結果の注視
・場面ごとに思い浮かべた情景について，音楽の諸要素と結びつけて考える。
○聴取過程の可視化
・騎馬の行進の様子をリズムから感じ取ることができているか，身体表現を通して見取る。
○聴取結果の共有化
・曲の進行によって強弱や速度がどう変化するかを確認する。
○表現と鑑賞の相互関連
・主な旋律を口ずさみ，旋律を聴取しやすくする。

▌ジョルジュ・ビゼー作曲
▌メヌエット 《アルルの女》第2組曲より

■楽曲について
　組曲《アルルの女》は，フランスの文豪ドーデーの戯曲「アルルの女」の劇中音楽としてビゼーが作曲した27の管弦楽曲をもとに構成されている。第2組曲の第3曲にあたるメヌエットは，3部形式から成り，ハープの伴奏によるフルートの独奏から始まるが，徐々に他の楽器が加わることで次第に音色の厚みを増していく。やがて，再びフルートとハープだけの演奏となり，静かに美しく終わる。

冒頭部分

■教育内容の設定例
【②音楽を形づくっている要素】フルートとハープを中心として楽器の音色や旋律を聴き取ったり，楽曲の構成を聴き取ったりする。
【③楽曲に関する知識，作曲家に関すること】《アルルの女》第2組曲の終曲である「ファランドール」を取り上げることで，ビゼーの音楽作品にふれる。

■鑑賞指導の5つの視点による指導ポイントの設定例
○聴取対象の明確化
・フルートとハープの音色を聴き取る。
・フルートの旋律に着目して，その変化を聴き取る。
○聴取結果の注視
・冒頭部，中間部，再現部の違いを感じ取り，その違いの理由を音楽の諸要素から考える。
○聴取過程の可視化
・曲想の変わり目で挙手させることで，変化を聴き取っているか見取る。
○聴取結果の共有化
・旋律の掛け合いについて，音楽を聴いたり楽譜を見たりして確認する。また，形式の学習へとつなげる。
○表現と鑑賞の相互関連
・楽器の掛け合いによるアンサンブルの面白さを，2重唱やリコーダー2重奏に活かす。

日本のお祭りの音楽
神田囃子（東京都）

■楽曲について
「囃子」とは，主たるものを囃すという意味から名詞化した用語であり，声による囃子と楽器による囃子がある。神田囃子は神田神社（神田明神）で行われる神田祭において演奏される，楽器による囃子である。大太鼓（鋲打太鼓または長胴太鼓）1名，締太鼓2名，篠笛1名，鉦1名で演奏する5人囃子である。基本的な演奏は，締太鼓の独奏「打込」に始まり，賑やかな「屋台」，厳かで静かな「昇殿」「鎌倉」を経て，再び賑やかな「四丁目」「玉」「上り屋台」の各部分から構成される。大まかに，急―緩―急の形式になっている。

■教育内容の設定例
【①音楽の雰囲気や情景】演奏を聴いたり写真や映像を見たりすることで，神田祭でのお囃子の様子を思い浮かべる。
【②音楽を形づくっている要素】演奏に用いられている楽器の音色を聴いたり映像で確認したりする。祇園囃子（京都府）や花輪囃子（秋田県）等，他の地域に伝わるお囃子の音楽と比較することで，お囃子の特徴を感じ取る。
【③楽曲に関する知識】他の地域に伝わるお祭りの音楽を学ぶことで，それぞれの音楽の特徴を捉える。

■鑑賞指導の5つのポイントの設定例
○聴取対象の明確化
・各楽器の音色の違いを聴き取る。
・急―緩―急の3つの部分について，速度やリズムの変化を聴き取る。
○聴取結果の注視
・お囃子を聴いて抱いた印象の根拠を，音楽の諸要素と結びつけて考える。
・賑やかな部分と厳かで静かな部分の違いを，速度やリズムの変化から考える。
○聴取過程の可視化
・音楽を聴きながら，各楽器を演奏する様子を真似させることで，楽器の音を聴取できているか見取る。
○聴取結果の共有化
・子どもたちが聴き取った楽器や速度の違いを，クラス全体で共有する。
○表現と鑑賞の相互関連
・締太鼓のリズムを模倣して演奏する。

アラム・ハチャトゥリアン作曲
剣の舞 《ガイーヌ》より

■楽曲について
《ガイーヌ》は全4幕からなるバレエ音楽であり，「剣の舞」は第4幕で演奏される。高地住民であるクルド族が出陣の際におどる戦闘舞踊であり，ティンパニ，小太鼓，弦楽器を中心とした楽器群による強烈なリズムから始まる。木管楽器，ホルン，木琴が主旋律を奏で（楽譜①），それにトロンボーンのグリッサンドが応える。中間部ではチェロとサクソフォーンが4分の3拍子の旋律（楽譜②）を奏で，再び冒頭部に戻る。

楽譜①

楽譜②

■教育内容の設定例
【①音楽の雰囲気や情景】曲想の変化を感じ取り，各場面の情景や様子を思い浮かべる。
【②音楽を形づくっている要素】ティンパニや木琴等の打楽器や，トロンボーンやサクソフォーン等の管楽器の音色を味わう。

■鑑賞指導の5つの視点による指導ポイントの設定例
○聴取対象の明確化
・楽譜②の旋律の後に楽譜①の旋律が繰り返されていることを聴き取る。
○聴取結果の注視
・曲の雰囲気が変わる前後で，旋律，楽器，強弱等の要素がどのように変化したか考える。
○聴取過程の可視化
・主な旋律を示したカードを用意し，各旋律が登場する順に，そのカードを並べさせる。
○聴取結果の共有化
・カードを並べた順番を確認することで曲の構成を理解させる。
○表現と鑑賞の相互関連
・旋律が反復・変化する面白さを活かし，音楽づくりの学習で旋律をつくり，それを繰り返したり変化させたりする。

日本の民謡
ソーラン節，こきりこ節

■楽曲について

《ソーラン節》（北海道民謡）は，ニシン漁の作業唄であり，ニシンを船にすくい上げる際の沖揚げ作業で力強く歌われていた。曲の途中には「ハイハイ」「ハァどっこいしょ」といった合の手や掛け声が入る。

《こきりこ節》（富山県民謡）は5音音階，すなわち5つの音から旋律が作られている曲であり，豊作を祈願する芸能（田楽）のなかで歌われてきた。「こきりこ」とは，2本の細い竹を打ち合わせて奏する楽器である。「デデレコデン」という囃しことばが反復される。

■教育内容の設定例
【①音楽の雰囲気や情景】《ソーラン節》《こきりこ節》等の民謡を聴き，どのような情景が描かれた歌であるか，歌詞や音楽の雰囲気から考える。
【②音楽を形づくっている要素】民謡を聴くことで，普段の歌い方とは異なる声の出し方であることに気づく。《ソーラン節》等の拍節的なリズムの民謡と，《南部牛追い歌》等の非拍節的なリズムの民謡とを比較聴取し，特徴を学ぶ。
【③楽曲に関する知識】《ソーラン節》《こきりこ節》等の民謡が生まれた背景を学ぶ。

■鑑賞指導の5つの視点による指導ポイントの設定例
○聴取対象の明確化
・《ソーラン節》《こきりこ節》の歌詞や音楽から，情景を思い浮かべる。
○聴取結果の注視
・思い浮かべた情景が歌詞および音楽の諸要素とどのように関連しているか考える。
・民謡の歌声の特徴について考える。
○聴取過程の可視化
・「こきりこ節」を聴きながら太鼓等のリズム伴奏を手拍子で表現させることで，太鼓等のリズムを聴き取っているか見取る。
○聴取結果の共有化
・思い浮かべた情景やその根拠となる音楽の諸要素，感じ取った民謡の特徴等を共有する。
○表現と鑑賞の相互関連
・民謡の歌い方や情景を意識して歌唱する。
・太鼓等の打楽器で民謡のリズム伴奏を演奏する。

カミーユ・サン＝サーンス作曲
白鳥　組曲《動物の謝肉祭》より

■楽曲について

《動物の謝肉祭》は，「ライオン」「象」「カンガルー」「白鳥」等のさまざまな動物の名前が付けられた全14曲から成る組曲である。

第13曲にあたる「白鳥」は，湖面を優雅に泳ぐ白鳥が巧みに表現されており，チェロと2台のピアノで演奏される（チェロと1台のピアノで演奏できるように編曲されたものもある）。4分の6拍子で，形式は3部形式である。ピアノによるアルペッジョは静かな湖面を，チェロはその湖面を優雅に泳ぐ白鳥を表している。2台のピアノによる前奏に続いて，チェロがゆったりとした旋律（以下の楽譜）を奏でる。

チェロの旋律

■教育内容の設定例
【①音楽の雰囲気や情景】楽曲を聴き，白鳥が湖面を泳ぐ様子を想像する。
【②音楽を形づくっている要素】チェロの音色を味わう。旋律の反復等から楽曲の形式を把握する。
【③楽曲に関する知識】《動物の謝肉祭》に含まれる他の曲を複数聴くことで，組曲について学ぶ。

■鑑賞指導の5つの視点による指導ポイントの設定例
○聴取対象の明確化
・演奏している2つの楽器の音色を聴取する。
○聴取結果の注視
・白鳥が湖面を泳ぐ様子を，音楽の諸要素（旋律，強弱，音色等）と結びつけて説明する。
○聴取過程の可視化
・曲に合わせて身体表現させることで，曲想をどのように感じ取っているか見取る。
○聴取結果の共有化
・白鳥が優雅に泳いでいる様子が，旋律・強弱・音色等の諸要素によって生み出されていることをクラスで確認する。
○表現と鑑賞の相互関連
・ピアノ伴奏とチェロの掛け合いを味わうことで，歌唱または楽器の旋律とピアノ伴奏とのかかわりを意識しながら演奏する。

鑑賞教材の研究――第5学年～第6学年

ヴォルフガング・アマデウス・モーツァルト作曲
アイネ・クライネ・ナハトムジークより第1楽章

■楽曲について

《アイネ・クライネ・ナハトムジーク》はドイツ語で，「小さなセレナード」という意味である。ヴァイオリン，ヴィオラ，チェロ，コントラバスで演奏される。

第1楽章は4分の4拍子であり，ソナタ形式である。第1主題（楽譜①）と優美な第2主題（楽譜②）が登場する提示部，展開部，再現部，短いコーダから成る。

楽譜①

楽譜②

■教育内容の設定例
【②音楽を形づくっている要素】楽曲の形式を理解する。各楽器の特徴，音色や重なったときの響き等，4つの弦楽器の音色について学ぶ。
【③楽曲に関する知識，作曲家に関すること】モーツァルトの生涯や他の作品について学ぶ。

■鑑賞指導の5つの視点による指導ポイントの設定例
○聴取対象の明確化
・楽譜①および②に示した主要な旋律を覚え，それらが登場する順番を聴き取る。
○聴取結果の注視
・旋律の重なり方（1つの旋律をすべての楽器で演奏しているのか，主な旋律を担当する楽器とそれを支える役割の楽器とに分かれているか等）を考える。
○聴取過程の可視化
・旋律の重なり方を図式化させることで，聴き取っているか見取る。
○聴取結果の共有化
・旋律が登場する順を共有することで，楽曲の形式を確認する。
○表現と鑑賞の相互関連
・主な旋律をリコーダーや鍵盤ハーモニカで演奏し，確認する。

滝廉太郎作曲
花（武島羽衣作詞），箱根八里（鳥居忱作詞）

■楽曲について

「花」は，「花」「納涼」「月」「雪」の4曲で構成される歌曲《四季》のなかの1曲である。二部合唱であり，2つの美しい旋律がピアノ伴奏とともに奏でられる。

「花」より冒頭

《箱根八里》は，険しい箱根の山が歌われている。旋律は5音音階で作られている。

《箱根八里》より冒頭

■教育内容の設定例
【①音楽の雰囲気や情景】楽曲を聴き，どのような情景を表している曲であるか想像する。
【②音楽を形づくっている要素】旋律の重なり，詩と音楽の結びつきについて学ぶ。
【③楽曲に関する知識，作曲家に関すること】滝廉太郎がどのような作曲家であるか，また，「花」《箱根八里》を作曲した背景について学ぶ。

■鑑賞指導の5つの視点による指導ポイントの設定例
○聴取対象の明確化
・「花」と《箱根八里》を聴き，それぞれ歌われている情景を思い浮かべる。
○聴取結果の注視
・女声合唱の「花」と男声合唱の《箱根八里》を聴き比べ，音色・音高・旋律等から違いや特徴を考える。
○聴取過程の可視化
・強弱の変化を楽譜または歌詞に記入させることで，聴き取ることができているか見取る。
○聴取結果の共有化
・思い浮かべた情景，女声合唱と男声合唱の違いや特徴をクラスで確認する。
○表現と鑑賞の相互関連
・「花」および《箱根八里》を合唱する。

宮城道雄作曲　春の海

■楽曲について

箏曲の演奏家・作曲家であった宮城道雄は，西洋音楽の手法を箏曲に取り入れた，新しい日本の音楽の創造を追求した。瀬戸内海の海辺の様子が多彩に描き出された《春の海》は，箏と尺八による2重奏曲である。楽曲の形式はA―B―A'から成る3部形式であり，静かな波の音や鳥の声等が表現された緩やかなAの部分（楽譜①），漁師の舟唄等が表現された急速なBの部分（楽譜②）から構成される。

楽譜①

楽譜②

■教育内容の設定例
【②音楽を形づくっている要素】尺八と箏の音色や，旋律の掛け合いを味わう。旋律や速度等から曲想の変化を聴き取り，3部形式について学ぶ。
【③楽曲に関する知識，作曲家に関すること】《春の海》が作曲された背景や，宮城道雄について学ぶ。

■鑑賞指導の5つの視点による指導ポイントの設定例
○聴取対象の明確化
・旋律の掛け合いを聴き取ったり，和楽器の音色を味わいながら情景を思い浮かべたりする。
○聴取結果の注視
・旋律や速度に焦点を当て，曲想の変化を考える。
○聴取過程の可視化
・速度の変化やA―B―A'の構造を捉えることができているか，楽曲の特徴を記述させることで見取る。
○聴取結果の共有化
・思い浮かべた情景や楽曲の特徴を全体で確認する。
○表現と鑑賞の相互関連
・器楽の学習で，音色の特徴や重なり合う響きに興味をもち，さまざまな和楽器を演奏する。

セザール・フランク作曲　ヴァイオリン・ソナタより第4楽章

■楽曲について

4つの楽章から成るこの曲は，循環形式（前の楽章の主題素材が後の楽章で再導入される形式）で作られている。第4楽章は自由なロンド形式である。ピアノとヴァイオリンの2つの楽器によって，主旋律がカノンの手法で繰り返されながら曲が進んでいく。例えば，楽譜①に示す第4楽章の冒頭ではピアノが主題を奏で，その1小節後にヴァイオリンが主題を奏でていく。その後，楽譜②の旋律が続く。

楽譜①

楽譜②

■教育内容の設定例
【②音楽を形づくっている要素】ヴァイオリンとピアノが掛け合う主な旋律に着目し，カノンの形式について学ぶ。

■鑑賞指導の5つの視点による指導ポイントの設定例
○聴取対象の明確化
・各場面で旋律の掛け合いがあってカノンになっているかどうか聴き取る。
○聴取結果の注視
・楽譜①に示した旋律の掛け合いについて，ピアノとヴァイオリンのどちらが先行しどちらが追いかけているかを考える。
○聴取過程の可視化
・楽曲全体を聴かせ，主要な旋律が登場する状況を図式化させる。
○聴取結果の共有化
・カノンの部分で先行して演奏する楽器を確認する。
○表現と鑑賞の相互関連
・輪唱のようにカノンの形式で作られた曲を演奏することで，カノンを表現する面白さを味わう。

フランツ・シューベルト作曲
ピアノ5重奏曲「ます」より第4楽章

■楽曲について

「ます」という曲名は，第4楽章に，歌曲《ます》の旋律を主題とする変奏曲が置かれていることに由来する。ピアノ，ヴァイオリン，ヴィオラ，チェロ，コントラバスで編成される5重奏である。

第4楽章はニ長調，4分の2拍子であり，主題と5つの変奏およびコーダから成る。主題を担当する楽器の移り変わりや，とくに第4変奏（ニ短調），第5変奏（変ロ長調）の曲想の違いを感じ取りやすい作品である。

主題　ヴァイオリン

第4変奏　ヴァイオリン

■教育内容の設定例
【②音楽を形づくっている要素】主題の旋律が変化する様子から，変奏の意味を理解する。

■鑑賞指導の5つの視点による指導ポイントの設定例
○聴取対象の明確化
・各変奏で主題を担当している楽器を聴き取る。
○聴取結果の注視
・主題と各変奏とを比較することで，旋律がどのように変化しているか，音楽を構成する諸要素を手がかりに考える。
○聴取過程の可視化
・楽器の絵や写真を用意し，各変奏の主題を担当している楽器を指し示させ，その楽器の音色を聴き取ることができているか見取る。
○聴取結果の共有化
・主題を担当している楽器を確認する。
○表現と鑑賞の相互関連
・主題を歌ったりリコーダーで演奏したりすることによって，旋律を聴取しやすくする。
・リズムの変化や音高の変化等，学習した変奏のアイディアを活かして，簡単な曲を自分なりに工夫して変奏する。

世界の音楽
バグパイプの演奏（イギリス）

■楽器について

バグパイプ（またはバッグパイプ）とは，リードの付いた管をバッグに取りつけ，袋のなかの空気を押し出すことで発音する楽器の総称であり，踊りの伴奏や独奏，合奏に使用される民族楽器である。ヨーロッパから中近東諸国に分布している。とくにスコットランドのグレート・ハイランド・バグパイプは有名である。バグパイプ演奏の代表曲として，Scotland the Brave（勇敢なるスコットランド）があげられる。

■教育内容の設定例
【①音楽の雰囲気や情景】バグパイプの音楽と他の民族楽器の音楽を聴き比べることで，バグパイプの音楽の特徴を感じ取る。
【②音楽を形づくっている要素】バグパイプの音楽を，音色・和声・音の長さ（持続音）に着目して味わい，特徴を理解する。
【③楽曲に関する知識】バグパイプの楽器の構造について学び，音色や奏法等の特徴を捉える。バグパイプやその音楽が生まれた背景について学ぶ。

■鑑賞指導の5つの視点による指導ポイントの設定例
○聴取対象の明確化
・バグパイプの音色や音の重なりに着目して，バグパイプの演奏を聴いたり映像で見たりする。
○聴取結果の注視
・ドローン（持続音）の上で旋律が奏されていることを理解する。
・バグパイプと他の民族楽器による音楽を聴き比べ，音色や発音方法等から，各楽器の違いを発見する。
○聴取過程の可視化
・他の民族楽器との比較で，各楽器の特徴をワークシート等に記述させることによって，音色や奏法の違いを捉えているか見取る。
○聴取結果の共有化
・バグパイプの音色の特徴や奏法の特徴を確認する。
○表現と鑑賞の相互関連
・世界のさまざまな地域の伝統的な歌曲を取り上げ，歌唱したり，旋律を楽器で演奏したりする。

第 **V** 部

初等音楽科教育の資料研究

1　学習指導案

【低学年（第1学年）：鑑賞】　　　第1学年音楽科学習指導案

日　時：○月○日　　　場　所：音楽室
指導者：○○立○○小学校　教諭　△△　△△
児　童：1年○組　　□□名

①　題　材
「どんな動物に聞こえるかな」——本と音楽を楽しむ「音楽ブックトーク」

②　題材について（題材設定の理由）
・児童観…－省略－
・題材設定の趣旨…テーマに沿って本を紹介するブックトークに合わせて，絵本や本のなかに描かれている音楽を聴いていく活動である。物語の主人公がどのように音楽を聴いていたか，また，物語のなかで流れてくる音楽を知ることで，情景がより鮮明に感じるようになる経験をしたい。物語に描かれている情景や背景を思い描きながら音楽を聴くことで，曲想がより感じやすくなり，曲の良さが伝わるだろうと考えて実践している。ここでは，親しみのある動物の絵本と，動物が音楽で表されている曲を互いに関連づけて紹介することで，楽しく音楽鑑賞できると考え設定した。
・学習指導観…子どもたちは，これまでに図書の時間で司書の先生によるブックトークを経験している。これまではテーマに沿った絵本や物語が紹介されてきたが，本活動では，それに加えて音楽を鑑賞する活動を挟みながら展開することで，音に描かれた動物の様子を豊かに想像しながら聴けるようにつながりを考えた。音楽を聴いたあとは，どのような動物だと思ったか，どのような様子だと思ったか，どうしてそのように感じたか，などをたずねるなど，子どもたちと対話をしながら進めるようにする。子どもたちは図書室に移動し，いつもの読み聞かせを聞くように教師（司書）の周りに集まり座って聞く。

③　題材の目標
動物をテーマにした本からイメージを広げて音楽を聴くことで，曲想を捉えながら主体的に音楽を聴く。

④　教材と教材選択の視点
全体が動物をテーマにそれぞれがつながるように構成し，全部を読み聞かせするものと，あらすじを紹介するにとどめるもの，また音楽も曲のどの部分を流すのかを細かく検討した。以下の教材は司書と打ち合わせながら選んだものである。

組曲《動物の謝肉祭》より「終曲」　サン＝サーンス　作曲　マルタ・アルゲリッチ　Pf　ギドン・クレーメル　Vn　他　1985年
『つんつくせんせい　どうぶつえんにいく』　たかどの　ほうこ　作・絵　フレーベル館　1998年
《おどるこねこ（The Waltzing Cat）》　ルロイ・アンダソン　作曲　エンメリヒ・シュモーラ　指揮　南西ドイツ放送管弦楽団　「平成27年度版　小学音楽　おんがくのおくりもの1・鑑賞」2015年
『ゴリオとヒメちゃん』　アンソニー・ブラウン　作・絵　久山　太市　訳　評論社　2009年
『かちかちやま』　赤羽　末吉　絵　小澤　俊夫　再話　福音館書店　1988年
《ピーターと狼》作品67より「狼あらわる」　セルゲイ・プロコフィエフ　作曲　イツァーク・パールマン　語り　　ズービン・メータ　指揮　イスラエル・フィルハーモニック管弦楽団　1982年
『うさぎのおいしい食べ方』　きむら　ゆういち　作　山下　ケンジ絵　講談社　2003年
『赤ずきん』　フェリクス・ホフマン　画　大塚　勇三　訳　福音館書店　2012年
『おおかみと七ひきのこやぎ』　グリム童話　作　フェリクス・ホフマン　絵　瀬田　貞二　訳　福音館書店　1967年
『ともだちくるかな』　内田　麟太郎　作　降矢　なな　絵　偕成社　1999年
『あいつもともだち』　内田　麟太郎　作　降矢　なな　絵　偕成社　2004年

211

第Ⅴ部　初等音楽科教育の資料研究

『オオカミくんはピアニスト』　石田真理 作・絵　文化出版局　2008年
《花のワルツにもとづくパラフレーズ》　パーシー・グレインジャー作曲　マーティン・ジョーンズ Pf
　　1989年

⑤　題材の学習指導計画（全1時間）
　本題材は1時間扱いとしているが，この活動は以下のような活動が下敷きになっている。
　　・図書の時間等で絵本を手にする機会
　　・司書によるブックトークや読み聞かせ
　　・音楽を聴く活動
　などである。

⑥　評価計画

	知識・技能	思考・判断・表現	主体的に学習に取り組む態度
評価規準	1　曲の特徴を感じ取りながら，聴いている	2　本から動物のイメージを広げ，曲の特徴と結びつけながら聴いている	3　曲の特徴に気づいて聴く学習に進んで取り組もうとしている

⑦　本時の学習指導
　(1)　本時の目標
　動物をテーマにした本からイメージを広げて音楽を聴くことで，曲想を捉えながら主体的に音楽を聴く。
　(2)　本時の展開

学習内容　・学習活動　（♪：鑑賞曲　　📖：本）	□教師の働きかけ　・留意点　　☆評価
1．「音楽ブックトーク」に誘う ♪《動物の謝肉祭》より「終曲」 　・わくわくする 　・遊園地みたいで賑やか 　・サーカスが始まるよって感じ 📖『つんつくせんせい どうぶつえんにいく』	・《動物の謝肉祭》より「終曲」を聴き，どのようなことを感じるかたずねながら，これから始める「音楽ブックトーク」への期待をふくらませるようにする □　音楽ブックトークのテーマは何だろう ・読み聞かせをし，音楽ブックトークのテーマを考える
2．曲想と動物の様子をむすぶ	
この曲は何の動物を表していると思いますか	
♪《おどるこねこ（The Waltzing Cat）》 ・お城にいる猫みたい，だって豪華な感じがしたから ・ふかふかの絨毯の上で踊っていると思う。ゆっくりな曲だからふかふかしている絨毯のイメージがした ・スケートしている猫。（旋律が）流れるような曲だから，すうっと氷の上を滑っているように感じた ・しっぽが長い猫だと思う。"にゃ～お"って聞こえるところで，猫がなきながらしっぽをくにゃっとしてるみたいだから 📖『ゴリオとヒメちゃん』（物語紹介）	・テーマが動物であることを伝え，音楽の特徴から表している動物を想像するようにする ・音色や旋律，音楽の速さから感じる猫の姿を交流し，曲を聴く手がかりをつかめるようにする ☆　本から動物のイメージを広げ，曲の特徴と結びつけながら聴いている【鑑賞する姿　発言】2 ・物語の途中で読むのをやめて，もっと先が知りたいと思わせつつ，この先の「悪者動物シリーズ」への導入にする

1　学習指導案

📖『かちかちやま』（物語紹介） 　・タヌキって悪いけど，ウサギの方がもっとひどいと思う 　　なぁ	
♪《ピーターと狼》より「狼あらわる」 　・怖い感じがするからトラかなぁ 　・ホラー映画みたい。だんだん近づいてくる感じがするもの	□　これはどんな動物に聞こえるかな？ ・子どもたちと対話をしながら，音色と動物のイメージがつな 　がるようにする ☆　曲の特徴を感じ取りながら，聴いている 【鑑賞する姿　発言】1
📖『うさぎのおいしい食べ方』（物語紹介） 📖『赤ずきん』（物語紹介） 📖『おおかみと七ひきのこやぎ』（物語紹介）	・物語に描かれる「悪者動物」の代表のように描かれる狼に焦 　点をあて曲や本を紹介する
３．物語と音楽をむすんでイメージを広げる 📖『ともだちくるかな』（本紹介） 📖『あいつもともだち』（本紹介） 📖『オオカミくんはピアニスト』（読み聞かせ） ♪《花のワルツにもとづくパラフレーズ》 　　　　　　　　　　（途中で音楽を挿入する）	□　やさしいオオカミっていないのかな ・オオカミが心あたたかく描かれている物語を紹介し，次の絵 　本への導入にする ・途中，狼がヒツジたちにピアノを弾いて聴かせる場面で読む 　のを中断し鑑賞活動をする ・絵本に描かれている場面と音楽が重なるよう，絵が見えるよ 　うに提示したまま音楽を流す ・主題の箇所を抜粋して鑑賞できるようあらかじめ用意をして 　おく ☆　曲の特徴に気づいて聴く学習に進んで取り組もうとしてい 　る【鑑賞する姿　発言】3 □　オオカミくんは，このあとどのような曲を弾いてあげるの 　だろう ・このあとは，子ども一人ひとりが自由に想像を広げ，自分の 　なかでそっとしまっておけるよう，敢えて発言などを促さず 　に切り上げたい

⑧　その他…省略

第Ⅴ部　初等音楽科教育の資料研究

【中学年（第3学年）：歌唱】　　　　　第3学年音楽科学習指導案

日　時：○月○日
場　所：音楽室
指導者：○○立○○小学校　教諭　△△　△△
児　童：○○立○○小学校　3年○組　□□名

① 題　材
「強弱を工夫して歌おう」

② 題材について（題材設定の理由）
・児童観…省略
・題材設定の趣旨…新学習指導要領では，歌唱の学習において育てたい思考力・判断力を身につけるために，第1学年〜第2学年では「曲想を感じ取って表現を工夫する」学習内容が示されている。またそれを発展させた形で，第3学年〜第4学年では「曲の特徴を捉えた表現を工夫する」学習内容がある。ここでの低学年と中学年の学習内容の違いは，歌唱表現を工夫する手がかりを曲の特徴に求めるような思考過程を学習に盛り込むことが，中学年に新たに示されていることと捉えられる。ここでは，第3学年の歌唱共通教材「ふじ山」を取り上げて，曲の特徴を捉えたうえでの，強弱を中心とした表現の工夫を題材として設定した。
・学習指導観…「ふじ山」の曲の特徴は何か。これを第3学年の児童が主体的に捉えられるような指導の工夫が大切である。本題材では，図形楽譜を用いた音楽あそびなどを通して，視覚的な刺激と音の強弱との関連に気づかせる。この音楽あそびを「ふじ山」の歌唱表現の工夫に応用，発展させる。このことが，児童がより主体的にこの曲の特徴を捉え，強弱の表現を工夫することにつながるものと考える。

③ 題材の目標
・旋律の動きと強弱表現が関連していることに気づき，強弱を工夫して「ふじ山」を歌うことができる。
・「ふじ山」の曲の特徴を捉えて，どのように強弱を工夫するかについて思いや意図をもつことができる。

④ 教材と教材選択の視点　　【教材】　ふじ山（文部省唱歌　巌谷小波作詞）
　教材「ふじ山」は，第3学年の歌唱共通教材である。雄大な富士山の姿が1オクターブの音程のなかで広がりのある旋律で表現されていて，歌詞の表す情景と旋律の動きとが深く関連している。教科書では，4分の4拍子16小節の楽譜（4小節×4段）で示されており，3段目で旋律が次第に上行していき，4段目のはじめに2分音符による最高音が訪れ，今度は次第に旋律が下行していく。この3段目と4段目こそ，富士山の姿が反映されている部分である。とくにこの部分は，旋律の動きと歌唱の強弱表現との関連に気づかせる恰好のフレーズと考えられ，本題材の教材として取り上げるに相応しい理由となった。

⑤ 題材の学習指導計画（全3時間）
　第1時：「ふじ山」の歌詞と旋律を覚える。
　第2時：音楽あそびを通して，音楽表現に強弱を工夫するよさや面白さを味わう。
　第3時：「ふじ山」の旋律の動きなどに特徴を見つけ，強弱表現を工夫する。（本時）

⑥ 評価計画（評価規準）

	知識・技能	思考・判断・表現	主体的に学習に取り組む態度
評価規準	① 旋律の動きなどと強弱表現には相関的な関係があることに気づき，「ふじ山」を強弱に気をつけて歌っている。	② 「ふじ山」の旋律の動きを根拠にして，歌う際の強弱表現をどのようにするか思いや意図をもっている。	③ 音楽あそびを通して学んだことを生かしながら，歌唱の強弱表現を工夫する学習に進んで取り組んでいる。

⑦ 本時の学習活動（3／3時）
　(1) 本時の目標
　　　「ふじ山」の旋律の動きなどに特徴を見つけ，歌唱の強弱表現を工夫することができる。

1　学習指導案

(2) 本時の展開

学習内容　・学習活動	□教師の働きかけ　・留意点　☆評価
1．前時を想起して，音楽あそびを行う ・ドラえもんの好物である「どら焼き」を二つに割った断面図を使い，あんこの入り具合によって，拍手の強さを変えるゲームを行う。 ・「指揮棒に合わせて，拍手の強弱を変えるのは面白いな」 ・「なんだか，どら焼きが楽譜みたいだね」 2．「ふじ山」を歌い，課題を確認する ・歌詞と旋律を想起して，前の時間に覚えた「ふじ山」を歌う。	□　先生が動かす棒のところには，あんこがどれくらい入っているかな？　たくさん入っているときは強い拍手を，少ししか入っていないときは弱く拍手をしてください。 ・はじめは教師による指揮，慣れてきたら児童にも指揮をさせる。 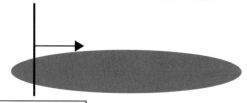

「ふじ山」を，強弱の工夫をして歌おう

3．「ふじ山」のどこを強く歌っているか，歌いたいかを考える ・「へぇ，そうかなぁ。自然に強弱をつけて歌っているんだぁ」 ・「どんなところを強く歌っているのかな？」 ・「どんなところを弱く歌っているのかな？」 ・音の高さを表した線だ！ 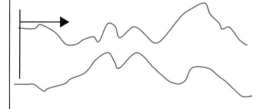 ・児童は，教師が動かす指揮棒を見ながら，そして歌声を聴きながら，強弱表現について考え，強く歌いたいところで拍手をする。 ・「本当だ！　知らず知らずのうちに，強く歌っているところと弱く歌っているところがあるんだね」 ・「旋律線の高いところに拍手が集まっているよ」 ・「音が高くなればなるほど，強く歌っているのかな」 ・「『ふじは日本一……』の『ふ』のところで，いちばん強い拍手になっているね」 ・「いちばん高い音の『ふじ』のところに向かって，だんだん音が高くなっていて，歌い方もだんだん強くなっていってい	□　みんなは，知らず知らずのうちに，「ふじ山」の歌に強弱をつけているみたいですよ。今日は，この歌のどういうところを強く歌ったり弱く歌ったりしているのか，みんなで探っていこう。 ・「ふじ山」の旋律線を大きく描いたものを黒板に掲示する。（教科書の楽譜2段を1段にまとめたもの。合計2段になる） 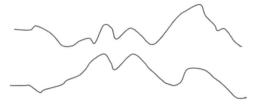 □　では，先生が一人で「ふじ山」を歌いながら棒を動かしていきます。「あ，自分はここを強く歌っているな」というところで拍手をしましょう。とても強く歌っている，あるいは歌いたいなぁ，って思うところは，強く拍手してください。少しだけ強く歌っている，歌いたいというところは，弱く拍手してください。 ・教師は，指揮棒を動かしながら，旋律線の進行に合わせて「ふじ山」を歌う。 □　どういうところで，みんなの拍手が強くなったのかな？　考えてみましょう。 ・高い音は強く表現したくなる，長い音は強く表現したくなる，という自然な感覚を児童間で共有できるようにしたい。 ・旋律の動きが上行だとクレシェンドして歌いたくなり，下行だとデクレシェンドで歌いたくなる，という自然な感覚を児

第Ⅴ部　初等音楽科教育の資料研究

る気がする」	童間で共有できるようにしたい。
・「この曲を作った人は，富士山は日本一だっていうことを言いたかったんじゃないかな。だから，『ふじは……』のところを強く歌わせたくて，高い音や長い音を使ったんじゃないかな」	・旋律の動きと歌詞との関係にも目が向けられるとよい。 ☆　「ふじ山」の旋律の動きなどに特徴を見つけ，歌唱の強弱表現について思いをもっている。【発言など】②
4．学習のまとめをする	
・音が高くなると強く歌いたくなる。	□　素晴らしいですね。いい考えがたくさん出てきました。まとめましょう。
・音が低くなると弱く歌いたくなる。	
・歌をつくった人がいちばん言いたいところには，強く歌いたくなるようなしかけがちゃんとある。「ふじ山」の場合は，歌詞と旋律が関係し合っている。	・ワークシートなどに，どんなところに気をつけて歌うかをまとめることも評価に役立つ。
	□　今日勉強したことは，ほかの歌の勉強でも役立つ考え方ですね。では，今日勉強したことを生かして，もう一度「ふじ山」を歌いましょう。
・「ふじ山」を歌う。	

【高学年（第5学年）：器楽】　　　　第5学年音楽科学習指導案

日　時：○月○日　　場　所：音楽室
指導者：○○立○○小学校　教諭　△△　△△
児　童：○○立○○小学校　5年○組　□□名

① 題　材
「息を合わせて演奏しよう」

② 題材について（題材設定の理由）
・児童観…省略
・題材設定の趣旨…第3学年から継続して取り組んできたリコーダーを中心に，グループ・アンサンブルを
する。旋律，和音，低音という音楽の構造を理解し，音の組み合わせを考えながらパートを決め，息を合
わせて演奏をする。また，オーケストラの鑑賞教室で聴くことになっている曲を演奏することで，曲に親
しみをもてるようにする。また事前に，祝祭的でクラシック音楽の文化が根づいていることを一見して感
じることができる，ロンドンの音楽祭「プロムス」の《威風堂々》を鑑賞したい。
・学習指導観…第5学年になり，これまでに経験してきた器楽合奏の体験を生かし，小グループによる合奏
を自分たちで課題を見出しながら進める活動に挑戦する。そのため，一人ひとりが毎時間学習感想を書
き，ポートフォリオを作成することで前時と本時が連続していけるようにする。また，教師はそれぞれの
グループの課題を見取り，自分たちで解決していく足場かけとなる支援をし，子どもたちがよりよい演奏
を目指して練習できるようにする。

③ 題材の目標
・グループで楽器の組み合わせを考えながら器楽合奏する活動をとおして，旋律，和音，低音の役割に気づ
き，息を合わせて演奏する楽しさを味わう。
・自分の演奏経験をオーケストラの演奏に重ね合わせ，興味をもって聴く。

④ 教材と教材選択の視点　　【教材】 威風堂々（作曲：エルガー）　　オーケストラによる演奏DVD
《威風堂々》のトリオの部分は旋律，和音，低音が明確で音楽の構造をつかみやすく，その旋律は大変魅力
的でありリコーダーでも比較的演奏しやすい。さらに伴奏の和音，低音のパートが4分音符となっているた
め，グループで合奏をする際，自分たちで息の合った演奏を目指しやすい。また，自分たちの演奏経験を経
て，オーケストラの演奏を視聴することで，オーケストラの楽器や演奏会への興味をふくらませ，音楽鑑賞教
室がより有意義な経験となると考え本教材を選択した。

⑤ 題材の学習指導計画（全8時間）
第1時：リコーダーで旋律を演奏できるようになろう。（1／8時）
第2時：旋律，和音，低音の役割をつかんでパートを決め，息を合わせて演奏しよう。（2／8～6／8時）
第3時：オーケストラの演奏を聴こう。（音楽鑑賞教室）（7／8～8／8時）

⑥ 評価計画（評価規準）

	知識・技能	思考・判断・表現	主体的に学習に取り組む態度
評価規準	1ア　旋律をリコーダーで演奏している イ　旋律，和音，低音の役割をつかんで いる ウ　オーケストラの良さを演奏を聴きな がら感じ取っている	2ア　旋律，和音，低音の役割を踏ま え，パートを決めている イ　よりよい演奏を目指して，仲間と表 現のしかたを工夫している	3ア　グループでの練習場面で，演奏を よりよいものにしようと取り組んで いる イ　オーケストラの特徴に気づき，聴く 学習に進んで取り組もうとしている

第Ⅴ部　初等音楽科教育の資料研究

⑦　本時の学習活動（5／8時）

(1)　本時の目標

　交代で聞き役になりながら自分たちの演奏の課題を見出し，表現の工夫をする。

(2)　本時の展開

学習内容　・学習活動	□教師の働きかけ　　・留意点　　☆評価
1．今日の課題をつかみ時間配分を決める	
・お互いの音を聞きながら合わせられるようにしよう	□　それぞれのグループはどのような練習をしようと考えているのかな
・伴奏のタイミングをもっとぴったり合わせたい	
・最後をゆっくりにして，盛り上げながら終わったらどうだろう	・グループでの話し合いの時間を設け，練習計画を立てられるようにする
・はじめは個人練習をして，あとから合わせよう	
・まず一度合わせてからできないところを個人練習したらどうだろう	
2．よりよい演奏を目指して合奏する	
交代で聞き役になってみよう	
・はじめの合図をはっきり出さないと合わせられない	□　交代で聞き役になり，自分たちの演奏がどのようになっているか，また課題は何かを見出しながら練習しよう
・指揮者をつくったら合わせやすくなった	
・伴奏のタイミングが合っていないので，リコーダーを休みにして，伴奏だけで演奏してみよう	・冒頭の入りをぴったり合わせたいグループには，はじめにタイミングを合わせて全員で息を吸うとよいことを伝える
・打楽器を入れたらもっと盛り上がりそうだ	・聞き役になることによって自分たちの演奏の課題を見出し，一つ一つ解決していくよう声がけをする
・伴奏の音色（電子キーボード）を替えたらもっとオーケストラっぽくなりそうだ	・他のグループの音が重なり，合わせづらいので，別室も含め活動場所を指定して練習する
・木琴（マリンバ）のマレットを替えたらもっと柔らかい感じが出せるかもしれない	・電子キーボードの音色選びに時間をかけすぎないよう，音の組み合わせのリストをつくって提示する
	☆　よりよい演奏を目指して，表現のしかたを工夫している【練習する姿　発言】※2イ
3．良くなったところと次時への課題を見出す	□　学習感想を書き，次の時間に取り組むことを話し合おう
・まだ弾けないところがあるから練習してこよう	・本時に工夫したことをふり返り，演奏がよりよくなったことを確認したい
・曲のはじめがぴったり合うようになってうれしい	
・指揮者をしてみたら，とても気持ちよかった	・本時に工夫した点を交流する場を設け，互いが刺激し合えるようにする
・少しずつ速くなってしまうのを直した方がよいと思う	
・もっと盛り上げて曲を終わらせるために，最後はもっとゆっくりにした方がよいと思う	
・休み時間も練習してよいですか	
・みんなからの感想を聞きたいです	□　次時に仕上げの練習をし，次々時に互いの演奏を聴き合う発表会をしたらどうだろう

⑧　その他…省略

1　学習指導案

【高学年（第6学年）：鑑賞・音楽づくり】　第6学年音楽科学習指導案

日　時：○月○○日
場　所：音楽室
指導者：○○立○○小学校　教諭　△△　△△
児　童：○○立○○小学校　6年○組　□□名

① 題　材
　「『ずれ』の仕組みを生かして音楽をつくろう」

② 題材について（題材設定の理由）
　・児童観…省略
　・題材設定の趣旨…音楽づくりの学習では，児童は楽譜などに頼ることなく，白紙の状態から音楽をつくる
　　活動を行う。それだけに，音楽をつくる際の約束事や条件などについて，児童が明確に把握できていなけ
　　ればならない。音楽をつくる際の約束事や条件というのは，〔共通事項〕にある各事項が参考になる。例
　　えば，あるリズムを反復させたり，他のリズムと呼びかけとこたえの関係になるようにつなげたりしなが
　　ら音楽をつくる，という具合に条件が整備される。音楽づくり単独で題材を構成し，つくる音楽の約束事
　　や条件を提示する場合もあるが，本題材では，鑑賞の学習と関連させることで，児童がよりスムーズに音
　　楽づくりの約束事や条件を捉え，意欲的に見通しをもって学習に取り組めるようにした。
　・学習指導観…表現と鑑賞を関連づけた学習は，学習すべき内容の理解が深まり，また音楽への親しみも深
　　まることにつながる。新しい学習指導要領では「深い学び」が提唱されているが，音楽科においては，こ
　　の表現と鑑賞を関連づけた学習も，児童の深い学びを助ける手段になろう。本題材では，鑑賞の学習で得
　　た知識をもとにして音楽遊びを行い，さらにグループごとによる音楽づくりの学習へと発展させる。グ
　　ループでの音楽づくりは，児童間のコミュニケーションを活発にし，学校での音楽学習の価値を一層高め
　　るものと考える。

③ 題材の目標
　・「クラッピング・ミュージック」（スティーブ・ライヒ作曲）が「ずれ」の仕組みでできていることを理解
　　し，児童が自らその仕組みを生かして音楽をつくることに関心をもち，主体的に学習に取り組むことがで
　　きる。
　・「ずれ」の仕組みのよさや面白さを感じ取って，どのような音楽をつくるかについて，思いや意図をもつ
　　ことができる。

④ 教材と教材選択の視点　　【教材】　クラッピング・ミュージック（スティーブ・ライヒ作曲）
　　鑑賞教材は，スティーブ・ライヒ作曲の「クラッピング・ミュージック」である。手拍子だけでできている
　音楽で，4分の6拍子の同一のリズムパターンを2人の奏者が，タイミングをずらして演奏するという仕組み
　になっている。児童にとっては，リズムが細かく，複雑に絡み合っているようで難解な音楽に感じられるだろ
　う。しかし，仕組みそのものの原理さえ理解すれば，楽しく鑑賞できる。鑑賞の学習で得た知識である「ず
　れ」の仕組みを，今度は音楽づくりの学習に生かすことにする。こうして，鑑賞と音楽づくりの学習を「ず
　れ」という音楽の仕組みでつなげることで，児童の学習がより深まり，かつ効率よく展開できるものと考え
　る。

⑤ 題材の学習指導計画（全4時間）
　　第1次：「クラッピング・ミュージック」を鑑賞し，この音楽が「ずれ」の仕組みでできていることを理解
　する。　　（1時間）
　　第2次：「ずれ」の仕組みを用いて，グループでリズムの音楽をつくる。　　　　（3時間，本時2／4）

第Ⅴ部　初等音楽科教育の資料研究

⑥　評価計画（評価規準）

	知識・技能	思考・判断・表現	主体的に学習に取り組む態度
評価規準	①　「クラッピング・ミュージック」の音楽が「ずれ」の仕組みでできていることを理解する。	②　「ずれ」の仕組みを生かして，どのような音楽をつくるかについて思いや意図をもっている。	③　「ずれ」の仕組みでできている音楽に関心をもち，主体的に鑑賞や音楽づくりの学習に取り組んでいる。

⑦　本時の学習活動（2／4時）

（1）　本時の目標

　「ずれ」の仕組みを生かして音楽遊びを行ったり，即興的な表現をさまざまに試したりして，グループでどのような音楽をつくることができるか思いや意図をもつことができる。

（2）　本時の展開

学習内容　・学習活動	□教師の働きかけ　・留意点　☆評価
1．前時の鑑賞の学習を想起して，音楽遊びを行う ・「クラッピング・ミュージック」を想起して，「ずれ」の仕組みを生かした音楽遊びを行う。 ・「6拍子にも慣れてきたね」 ・「半拍だけずらして演奏するのって，難しいね」 ・「できない！」 ・4拍子のリズムパターンを全員で打つ。 ・「これならリズムをずらすことができそうだね」 ・「はじめは，4拍ずらしてみよう」 ・「次は，2拍ずらしてみよう」 ・「面白いね。ずらす拍を変えると，重なってできるリズムも変わってくるよ」 ・「よし，次は1拍に挑戦しよう！」 ・「難しいけれど面白い！」 ・「次は3拍だ！」	□　「クラッピング・ミュージック」で使われていたリズムパターンを覚えていますか？　もう一度手拍子で打ってみましょう。 （6/4拍子のリズム譜） ・全員揃って6拍子のリズム打ちができたら，2つのパートに分けて演奏を始めるタイミングを片方が半拍ずらすようにする。 □　6拍子のリズムを半拍だけずらして演奏するのは難しいね。では，2拍子の簡単なリズムに置き換えて演奏してみよう。 ・下のリズムを提示して，全員で同時に演奏する。 （2/4拍子のリズム譜） ・全員揃って2拍子のリズム打ちができたら，2パートに分けて演奏を始めるタイミングを片方が〇拍ずらすようにする。その際，何拍ずらすかについては，児童の意見を取り入れながら行い，意欲を一層喚起する。
「ずれ」の仕組みを生かしてリズムの音楽をつくろう。	
2．「ずれ」の仕組みを生かした音楽をつくる ・4〜6人のグループで音楽をつくる。 ・まず，どのような「ずれ」のリズムができるか，いろいろな可能性を試す。 ・「何拍ずらすか，いろいろ試してみよう」 ・「まず2拍ずらしてみよう」 ・「うん，簡単にできるね」	□　では，「ずれ」の仕組みを生かし，グループで音楽をつくってみましょう。条件は次の通りです。 条件1 　4〜6人グループで行う。音楽遊びで使った2拍子のリズムパターンを基本のリズムパターンにする。 条件2 　そのリズムパターンを何拍かずらしてリズムを重ねる音楽をつくる。何拍ずらすか，いくつのパートにするか，何種

1　学習指導案

・「2つのパートだけでなくて，4人いるから4つのパートに
　分かれてリズムをずらして演奏してみよう」
・「うん，これはさっきよりずっと面白くて格好いいね」
・「次は，1拍ずらすことに挑戦しよう！」
・「うん，面白いね」
・「だいたいできてきたよ」
・「音楽の始め方や終わり方はどうしようか」
・「基本のリズムをみんなで一緒に2回繰り返すのを，始めと
　終わりにしてはどう？」
・「うん，いいね」

3．どのような音楽ができそうか，どのような音楽をつくりた
　いか，ノートなどにメモを残す
・本時で試したことや，どのような音楽にしたいかなど，自由
　に設計図を描いたり，文章で書いたりしてメモを残す。

類のずれを取り入れるかはグループの自由とする。
　条件3
　音楽の始め方，終わり方は自由とする。基本のリズムパ
　ターンをみんなで同時に打ってもよい。

☆　「ずれ」の仕組みでできている音楽に関心をもち，主体的
　に音楽づくりの学習に取り組んでいる。【観察】③

□　次の時間には，グループの音楽を完成させましょう。今日
　の学習で，どのような音楽ができそうか，そしてどんな音
　楽をつくりたいか，見通しがもてたと思います。その思い
　や今日やったことなどをノートに書いておきましょう。
☆　「ずれ」の仕組みを生かして，どのような音楽をつくるか
　について思いや意図をもっている。【観察・ノートの記述】
　②

2 特色ある音楽教育

ダルクローズのリトミック

エミール・ジャック=ダルクローズ（Emile Jaques-Dalcroze, 1865～1950）は，オーストリアのウィーンで生まれ，スイスのジュネーブで没した作曲家，音楽教育家である。ウィーンの音楽学校を卒業し，1892年にジュネーブ音楽学校の和声学の教授となった彼は，和声学の授業を通して，学生たちが音楽をイメージすることなく，種々の約束に従って音をただ並べているだけであることに気づき，「もっと内的に音を感じ，その感じを音楽として自由に表現できる能力を身につける必要があるのではないか」と考えた。そして「動きを通して訓練すれば欠けているリズム感を養うことができるのではないか」という大発見をし，全身を使って行うさまざまなリズム練習のメソッド「リトミック」を創り上げた。

リトミックは，「リズム運動」「ソルフェージュ」「即興」の3つの分野から構成されており，「経験する」ことをすべての根本においている。「リズム運動」では，音楽に合わせて歩いたり，走ったり，スキップしたり，踊ったりすることを通して音楽を空間のなかで捉え，どの位の速さで（時間），どの位の強さで（エネルギー），どのような感じで広がっていくのか（空間）を，身体の動きを通して体験し表現していく。また「ソルフェージュ」では，主音，半音と全音，音階，音程，和音などを歌うことで，響きや音の役割，音の表情の違いを感じる練習を繰り返し行う。そして「即興」では，楽曲の構造や音楽上の知識などに気を配りながら，ピアノや声や打楽器，体の動きなどによって自らのアイディアを音楽として創出する喜びを味わうとともに，より深い音楽理解へとつなげていく。

リトミックの最も重要な目的は，「心身の調和を通した人間教育」だといわれている。自分が感じ考えていることを自身の身体を自由にコントロールし表現できるようになること，神経組織や筋肉組織を訓練することを目的としている。音楽によって感性を磨き，エクササイズによって脳に刺激を与え成長を促し活性化させるという理念が根幹にある。

音楽を聴き，感じ，考え，自分なりに反応する経験を積み重ねながら，楽曲に対する深い理解力と，それを豊かに表現する力を養うことを目指す教育法である。

参考文献 エミール・ジャック=ダルクローズ，河口道朗編，河口眞朱美訳『定本オリジナル版　リズム・音楽・教育』開成出版，2009年。

オルフの音楽教育

カール・オルフ（Carl Orff, 1895～1982）は，《カルミナ・ブラーナ》等を作曲したドイツを代表する作曲家で，「音楽」「ことば」「動き」を重視した音楽教育を確立した人物である。彼は子どもの頃から音楽に関心を示し，即興でのピアノ演奏や作曲を行った。1924年には舞踊家のドロテー・ギュンター（Dorothee Günther）とともに体操，音楽，舞踊の学校「ギュンター・シューレ」を創設，また第二次世界大戦後の1948年から5年間にわたりラジオ局バイエルン放送による音楽教育番組を担当した。この活動が後に『子どものための音楽（*Musik für Kinder*）』（全5巻）にまとめられている。この曲集には，オルフ楽器による即興的な演奏が可能な短い合奏曲や，言葉がついた曲も存在する。第Ⅰ巻はペンタトニック（ドレミソラの5音音階）によって作曲されている。

① オルフの音楽教育の特徴

オルフは，「音楽」「ことば」「動き」を融合し結びつけたものをエレメンターレ・ムジーク（Elementare Musik）と呼んで，子ども自らが実践できる基礎的音楽が大事であるとした。例えば，譜例1の言葉を用いたリズムの模倣，譜例2のリズムによる問答などは，その例である。他にも，短いリズムオスティナート（繰り返し）によるもの，カノンやロンド形式を用いた短い音楽があげられる。オルフは即興的表現を通して，誰もが参加できる音楽表現，皆で音楽をつくりあげることの楽しさや人間同士がかかわることを重視した。

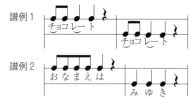

② オルフ楽器

オルフの指導で使用されるオルフ楽器は，コンガ，ウッドブロックなど，響きがよく丈夫な造りで，なかでもシロフォンやメタロフォンは，共鳴箱の上の音板を取り外し，必要な音のみ使用することができる。またそれぞれの楽器で使用するマレット（ばち）を木，毛糸巻，ゴム製に変えることで音色を変化させられる。

参考文献 日本オルフ音楽教育研究会『オルフ・シュールヴェルクの研究と実践』朝日出版社，2015年。

コダーイの音楽教育

コダーイ・ゾルターン（Kodály Zoltán, 1882〜1967年）は，ハンガリーの著名な作曲家，民族音楽学者，教育学者である。主な作品は劇音楽《ハーリ・ヤーノシュ》の他，管弦楽曲，歌曲や合唱曲などがある。「音楽はすべての人のものである。本当の音楽教育は，音楽を理解し楽しむもの」という理念に基づいて音楽教育の改革に尽力し，教育のための作品も多数残した。

コダーイは歌うことを重視し，民謡やわらべうたを音楽の母国語と考えて，音楽教育の出発点に位置づけた。具体的には，幼児期には，わらべうたで手拍子や行進をする，メロディを手で上下に指し示しながら歌う，フレーズの模倣や即興的な応答をする活動を通して，リズムや拍動，音の高低，音楽の形式を感じ，音楽的な感覚を培うことが目指される。こうした活動を通して培われた音楽的な感覚を基盤に，小学校では，幼児期に歌ったうたを教材にしてリズムや階名を理解する。子どもが階名の読み書きに習熟したら，階名と並行してドイツ音名を指導する。このようにコダーイの音楽教育では，幼児期から一貫して，聴取，理解，表現の活動がバランスよく計画されている。

以下の2点は，コダーイの音楽教育で特徴的な指導技術である。

（1）リズム唱：リズム唱とは，4分音符は「ター」，8分音符は「ティ」，4分休符は「スン」等のように読む方法である。リズム名は19世紀の音楽教育法「ガラン＝パリ＝シュヴェ法」から採用された。初歩段階のリズムの把握や記憶に有効である。

（2）ハンドサイン：イギリスのJ. カーウェン（John Curwen, 1816-80年）が提唱したハンドサインは，階名の役割を視覚化して読譜を助けるほか，二声の響きを感じさせ，和声感を育成するために有効である。

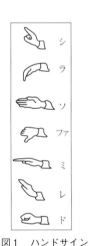

図1　ハンドサイン

譜例1　《うみ》のリズム唱とハンドサイン使用例

参考文献　フォライ，K. & セーニ，E., 羽仁協子・谷本一之・中川弘一郎共訳『コダーイシステムとは何か——ハンガリー音楽教育の理論と実践』全音楽譜出版社，1974年。

創造的音楽学習（Creative Music Making = CMM）

「創造的音楽学習」（CMM）は子どもの主体性や創造性を重視し，多様な音楽様式の追究によって音楽観の拡大を促す学習活動として，1960〜70年代から欧米を中心に主張され展開された音楽教育思想である。日本においては，1980年の M. シェーファーの『教室の犀』，1982年の J. ペインターと P. アストン共著『音楽の語るもの』の出版が大きな契機となり広がりをみせた。CMM の海外の動向が紹介されるとともに，日本でも独自に山本文茂，坪能由紀子，島崎篤子，星野圭朗らによって理論化と実践が展開されていった。山本・松本の『創造的音楽学習の試み』，坪能・島崎の『鑑賞指導の手引き』は日本の CMM 導入の代表的な著作である。また，星野も小学校での授業実践を積み重ね，実践の展開に影響を与えた。これらの動向を受けて，平成元年改訂の学習指導要領より「つくって表現する活動」として導入され，現在は「音楽づくり」の活動として展開されている。

CMM は子どもの側に立った新しい創作音楽教育として，日本の伝統音楽をはじめ現代音楽やポピュラー音楽など，幅広い音楽を対象とする。またその活動は，「経験創作」を中心とした即興的表現，身体表現，手作り楽器の制作，音素材の追究など，多様である。こうした音楽教育理念と実践の広がりは，これまでのともすると西洋近代の芸術音楽中心の技術主義的音楽教育からの脱却を図るきっかけとなった。例えば具体的実践にあたり，星野は以下の8つの理念を示した。

（1）生活の音から素材を選び，音楽に発展させる。
（2）間違いはないという考え方からの出発。
（3）上手下手はなく，自分自身の表現を大切に。
（4）今もっている技術を生かして音楽的表現をする。
（5）五線譜不要，必要に応じて図形楽譜などを使用。
（6）与えられるのではなく，創造すること。
（7）即興的な表現が中心となった学習展開。
（8）感性を磨き個性を生かし，創造性を育てる。

上記8つの理念が示唆するものは，既存の技術指導を中心に展開されがちであった小学校教員の音楽教育観の変革である。今後も理論と実践の観点から教育現場において研究を深めていくことが必要である。

参考文献　星野圭朗『創って表現する音楽学習——音の環境教育の視点から』音楽之友社，1993年。／松本恒敏・山本文茂共著『創造的音楽学習の試み——この音でいいかな？』音楽之友社，1985年。／ペインター，J. & アストン，P., 山本文茂他共訳『音楽の語るもの——原点からの創造的音楽学習』音楽之友社，1982年。

3 音楽史・音楽教育史年表

世紀 ： 紀元前(B.C.) ── 1・2・3・4・5・6・7・8・9・10・11・12・13・14・15・16・17 **世紀**
年代 ： B.C. ── 100 ── 500 ── 1000 ── 1600

西洋

音楽史

[ギリシャの音楽]
・音楽、舞踊、劇の一体化
・ギリシャ旋法
・ピュタゴラス(B.C.570頃-480)
・ヘブライの音楽
・ユダヤの音楽
・キタラ、アウロスなど

[単旋律の音楽]
○キリスト教聖歌
・単旋律聖歌
・ビザンチン聖歌
・グレゴリウス1世(在位590-604)
・教会旋法
・ネウマ譜
●オルガヌムの発生

[多声音楽の音楽]
・トロープス
・オルガヌム

[多声音楽の興隆]
・典礼劇
[ノートル・ダム楽派]
レオナン(12c後半に活躍)
ペロタン(13c頃に活躍)
・モテット
[世俗音楽の興隆]
吟遊詩人の活躍
・定量記譜法
●オルガヌムの普及
アルス・アンティクァ ／ アルス・ノヴァ

[対位法の発展]
・ギョー通模倣文の通作
マショー(1300頃-77)

[調性音楽の発展]
[調性音楽の確立]
○オペラ・オラトリオの誕生(1600頃)
○宗教改革の音楽 ・コラール
[イタリア古楽派] [フランス古楽派]
パレストリーナ(1525-94) モンテヴェルディ(1567-1643)
デュファイ(1398頃-1474) シュッツ(1585-1672) パッヘルベル(1659-1706)
[フランドル楽派] リュリ(1632-87) パーセル(1659-95)
オケゲム(1410頃-97頃) ・リトルネッロ形式 ・フーガ
ジョスカン・デ・プレ(1440頃-1521) ラッソ(1532頃-94)
・近代五線記譜法
●チェンバロ全盛期
・最初の印刷楽譜の出版(1501)
ルネサンス ／ バロック

音楽教育史

[古代ギリシャの音楽教育]
・エートス論
・ハルモニアとリトゥルギア
プラトン(B.C.427-347)
アリストテレス(B.C.384頃-322)

[宗教教育としての音楽教育の確立]
・スコラ・カントルムの創設(314)
・七自由学科の教育体系
・ローマに歌手学校創設(461)
ボエティウス(480頃-524)『音楽教育』
アウグスティヌス(354-430)『音楽論』

[騎士階級の音楽教育]
ダイード・ダレッツォ(995頃-1050頃)
・ドレミの手
・階名唱法

[宗教改革期の音楽教育]
・下級学校の成立
・学校でのコラールの重視
・カントル職の確立(ドイツ)
・音楽の個人教授が盛んになる
・学校の多様化

政治・社会史

縄文文化 ／ 弥生文化
・縄文文化
・弥生文化
・稲作、金属器が伝来
・邪馬台国
・大和政権

・ブレンヌスのローマの実証(B.C.4頃)
・キリスト生誕
・ゲルマン民族の大移動開始(375)
・ローマ帝国の東西分裂(395)

・キリスト教の公認(313)
・フランク王国の成立(486)
・十字軍の遠征始まる(1096)
・神聖ローマ帝国の成立(962)

・教会の東西分裂(1054)
・スコラ学
・オスマン帝国成立(1299)

・百年戦争(1339-1453)
・元の興起(1274頃-1368)
・建武の新政(1334)
・室町幕府(1338)
・応仁の乱(1371)

・ルターの宗教改革(1517)
・イエズス会の成立(1534)
・活版印刷術の発明(1450)
・コロンブス、アメリカに到着(1492)
・天正遣欧少年使節(1582)

・鉄砲伝来(1543)
・キリスト教伝来(1549)
・室町幕府滅亡(1573)
・本能寺の変(1582)
・江戸幕府(1603)
・島原の乱(1637)
・鎖国の完成(1639)

・ドイツ30年戦争(1618-48)
・ガリレイ地動説改革(1633)
・清教徒革命(1642-49)
・名誉革命(1688-89)
ピョートル大帝(在位1682-1725)

・関ヶ原の合戦(1600)

時代区分：縄文 ／ 弥生 ／ 古墳 ／ 飛鳥 ／ 奈良 ／ 平安 ／ 鎌倉 ／（南北朝）／ 室町 ／ 安土桃山

日本

音楽史

[大陸音楽の移入]
・仏笛伝来
・三韓楽伝来
・伎楽伝来
・百済楽伝来

[貴族文化の音楽]
・林邑楽伝来(736)
・伎楽伝来(612)
・声明の日本化
・礼楽思想

[貴族の音楽]
・雅楽の日本化
・田楽の流行
・今様
[源氏物語](1008)「平家物語」
・平家琵琶・平家琵琶の成立
・猿楽の流行

[武家の音楽]
・鎌倉幕府(1192)
・保元平治の乱(1156-59)
・源平合戦(1180頃)
「梁塵秘抄」

[武士の時代の音楽教育]
・武士の音楽に雅楽が加わる
世阿弥(1363-1443)
観阿弥(1333-84)
・能の流行
・曲舞の流行

[庶民の音楽の台頭]
・キリスト教音楽の伝来
・人形浄瑠璃の誕生
●三味線の伝来(1558-69頃)

八橋検校(1614-85) 生田検校(1656-1715)
出雲阿国歌舞伎
竹本義太夫(1651-1714)義太夫節
●普化宗の尺八

音楽教育史

[貴族の音楽教育]
・雅楽寮設置(701) 伝来(735)
・「琴歌譜編」伝来(747)
・「天平琵琶譜」伝来(833頃)
・律制改革
・真言宗で声明の制定(835)

[武士の時代の音楽教育]
・武士の音楽に雅楽が加わる
・世阿弥「風姿花伝」(1400頃)

[庶民の音楽教育]
・キリシタン大名による宣教師養成学校や
セミナリヨ設立(キリスト教の音楽教育)、教習

「糸竹初心集」(1664)
・礼楽思想による楽の尊重の維持
・武楽思想による能楽復興と幸若舞楽の創始
・武家式楽による能楽と雅楽演奏伝承の復興
「楽家録」(1690)

3 音楽史・音楽教育史年表

18		19		20		21
1700	1800		1900		2000	

時代区分（西洋音楽）：古典派 ／ ロマン派 ／ 近代 ／ 現代
時代区分（日本）：江戸 ／ 明治 ／ 大正 ／ 昭和 ／ 平成 ／ 令和

西洋音楽史

[和声音楽の定着]
◎ロココ様式
グルック (1714-87):オペラの改革
[前古典派]
シュターミツ (1717-57)
ヴィヴァルディ (1678-1741)
ヘンデル (1685-1759)
J.S.バッハ (1685-1750)
・ピアノの発明 (1709)

[ソナタ形式の発展]
◎市民文化の台頭
・音楽家の自立
[ウィーン古典派]
ハイドン (1732-1809)
モーツァルト (1756-91)
ベートーヴェン (1770-1827)
・公開演奏会始まる
●音楽器の改良

[ロマン派の音楽]
ヴェルディ (1813-1901)
メンデルスゾーン (1809-47)
ヴァーグナー (1813-83):楽劇
《タンホイザー》復活上演 (1829)
シューマン (1810-56)
リスト (1811-86):交響詩
ショパン (1810-49)
ベルリオーズ (1803-69)
・平均律へ徐々に普及

[転調の多用]
チャイコフスキー (1840-93)
ブラームス (1833-97)
マーラー (1860-1911)
ブルックナー (1824-96)
[国民楽派]
スメタナ (1824-84)
ムソルグスキー (1839-81)
ドヴォルザーク (1841-1904):交響曲
リムスキー＝コルサコフ (1844-1908)
・審音機の発明 (1877)

[印象主義]
ドビュッシー (1862-1918)
ラヴェル (1875-1937)
[新古典主義]
ストラヴィンスキー (1882-1971)
プロコフィエフ (1891-1953)
シベリウス (1865-1957)
[神秘主義]
メシアン (1908-92)

[調性系の解体]
[十二音技法]
シェーンベルク (1874-1953)
バルトーク (1881-1945)
[異調性の音楽]
ケージ (1912-92)
[ミュージック・セリエル]
ブーレーズ (1925-2016)
[ミュージック・コンクレート]
ライヒ (1936-)
シュトックハウゼン (1928-2007)
[音素材の多様化]

学校音楽教育・音楽教育

[宗教教育としての学校音楽教育の形骸化]
[学校音楽教育の改革①] 教会主導から国家主導へ
ルソー (1712-78):『エミール』(1762)
ペスタロッチ (1746-1827)
ネーゲリ (1773-1836):『ペスタロッチの原理による唱歌教育論』(1810)
L.メーソン (1792-1872):「ボストン音楽アカデミー手引書」(1834)
ヒラー (1728-1804)
シュルツ (1747-1800)
ヘルダー (1744-1803):民謡論と民衆教育
ツェルター (1758-1832)
チェルニー (1791-1857)
シラー (1759-1805):美的教育論
B.C.L.ナトルプ (1774-1846)
コンラーニ (1801-61)
汎愛派の音楽教育 (1795)
コンセルヴァトワール (イタリア) パリ音楽院創設 (1795)
ウィーン音楽院創設 (1817)
モスクワ音楽院創設 (1866)

[学校音楽教育の改革②] 唱歌から音楽へ
ケストナー (1882-1952):イェーテ
デューイ (1859-1952)
シュタイナー (1861-1925)
ダルクローズ (1865-1950)のリトミック
コダーイ (1882-1967)
オルフ (1895-1982)
ケルチェンシュタイナー (1854-1932)
アドリヒ (1903-69)
アーベル＝シュトルート (1924-87)
・多文化音楽教育
・青少年音楽運動
・創造的音楽学習
・コンセプチュアル・ラーニング
・サウンド・エデュケーション

一般史

[啓蒙思想の時代]
オーストリア継承戦争 (1740-48)
・市民階級の台頭
・イギリス産業革命開始
・アメリカ独立宣言 (1776)
・フランス革命 (1789)
フリードリヒ大王 (在位1740-86):啓蒙専制君主

・赤穂浪士の討ち入り (1704):貴族の文化
・享保の改革 (1716)
・文化文政の文化
・杉田玄白『解体新書』(1774)
・上田秋成『雨月物語』(1776)
・近松門左衛門『曽根崎心中』(1703)

ナポレオン即位 (1804)
・神聖ローマ帝国滅亡 (1806)
・ドイツ解放戦争 (1813-14)
・フランス七月革命 (1830)
・ウィーン会議 (1814)
・二月革命 (1848)
・スイス永世中立国 (1815)
・ビーダーマイヤー様式

・十返舎一九 (1704)
・滝沢馬琴『南総里見八犬伝』(1814)
・鶴屋南北『東海道四谷怪談』(1825)
河竹黙阿弥

天保の改革 (1841-43)
ペリー来航 (1853)
・日米修好通商条約 (1858)
・大政奉還 (1867)
明治維新 (1868)
・戊辰戦争 (1868-69)

北米植民 (1861-65)
エリー運河開通 (1869)
英領インド帝国 (1877-1947)
・映画の発明 (1898)
[セザンヌ、ルノワール、モネなど]
・印象派絵画
西南の役 (1877)
普墺戦争 (1866)
鳥羽伏見 (1867)
日清戦争 (1894-95)
夏目漱石 (1867-1916)
パリ万博 (1889)

日露戦争 (1904-05)
ポツダム宣言受諾 (1923)
関東大震災 (1923)
日本国憲法公布 (1946)
第一次世界大戦 (1914-18)
ロシア革命 (1917)
ヴェルサイユ体制の成立 (1919)
世界恐慌 (1929)
第二次世界大戦 (1939-45)
太平洋戦争 (1941-45)
国際連合の成立 (1945)
・ドイツ統一 (1990)
・EU発足 (1993)
・ソビエト崩壊・新生ロシア (1991)
・アメリカ同時多発テロ (2001)
テレビ放送開始 (1953)
東京オリンピック (1964)
・大阪万博 (1970)
・石油危機 (1973)
・阪神淡路大震災 (1995)
・東日本大震災 (2011)

日本の音楽・音楽教育

[西洋音楽の受容と新たな展開]
滝廉太郎 (1879-1903)
山田耕筰 (1886-1965)
宮城道雄 (1894-1956)
・新日本音楽
・『君が代』作曲 (1880)
・オルガン、ピアノの国内製造 (1889-)

[メディアの発達と音楽の多様化]
歌謡曲・電子音楽
軍歌・グループサウンズ
・ニューミュージック
・カラオケの流行
J-POP
武満徹 (1930-96)
中田喜直 (1923-2000)

[童謡運動]
[唱歌教育の例証]

[唱歌運動から音楽教育へ]
伊澤修二 (1851-1917)
・音楽取調掛設置 (1879)
・芸能科音楽 (1941)
・創造的音楽学習
言文一致唱歌運動の出現 (1879)
・L.W.メーソン招聘 (1880)
・尋常小学唱歌 発行開始 (1911)
・『赤い鳥』創刊 (1918)
・諸民族の音楽の重視
・全日本音楽教育研究会発足 (1969)
・『小学唱歌集 初篇』(1881)
・宮内省雅楽科設置 (1870)
中山晋平 (1887-1952):『てるてる坊主』
・学習指導要領試案 (1932)
・第9次学習指導要領告示 (2017)

[唱歌教育]
雅楽局設置 (1870)
文部（文楽座開場1872）
・烏山藩軍楽隊 (1869)
・東京音楽学校設立 (1887)
・『君が代』公布 (1893)
・学制公布 (1872)
・唱歌遊戯実施 (1874)
・伊澤、唱歌遊戯実施

日本の邦楽

[近世邦楽の興隆]
黒沢琴古 (1710-71)
・女形の誕生
・常磐津節 (1747)
・長唄、箏曲、地歌の全盛
・長唄『京鹿子娘道成寺』初演 (1753)
山田検校 (1757-1817):箏曲
・新内節
・清元節創始 (1814)

[庶民への邦楽の教授]
・長唄『越後獅子』(1811)
・長唄『勧進帳』初演 (1840)
・歌舞伎 (1822)
・三味線音楽・箏曲の両民への個人教授
・寺子屋などでの小唄・端唄・仕舞の教習
（唱歌の基本）

4　小学校学習指導要領　音楽

第1　目　標
　表現及び鑑賞の活動を通して，音楽的な見方・考え方を働かせ，生活や社会の中の音や音楽と豊かに関わる資質・能力を次のとおり育成することを目指す。
(1)　曲想と音楽の構造などとの関わりについて理解するとともに，表したい音楽表現をするために必要な技能を身に付けるようにする。
(2)　音楽表現を工夫することや，音楽を味わって聴くことができるようにする。
(3)　音楽活動の楽しさを体験することを通して，音楽を愛好する心情と音楽に対する感性を育むとともに，音楽に親しむ態度を養い，豊かな情操を培う。

第2　各学年の目標及び内容
〔第1学年及び第2学年〕
1　目　標
(1)　曲想と音楽の構造などとの関わりについて気付くとともに，音楽表現を楽しむために必要な歌唱，器楽，音楽づくりの技能を身に付けるようにする。
(2)　音楽表現を考えて表現に対する思いをもつことや，曲や演奏の楽しさを見いだしながら音楽を味わって聴くことができるようにする。
(3)　楽しく音楽に関わり，協働して音楽活動をする楽しさを感じながら，身の回りの様々な音楽に親しむとともに，音楽経験を生かして生活を明るく潤いのあるものにしようとする態度を養う。
2　内　容
A　表　現
(1)　歌唱の活動を通して，次の事項を身に付けることができるよう指導する。
　ア　歌唱表現についての知識や技能を得たり生かしたりしながら，曲想を感じ取って表現を工夫し，どのように歌うかについて思いをもつこと。
　イ　曲想と音楽の構造との関わり，曲想と歌詞の表す情景や気持ちとの関わりについて気付くこと。
　ウ　思いに合った表現をするために必要な次の(ア)から(ウ)までの技能を身に付けること。

　　(ア)　範唱を聴いて歌ったり，階名で模唱したり暗唱したりする技能
　　(イ)　自分の歌声及び発音に気を付けて歌う技能
　　(ウ)　互いの歌声や伴奏を聴いて，声を合わせて歌う技能
(2)　器楽の活動を通して，次の事項を身に付けることができるよう指導する。
　ア　器楽表現についての知識や技能を得たり生かしたりしながら，曲想を感じ取って表現を工夫し，どのように演奏するかについて思いをもつこと。
　イ　次の(ア)及び(イ)について気付くこと。
　　(ア)　曲想と音楽の構造との関わり
　　(イ)　楽器の音色と演奏の仕方との関わり
　ウ　思いに合った表現をするために必要な次の(ア)から(ウ)までの技能を身に付けること。
　　(ア)　範奏を聴いたり，リズム譜などを見たりして演奏する技能
　　(イ)　音色に気を付けて，旋律楽器及び打楽器を演奏する技能
　　(ウ)　互いの楽器の音や伴奏を聴いて，音を合わせて演奏する技能
(3)　音楽づくりの活動を通して，次の事項を身に付けることができるよう指導する。
　ア　音楽づくりについての知識や技能を得たり生かしたりしながら，次の(ア)及び(イ)をできるようにすること。
　　(ア)　音遊びを通して，音楽づくりの発想を得ること。
　　(イ)　どのように音を音楽にしていくかについて思いをもつこと。
　イ　次の(ア)及び(イ)について，それらが生み出す面白さなどと関わらせて気付くこと。
　　(ア)　声や身の回りの様々な音の特徴
　　(イ)　音やフレーズのつなげ方の特徴
　ウ　発想を生かした表現や，思いに合った表現をするために必要な次の(ア)及び(イ)の技能を身に付けること。
　　(ア)　設定した条件に基づいて，即興的に音を選ん

だりつなげたりして表現する技能

(イ) 音楽の仕組みを用いて，簡単な音楽をつくる技能

B 鑑賞

(1) 鑑賞の活動を通して，次の事項を身に付けることができるよう指導する。

ア 鑑賞についての知識を得たり生かしたりしながら，曲や演奏の楽しさを見いだし，曲全体を味わって聴くこと。

イ 曲想と音楽の構造との関わりについて気付くこと。

〔共通事項〕

(1) 「A表現」及び「B鑑賞」の指導を通して，次の事項を身に付けることができるよう指導する。

ア 音楽を形づくっている要素を聴き取り，それらの働きが生み出すよさや面白さ，美しさを感じ取りながら，聴き取ったことと感じ取ったこととの関わりについて考えること。

イ 音楽を形づくっている要素及びそれらに関わる身近な音符，休符，記号や用語について，音楽における働きと関わらせて理解すること。

3 内容の取扱い

(1) 歌唱教材は次に示すものを取り扱う。

ア 主となる歌唱教材については，各学年ともイの共通教材を含めて，斉唱及び輪唱で歌う曲

イ 共通教材

〔第1学年〕

「うみ」
　　（文部省唱歌）林 柳波作詞　井上武士作曲
「かたつむり」
　　（文部省唱歌）
「日のまる」
　　（文部省唱歌）高野辰之作詞　岡野貞一作曲
「ひらいたひらいた」
　　（わらべうた）

〔第2学年〕

「かくれんぼ」
　　（文部省唱歌）林 柳波作詞　下総皖一作曲
「春がきた」
　　（文部省唱歌）高野辰之作詞　岡野貞一作曲
「虫のこえ」
　　（文部省唱歌）
「夕やけこやけ」
　　中村雨紅作詞　草川信作曲

(2) 主となる器楽教材については，既習の歌唱教材を含め，主旋律に簡単なリズム伴奏や低声部などを加えた曲を取り扱う。

(3) 鑑賞教材は次に示すものを取り扱う。

ア 我が国及び諸外国のわらべうたや遊びうた，行進曲や踊りの音楽など体を動かすことの快さを感じ取りやすい音楽，日常の生活に関連して情景を思い浮かべやすい音楽など，いろいろな種類の曲

イ 音楽を形づくっている要素の働きを感じ取りやすく，親しみやすい曲

ウ 楽器の音色や人の声の特徴を捉えやすく親しみやすい，いろいろな演奏形態による曲

〔第3学年及び第4学年〕

1 目　標

(1) 曲想と音楽の構造などとの関わりについて気付くとともに，表したい音楽表現をするために必要な歌唱，器楽，音楽づくりの技能を身に付けるようにする。

(2) 音楽表現を考えて表現に対する思いや意図をもつことや，曲や演奏のよさなどを見いだしながら音楽を味わって聴くことができるようにする。

(3) 進んで音楽に関わり，協働して音楽活動をする楽しさを感じながら，様々な音楽に親しむとともに，音楽経験を生かして生活を明るく潤いのあるものにしようとする態度を養う。

2 内　容

A 表現

(1) 歌唱の活動を通して，次の事項を身に付けることができるよう指導する。

ア 歌唱表現についての知識や技能を得たり生かしたりしながら，曲の特徴を捉えた表現を工夫し，どのように歌うかについて思いや意図をもつこと。

イ 曲想と音楽の構造や歌詞の内容との関わりについて気付くこと。

ウ 思いや意図に合った表現をするために必要な次の(ア)から(ウ)までの技能を身に付けること。

(ア) 範唱を聴いたり，ハ長調の楽譜を見たりして歌う技能

(イ) 呼吸及び発音の仕方に気を付けて，自然で無理のない歌い方で歌う技能

(ウ) 互いの歌声や副次的な旋律，伴奏を聴いて，

声を合わせて歌う技能

(2) 器楽の活動を通して，次の事項を身に付けることができるよう指導する。

ア　器楽表現についての知識や技能を得たり生かしたりしながら，曲の特徴を捉えた表現を工夫し，どのように演奏するかについて思いや意図をもつこと。

イ　次の(ア)及び(イ)について気付くこと。

(ア)　曲想と音楽の構造との関わり

(イ)　楽器の音色や響きと演奏の仕方との関わり

ウ　思いや意図に合った表現をするために必要な次の(ア)から(ウ)までの技能を身に付けること。

(ア)　範奏を聴いたり，ハ長調の楽譜を見たりして演奏する技能

(イ)　音色や響きに気を付けて，旋律楽器及び打楽器を演奏する技能

(ウ)　互いの楽器の音や副次的な旋律，伴奏を聴いて，音を合わせて演奏する技能

(3) 音楽づくりの活動を通して，次の事項を身に付けることができるよう指導する。

ア　音楽づくりについての知識や技能を得たり生かしたりしながら，次の(ア)及び(イ)をできるようにすること。

(ア)　即興的に表現することを通して，音楽づくりの発想を得ること。

(イ)　音を音楽へと構成することを通して，どのようにまとまりを意識した音楽をつくるかについて思いや意図をもつこと。

イ　次の(ア)及び(イ)について，それらが生み出すよさや面白さなどと関わらせて気付くこと。

(ア)　いろいろな音の響きやそれらの組合せの特徴

(イ)　音やフレーズのつなげ方や重ね方の特徴

ウ　発想を生かした表現や，思いや意図に合った表現をするために必要な次の(ア)及び(イ)の技能を身に付けること。

(ア)　設定した条件に基づいて，即興的に音を選択したり組み合わせたりして表現する技能

(イ)　音楽の仕組みを用いて，音楽をつくる技能

B　鑑　賞

(1) 鑑賞の活動を通して，次の事項を身に付けることができるよう指導する。

ア　鑑賞についての知識を得たり生かしたりしながら，曲や演奏のよさなどを見いだし，曲全体を味わって聴くこと。

イ　曲想及びその変化と，音楽の構造との関わりについて気付くこと。

〔共通事項〕

(1) 「A表現」及び「B鑑賞」の指導を通して，次の事項を身に付けることができるよう指導する。

ア　音楽を形づくっている要素を聴き取り，それらの働きが生み出すよさや面白さ，美しさを感じ取りながら，聴き取ったことと感じ取ったこととの関わりについて考えること。

イ　音楽を形づくっている要素及びそれらに関わる音符，休符，記号や用語について，音楽における働きと関わらせて理解すること。

3　内容の取扱い

(1) 歌唱教材は次に示すものを取り扱う。

ア　主となる歌唱教材については，各学年ともイの共通教材を含めて，斉唱及び簡単な合唱で歌う曲

イ　共通教材

〔第3学年〕

「うさぎ」

（日本古謡）

「茶つみ」

（文部省唱歌）

「春の小川」

（文部省唱歌）高野辰之作詞　岡野貞一作曲

「ふじ山」

（文部省唱歌）巌谷小波作詞

〔第4学年〕

「さくらさくら」

（日本古謡）

「とんび」

葛原しげる作詞　梁田貞作曲

「まきばの朝」

（文部省唱歌）船橋栄吉作曲

「もみじ」

（文部省唱歌）高野辰之作詞　岡野貞一作曲

(2) 主となる器楽教材については，既習の歌唱教材を含め，簡単な重奏や合奏などの曲を取り扱う。

(3) 鑑賞教材は次に示すものを取り扱う。

ア　和楽器の音楽を含めた我が国の音楽，郷土の音楽，諸外国に伝わる民謡など生活との関わりを捉えやすい音楽，劇の音楽，人々に長く親しまれている音楽など，いろいろな種類の曲

イ　音楽を形づくっている要素の働きを感じ取りや

すく，聴く楽しさを得やすい曲

ウ　楽器や人の声による演奏表現の違いを聴き取り
やすい，独奏，重奏，独唱，重唱を含めたいろ
いろな演奏形態による曲

〔第5学年及び第6学年〕

1　目　標

(1)　曲想と音楽の構造などとの関わりについて理解す
るとともに，表したい音楽表現をするために必要
な歌唱，器楽，音楽づくりの技能を身に付けるよ
うにする。

(2)　音楽表現を考えて表現に対する思いや意図をもつ
ことや，曲や演奏のよさなどを見いだしながら音
楽を味わって聴くことができるようにする。

(3)　主体的に音楽に関わり，協働して音楽活動をする
楽しさを味わいながら，様々な音楽に親しむとと
もに，音楽経験を生かして生活を明るく潤いのあ
るものにしようとする態度を養う。

2　内　容

A　表　現

(1)　歌唱の活動を通して，次の事項を身に付けること
ができるよう指導する。

ア　歌唱表現についての知識や技能を得たり生かし
たりしながら，曲の特徴にふさわしい表現を工
夫し，どのように歌うかについて思いや意図を
もつこと。

イ　曲想と音楽の構造や歌詞の内容との関わりにつ
いて理解すること。

ウ　思いや意図に合った表現をするために必要な次
の(ア)から(ウ)までの技能を身に付けること。

(ア)　範唱を聴いたり，ハ長調及びイ短調の楽譜を
見たりして歌う技能

(イ)　呼吸及び発音の仕方に気を付けて，自然で無
理のない，響きのある歌い方で歌う技能

(ウ)　各声部の歌声や全体の響き，伴奏を聴いて，
声を合わせて歌う技能

(2)　器楽の活動を通して，次の事項を身に付けること
ができるよう指導する。

ア　器楽表現についての知識や技能を得たり生かし
たりしながら，曲の特徴にふさわしい表現を工
夫し，どのように演奏するかについて思いや意
図をもつこと。

イ　次の(ア)及び(イ)について理解すること。

(ア)　曲想と音楽の構造との関わり

(イ)　多様な楽器の音色や響きと演奏の仕方との関
わり

ウ　思いや意図に合った表現をするために必要な次
の(ア)から(ウ)までの技能を身に付けること。

(ア)　範奏を聴いたり，ハ長調及びイ短調の楽譜を
見たりして演奏する技能

(イ)　音色や響きに気を付けて，旋律楽器及び打楽
器を演奏する技能

(ウ)　各声部の楽器の音や全体の響き，伴奏を聴い
て，音を合わせて演奏する技能

(3)　音楽づくりの活動を通して，次の事項を身に付け
ることができるよう指導する。

ア　音楽づくりについての知識や技能を得たり生か
したりしながら，次の(ア)及び(イ)をできるように
すること。

(ア)　即興的に表現することを通して，音楽づくり
の様々な発想を得ること。

(イ)　音を音楽へと構成することを通して，どのよ
うに全体のまとまりを意識した音楽をつくる
かについて思いや意図をもつこと。

イ　次の(ア)及び(イ)について，それらが生み出すよさ
や面白さなどと関わらせて理解すること。

(ア)　いろいろな音の響きやそれらの組合せの特徴

(イ)　音やフレーズのつなげ方や重ね方の特徴

ウ　発想を生かした表現や，思いや意図に合った表
現をするために必要な次の(ア)及び(イ)の技能を身
に付けること。

(ア)　設定した条件に基づいて，即興的に音を選択
したり組み合わせたりして表現する技能

(イ)　音楽の仕組みを用いて，音楽をつくる技能

B　鑑　賞

(1)　鑑賞の活動を通して，次の事項を身に付けること
ができるよう指導する。

ア　鑑賞についての知識を得たり生かしたりしなが
ら，曲や演奏のよさなどを見いだし，曲全体を
味わって聴くこと。

イ　曲想及びその変化と，音楽の構造との関わりに
ついて理解すること。

〔共通事項〕

(1)　「A表現」及び「B鑑賞」の指導を通して，次の
事項を身に付けることができるよう指導する。

ア　音楽を形づくっている要素を聴き取り，それら
の働きが生み出すよさや面白さ，美しさを感じ
取りながら，聴き取ったことと感じ取ったこと

第Ⅴ部　初等音楽科教育の資料研究

との関わりについて考えること。

イ　音楽を形づくっている要素及びそれらに関わる
音符，休符，記号や用語について，音楽におけ
る働きと関わらせて理解すること。

3　内容の取扱い

(1)　歌唱教材は次に示すものを取り扱う。

ア　主となる歌唱教材については，各学年ともイの
共通教材の中の3曲を含めて，斉唱及び合唱で
歌う曲

イ　共通教材

〔第5学年〕

「こいのぼり」

（文部省唱歌）

「子もり歌」

（日本古謡）

「スキーの歌」

（文部省唱歌）林　柳　波作詞　橋本国彦作曲
はやしりゅうは　　　　　　　　はしもとくにひこ

「冬げしき」

（文部省唱歌）

〔第6学年〕

「越天楽今様（歌詞は第2節まで）」
えてんらくいまよう

（日本古謡）　慈鎮和尚作歌
じちん

「おぼろ月夜」

（文部省唱歌）高野辰之作詞　岡野貞一作曲
たかのたつゆき　　　　おかのていいち

「ふるさと」

（文部省唱歌）高野辰之作詞　岡野貞一作曲
たかのたつゆき　　　　おかのていいち

「われは海の子（歌詞は第3節まで）」

（文部省唱歌）

(2)　主となる器楽教材については，楽器の演奏効果を
考慮し，簡単な重奏や合奏などの曲を取り扱う。

(3)　鑑賞教材は次に示すものを取り扱う。

ア　和楽器の音楽を含めた我が国の音楽や諸外国の
音楽など文化との関わりを捉えやすい音楽，
人々に長く親しまれている音楽など，いろいろ
な種類の曲

イ　音楽を形づくっている要素の働きを感じ取りや
すく，聴く喜びを深めやすい曲

ウ　楽器の音や人の声が重なり合う響きを味わうこ
とができる，合奏，合唱を含めたいろいろな演
奏形態による曲

第3　指導計画の作成と内容の取扱い

1　指導計画の作成に当たっては，次の事項に配慮す
るものとする。

(1)　題材など内容や時間のまとまりを見通して，その
中で育む資質・能力の育成に向けて，児童の主体
的・対話的で深い学びの実現を図るようにするこ
と。その際，音楽的な見方・考え方を働かせ，他
者と協働しながら，音楽表現を生み出したり音楽
を聴いてそのよさなどを見いだしたりするなど，
思考，判断し，表現する一連の過程を大切にした
学習の充実を図ること。

(2)　第2の各学年の内容の「A表現」の(1)，(2)及び(3)
の指導については，ア，イ及びウの各事項を，
「B鑑賞」の(1)の指導については，ア及びイの各
事項を適切に関連させて指導すること。

(3)　第2の各学年の内容の〔共通事項〕は，表現及び
鑑賞の学習において共通に必要となる資質・能力
であり，「A表現」及び「B鑑賞」の指導と併せ
て，十分な指導が行われるよう工夫すること。

(4)　第2の各学年の内容の「A表現」の(1)，(2)及び(3)
並びに「B鑑賞」の(1)の指導については，適宜，
〔共通事項〕を要として各領域や分野の関連を図
るようにすること。

(5)　国歌「君が代」は，いずれの学年においても歌え
るよう指導すること。

(6)　低学年においては，第1章総則の第2の4の(1)を
踏まえ，他教科等との関連を積極的に図り，指導
の効果を高めるようにするとともに，幼稚園教育
要領等に示す幼児期の終わりまでに育ってほしい
姿との関連を考慮すること。特に，小学校入学当
初においては，生活科を中心とした合科的・関連
的な指導や，弾力的な時間割の設定を行うなどの
工夫をすること。

(7)　障害のある児童などについては，学習活動を行う
場合に生じる困難さに応じた指導内容や指導方法
の工夫を計画的，組織的に行うこと。

(8)　第1章総則の第1の2の(2)に示す道徳教育の目標
に基づき，道徳科などとの関連を考慮しながら，
第3章特別の教科道徳の第2に示す内容につい
て，音楽科の特質に応じて適切な指導をするこ
と。

2　第2の内容の取扱いについては，次の事項に配慮
するものとする。

(1)　各学年の「A表現」及び「B鑑賞」の指導に当
たっては，次のとおり取り扱うこと。

ア　音楽によって喚起されたイメージや感情，音楽
表現に対する思いや意図，音楽を聴いて感じ

取ったことや想像したことなどを伝え合い共感
するなど，音や音楽及び言葉によるコミュニ
ケーションを図り，音楽科の特質に応じた言語
活動を適切に位置付けられるよう指導を工夫す
ること。

イ　音楽との一体感を味わい，想像力を働かせて音
楽と関わることができるよう，指導のねらいに
即して体を動かす活動を取り入れること。

ウ　児童が様々な感覚を働かせて音楽への理解を深
めたり，主体的に学習に取り組んだりすること
ができるようにするため，コンピュータや教育
機器を効果的に活用できるよう指導を工夫する
こと。

エ　児童が学校内及び公共施設などの学校外におけ
る音楽活動とのつながりを意識できるようにす
るなど，児童や学校，地域の実態に応じ，生活
や社会の中の音や音楽と主体的に関わっていく
ことができるよう配慮すること。

オ　表現したり鑑賞したりする多くの曲について，
それらを創作した著作者がいることに気付き，
学習した曲や自分たちのつくった曲を大切にす
る態度を養うようにするとともに，それらの著
作者の創造性を尊重する意識をもてるようにす
ること。また，このことが，音楽文化の継承，
発展，創造を支えていることについて理解する
素地となるよう配慮すること。

(2)　和音の指導に当たっては，合唱や合奏などの活動
を通して和音のもつ表情を感じ取ることができる
ようにすること。また，長調及び短調の曲におい
ては，Ⅰ，Ⅳ，Ⅴ及びⅤ₇などの和音を中心に指
導すること。

(3)　我が国や郷土の音楽の指導に当たっては，そのよ
さなどを感じ取って表現したり鑑賞したりできる
よう，音源や楽譜等の示し方，伴奏の仕方，曲に
合った歌い方や楽器の演奏の仕方などの指導方法
を工夫すること。

(4)　各学年の「Ａ表現」の(1)の歌唱の指導に当たって
は，次のとおり取り扱うこと。

ア　歌唱教材については，我が国や郷土の音楽に愛
着がもてるよう，共通教材のほか，長い間親し
まれてきた唱歌，それぞれの地方に伝承されて
いるわらべうたや民謡など日本のうたを含めて
取り上げるようにすること。

イ　相対的な音程感覚を育てるために，適宜，移動

ド唱法を用いること。

ウ　変声以前から自分の声の特徴に関心をもたせる
とともに，変声期の児童に対して適切に配慮す
ること。

(5)　各学年の「Ａ表現」の(2)の楽器については，次の
とおり取り扱うこと。

ア　各学年で取り上げる打楽器は，木琴，鉄琴，和
楽器，諸外国に伝わる様々な楽器を含めて，演
奏の効果，児童や学校の実態を考慮して選択す
ること。

イ　第１学年及び第２学年で取り上げる旋律楽器
は，オルガン，鍵盤ハーモニカなどの中から児
童や学校の実態を考慮して選択すること。

ウ　第３学年及び第４学年で取り上げる旋律楽器
は，既習の楽器を含めて，リコーダーや鍵盤楽
器，和楽器などの中から児童や学校の実態を考
慮して選択すること。

エ　第５学年及び第６学年で取り上げる旋律楽器
は，既習の楽器を含めて，電子楽器，和楽器，
諸外国に伝わる楽器などの中から児童や学校の
実態を考慮して選択すること。

オ　合奏で扱う楽器については，各声部の役割を生
かした演奏ができるよう，楽器の特性を生かし
て選択すること。

(6)　各学年の「Ａ表現」の(3)の音楽づくりの指導に当
たっては，次のとおり取り扱うこと。

ア　音遊びや即興的な表現では，身近なものから多
様な音を探したり，リズムや旋律を模倣したり
して，音楽づくりのための発想を得ることがで
きるよう指導すること。その際，適切な条件を
設定するなど，児童が無理なく音を選択したり
組み合わせたりすることができるよう指導を工
夫すること。

イ　どのような音楽を，どのようにしてつくるかな
どについて，児童の実態に応じて具体的な例を
示しながら指導するなど，見通しをもって音楽
づくりの活動ができるよう指導を工夫するこ
と。

ウ　つくった音楽については，指導のねらいに即
し，必要に応じて作品を記録させること。作品
を記録する方法については，図や絵によるも
の，五線譜など柔軟に指導すること。

エ　拍のないリズム，我が国の音楽に使われている
音階や調性にとらわれない音階などを児童の実

態に応じて取り上げるようにすること。
(7) 各学年の「B鑑賞」の指導に当たっては，言葉などで表す活動を取り入れ，曲想と音楽の構造との関わりについて気付いたり理解したり，曲や演奏の楽しさやよさなどを見いだしたりすることができるよう指導を工夫すること。
(8) 各学年の〔共通事項〕に示す「音楽を形づくっている要素」については，児童の発達の段階や指導のねらいに応じて，次のア及びイから適切に選択したり関連付けたりして指導すること。
　ア　音楽を特徴付けている要素
　　　音色，リズム，速度，旋律，強弱，音の重なり，和音の響き，音階，調，拍，フレーズなど
　イ　音楽の仕組み
　　　反復，呼びかけとこたえ，変化，音楽の縦と横との関係など

(9) 各学年の〔共通事項〕の(1)のイに示す「音符，休符，記号や用語」については，児童の学習状況を考慮して，次に示すものを音楽における働きと関わらせて理解し，活用できるよう取り扱うこと。

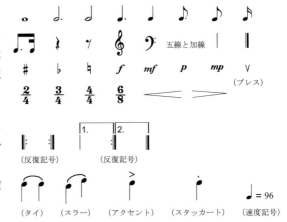

事項・人名索引

（当該語句や人名についての詳しい説明や基本的情報を記載しているページは，ゴシック表記とした。）

あ行

ICT　*105*, 120, 121
アウトリーチ　*117*, 118
アンサンブル　33, 96, 98, 99, 194, 196, 198, 202, 217
伊澤修二　14, 15, 152, 225
井上武士　136, 137
ヴァイオリン　105, 110, 200, 205–207
ヴィオラ　205, 207
ヴィブラフォン　68, 69
ウィンドホイッスル　200
ヴォイス・アンサンブル　198
ウッドブロック　67, 74, 197, 200
裏声　58–61, 109, 198
エレメンターレ・ムジーク　222
オーケストラ　66, 67, 105, 112, 117, 121, 128, 201, 217, 218
大太鼓（バス・ドラム）　67, 74
大太鼓（和太鼓）　70, 203
岡野貞一　42, 140, 141, 146, 147, 156, 157, 168–170, 184–188, 227, 228, 230
オスティナート　63, 98, 99, 222
オルガン　24, 69, 105, 224, 225, 231
オブリガート　63
オルフ（Carl Orff）　20, 68, 72, 98, 113, 222, 225
オルフ楽器　68, 197, 222
オルフ・シュールヴェルク　98, 99, 222
音楽教育の会　20
音楽的発達　49–52, 117
音楽取調掛　14, 15, 160, 225
音楽の仕組み　26, 27, 72, 74, 75, 77, 83, 84, 90, 116, 127, 219, 227–229, 232
音楽の縦と横の関係　27, 29, 33, 74, 75, 84, 90, 116, 232
音楽を形づくっている要素　6, 7, 10, 26, 27, 33, 40, 62, 75, 79, 84, 86, 89, 90, 113, 115, 116, 121, 200–207, 227–230, 232
音楽を特徴付けている要素　27, 75, 84, 90, 116, 232

か行

外国人児童生徒　108, 114
階名唱　62, 116, 146, 158, 223
雅楽　103–105, 134, 182, 224, 225
学制　14, 225
カスタネット　66, 74
鉦　109, 203
カノン　29, 63, 87, 98, 99, 206, 222
歌舞伎　103, 116, 225
観点別学習状況　38, 40
ギター　94, 105, 108
教育勅語　15
教育評価　38
胸声　59–61
共通教材　16–20, 23, 42, 55, 114, 129, 136–191, 214, 227, 228, 230, 231
〔共通事項〕　19, 22, 27, 33, 41, 63, 65, 75, 84, 89–95, 98, 99, 104, 116, 219, 221–230, 232
郷土の音楽　23, 26, 70, 87, 103, 104, 114, 228, 231
クエングワリ（ケンガリ）　109
グローバル化　9, 104, 114
グロッケン（グロッケンシュピール）　68, 69
芸術音楽　79, 104, 105, 107, 223
形成的評価　39
芸能科音楽　14, 18, 144, 225
現代音楽　79, 96, 98, 223
鍵盤ハーモニカ　21, 24, 68, 69, 75, 96, 121, 197, 198, 205, 231
言文一致唱歌　16, 225
古楽　69, 72, 110
コダーイ（Kodály Zoltán）　20, 223, 225
小太鼓（スネア・ドラム）　67, 203
コンガ　67, 74, 222
コントラバス　205, 207

さ行

サウンドスケープ　20, 106
サクソフォーン　203
サミング　70, 195
サムルノリ　109, 110
シェーファー（Raymond Murray Schafer）　20, 106, 223
J-POP　59, 104, 107, 225
地声　58, 60, 61, 109

た行

自己評価　39, 40, 120
指導要録　38, 40
篠笛　203
締太鼓　70, 203
下総皖一　144, 145, 183
尺八　72, 85, 119, 206, 224
三味線　72, 119, 224, 225
生涯音楽学習　118
『小学唱歌集』　14, 15, 225
諸外国（諸民族）の音楽　20, 26, 104, 105, 106, 108, 225, 230
シロフォン　68, 69, 221
『尋常小学唱歌』　16, 17, 138, 140, 154, 156, 158, 164, 168, 172, 176, 180, 184, 186, 225
診断的評価　39
シンバル　66, 67
図形楽譜　72, 213, 223
鈴　66, 74, 119, 165, 197, 224
スレイベル　66
声域　59, 60, 175
声区　58–61
箏　71, 72, 85, 98, 103, 119, 121, 134, 152, 160, 206, 225
総括的評価　39
創造的音楽学習（CMM）　20, 223, 225
即興　25, 26, 65, 68, 73, 74, 76, 78, 79, 113, 197, 198, 220, 222, 223, 226, 228, 229, 231

高野辰之　42, 140, 146, 147, 156, 157, 168–170, 184–188, 227, 228, 230
多文化音楽教育　108, 225
田村虎蔵　16, 142
ダルクローズ（Émile Jaques-Dalcroze）　221, 225
タンギング　69, 70, 97, 110, 195
タンブリン　66, 74, 194, 195, 197
チェロ　196, 203–205, 207
チェンジボイス　58, 61
チャンゴ（チャング）　109
聴取　42, 43, 51, 65, 81–88, 104, 105, 200–207, 223
DTM　120, 121
ティンパニ　201, 203

鉄琴　24, 68, 99, 194, 195, 198, 231
電子オルガン　21, 196
電子キーボード　124, 199, 218
電子楽器　24, 120, 129, 231
伝統音楽　20, 21, 61, 79, 103, 104, 108, 117, 223
伝統芸能　112, 116
東京音楽学校　14, 15, 140, 144, 176, 225
頭声　59-61, 109
童謡　16, 17, 104, 111, 150, 162
童謡運動　16, 150, 225
トガトン　105
トーン・クラスター　76
トーンチャイム　197, 198
銅鑼　109
トライアングル　66
トランペット　83, 202
ドローン　98, 105, 198, 207
トロンボーン　203

な・は行

認知的技能　50-52
能, 能楽　103, 104, 109, 224
パートナーソング　63
ハープ　202
ハーモニカ　68, 69, 105,
バグパイプ　105, 207
発声, 発声法　17, 20, 36, 39, 57-61, 64, 76, 111
囃子　70, 87, 98, 203
パフォーマンス評価　41, 44
ハンドサイン　116, 223

ハンドベル　197
反復　16, 27, 29, 33, 74-76, 79, 84, 90, 96, 98, 105, 113, 116, 136, 200, 202-204, 219, 232
評価規準　35-38, 40-45, 211, 214, 217, 219
ファルセット　59
ブク　109
ふしづくりの教育　20
フルート　202
フロアタム　198
文楽　103, 223
ペインター（John Paynter）　20, 79, 223
変化　12, 26-29, 45, 53, 54, 58, 75, 76, 84, 90, 97, 105, 109, 116, 127, 132, 135, 162, 176, 180, 196, 198, 200-203, 205-207, 228, 229, 232
変声期　59, 116, 230
ポートフォリオ（ポートフォリオ評価法）　217
ポピュラー音楽　20, 104, 107, 108, 135, 223
ホルン　201-203
ボンゴ　67, 74

ま行

マリンバ　68, 218
宮城道雄　206, 225
ミュージッキング　118
民俗音楽　104, 107
民族音楽　104, 105, 108, 117, 223
民族楽器　72, 197, 207

民謡　15, 23, 26, 35, 36, 61, 70, 86, 104, 105, 108, 109, 114, 116, 132, 134, 182, 204, 223, 225, 228, 231
メーソン（Luther Whiting Mason）　14, 15, 225
メタ認知　40, 44, 45
メタロフォン　68, 222
メヌエット　92, 110, 196, 202
目標に準拠した評価　38-40
木琴　24, 67, 68, 99, 194, 195, 203, 218, 231

や行

様式（スタイル）　50, 51, 71, 79, 96, 98, 109, 110, 132, 222, 225
呼びかけとこたえ（コール＆レスポンス）　27, 29, 33, 62, 75, 84, 90, 105, 116, 152, 219, 232

ら行

リコーダー　21, 24, 42, 55, 69, 70, 72, 87, 96, 97, 121, 194-196, 198, 202, 205, 207, 217, 218, 231
リズム唱　223
リトミック　113, 221, 225
輪唱　18, 23, 28, 61, 63, 87, 96, 99, 171, 206, 227

わ行

和楽器　21, 24, 26, 70-72, 103, 117, 119, 206, 228, 230, 231
和太鼓　70, 71, 110, 119
わらべ歌（わらべうた）　20, 23, 26, 28, 61, 96, 104, 113, 114, 128, 134, 142-144, 223, 227, 231

楽曲索引

(当該楽曲についての詳しい説明や基本的情報を記載しているページは，ゴシック表記とした。)

あ行

アイネ・クライネ・ナハトムジーク　*86*, 205
赤とんぼ　*97*
アラベスク（ブルグミュラー作曲）　*92*
アルルの女　*202*
いっしょにならそうよ　*113*
威風堂々　*98*, 217-218
いろはにこんぺいと　*96*
ヴァイオリン・ソナタ（フランク作曲）　*87*, 206
うさぎ　152, 153, *228*
うみ　*18*, *31*, 32, 136, 137, *223*, *227*
エーデルワイス　*96*
越天楽今様　182, 183, *230*
大きな古時計　*97*
おどるこねこ（The Waltzing Cat）　*86*, 200, *211*, *212*
おぼろ月夜　*16*, *130*, 184, 185, *230*

か行

かえるのうた　*96*
かくれんぼ　144, 145, *227*
風になりたい　*96*
かたつむり　*28*, 138, 139, *227*
鐘が鳴る　*61*, 99
カノン（パッヘルベル作曲）　*98*
神田囃子　*87*, 203
カントリーロード　*33*, 97
汽車にのって　*33*, 194, 195
君が代　*15*, *16*, 189, *225*, *230*
ギャロップ　*90*
きらきら星　*105*
クラッピング・ミュージック　219-221

さ行

軽騎兵　202
こいのぼり　*130*, 172, 173, *230*
こきりこ節　*35*, 36, *86*, *109*, 116, 204
こぶたぬきつねこ　*29*, 62
子もり歌　174, 175, *230*
さくらさくら　*75*, 98, 160, 161, *228*
さんぽ　*192*
出発《冬のかがり火》より　201
スキーの歌　*17*, *130*, 176-179, *230*
ソーラン節　*35*, 86, *109*, 204

た行

旅立ちの日に　59
茶つみ　154, 155, *228*
剣の舞《ガイーヌ》より　203
動物の謝肉祭　204, *211*, *212*
どこかで春が　*111*
ドレミの歌　*28*, 97
とんび　*130*, 162, 163, *228*

な・は行

日本古謡さくらによる変奏曲　98
人形のゆめと目ざめ　201
白鳥　*86*, 204
箱根八里　*205*
花　*97*, 205
花のワルツにもとづくパラフレーズ　211-213
春がきた　*16*, *32*, *63*, *129*, 146, 147, *227*
春の海　*85*, 206
春の小川　*128*, *130*, 156, 157, *228*
ピーターと狼　*211*, 213
日のまる　140, 141, *227*
ひらいたひらいた　142, 143, *227*

ま行

Believe　*63*, *128*, *193*
ふじ山　*16*, *63*, *130*, 158, 159, 214-216, *228*
冬げしき　180, 181, *230*
冬のかがり火　201
ふるさと　*16*, *32*, *128*, *130*, 186-188, *230*
ぶんぶんぶん　95
まきばの朝　*17*, 164-167, *228*
ます　*86*, 207
マンボ No.5　*96*
虫のこえ　*16*, 148, 149, *227*
メヌエット（クリーガー作曲）　196
メヌエット（ビゼー作曲，《アルルの女》より）　*86*, 202
メヌエット（ベートーヴェン作曲）　*110*
メヌエット（ペツォルト作曲）　*92*
もみじ　*16*, *29*, *43*, *130*, 168-171, *228*

や行

やまびこごっこ　*62*
夕やけこやけ　*60*, 61, *130*, 150, 151, *227*
ゆかいなまきば　*96*
ゆかいな木きん　*96*

ら・わ行

ラデツキー行進曲　*85*, 200
ルパン三世のテーマ　98
われは海の子　*16*, *130*, 190, 191, *230*

《監修者紹介》

よしだたけお
吉田武男（筑波大学名誉教授，関西外国語大学短期大学部教学担当顧問・教授）

《執筆者紹介》（所属，分担，執筆順，＊は編著者）

ささのえりこ
＊笹野恵理子（編著者紹介参照：はじめに，第Ⅰ部第5章1，2節）

つだまさゆき
津田正之（国立音楽大学音楽学部教授：第Ⅰ部第1章）

やましたかおるこ
山下 薫子（東京藝術大学音楽学部教授：第Ⅰ部第2章）

かんみちこ
菅 道子（和歌山大学教育学部教授：第Ⅰ部第3章1〜3節，第Ⅲ部2-「小中接続」）

かしした たつや
樫下達也（京都教育大学教育学部准教授：第Ⅰ部第3章4〜6節，第Ⅳ部3-「歌唱
　　共通教材の研究」「器楽教材の研究」）

しんざんおうまさかず
新山王政和（愛知教育大学創造科学系学系長・教授：第Ⅰ部第4章）

すずきしんいちろう
鈴木慎一朗（鳥取大学地域学部教授：第Ⅰ部第5章3節，第Ⅳ部3-「歌唱共通教材
　　の研究」「歌唱教材の研究」）

こやまはなえ
小山英恵（東京学芸大学教育学部准教授：第Ⅰ部第6章）

みとひろみち
水戸博道（明治学院大学心理学部教授：第Ⅱ部第7章1節）

たかくらひろみつ
髙倉弘光（筑波大学附属小学校教諭：第Ⅱ部第7章2節，第Ⅴ部1）

なかじまとしお
中嶋俊夫（横浜国立大学教育学部教授：第Ⅱ部第8章）

きたやまあつやす
北山敦康（静岡大学名誉教授：第Ⅱ部第9章，第Ⅳ部1-「指揮法」）

てらうちだいすけ
寺内大輔（広島大学教育学部准教授：第Ⅱ部第10章，第Ⅳ部3-「音楽づくり教材の
　　研究」）

てらだたかお
寺田貴雄（北海道教育大学教育学部札幌校教授：第Ⅱ部第11章）

まつながようすけ
松永洋介（岐阜大学教育学部教授：第Ⅱ部第12章）

なかじまさゆき
中地雅之（東京学芸大学教育学部教授：第Ⅱ部第13章）

はせがわまこと
長谷川 慎（静岡大学教育学部教授：第Ⅲ部1-「日本の音楽」）

たなかたかこ
田中多佳子（京都教育大学教育学部教授：第Ⅲ部1-「諸外国（諸民族）の音楽」）

いしでかずや
石出和也（北海道教育大学教育学部札幌校准教授：第Ⅲ部1-「サウンド・エデュケー
　　ション」）

もりかおる
森 薫（埼玉大学教育学部准教授：第Ⅲ部1-「ポピュラー音楽」）

磯田三津子（埼玉大学教育学部准教授：第Ⅲ部1-「多文化音楽教育」）

志民一成（国立教育政策研究所教育課程調査官：第Ⅲ部1-コラム①，2-「幼保小接続」）

奥　忍（関西外国語大学英語キャリア学部非常勤講師：第Ⅲ部1-コラム②）

朴　実（民族民衆文化牌ハンマダン：第Ⅲ部1-コラム③）

山名敏之（和歌山大学教育学部教授：第Ⅲ部1-コラム④，第Ⅳ部3-「歌唱共通教材の研究」）

加藤晴子（元 岐阜聖徳学園大学教育学部教授：第Ⅲ部2-「音楽教育と他教科との連携」）

佐川　馨（山形大学学術研究院教授：第Ⅲ部2-「特別活動における音楽教育」）

上野智子（和歌山大学教育学部准教授：第Ⅲ部2-「特別支援教育における音楽科教育」）

杉江淑子（滋賀大学名誉教授：第Ⅲ部2-「グローバル社会における音楽教育」）

今　由佳里（鹿児島大学学術研究院法文教育学域教育学系准教授：第Ⅲ部2-「ゲスト・ティーチャーとの連携」）

林　睦（滋賀大学教育学部教授：第Ⅲ部2-コラム⑤）

西島千尋（金沢大学人間社会研究域講師：第Ⅲ部2-コラム⑥）

上岡菜穂（三重県伊賀市立崇広中学校教諭：第Ⅲ部2-コラム⑦）

杉田政夫（福島大学人間発達文化学類教授：第Ⅲ部2-コラム⑧）

深見友紀子（大東文化大学文学部教授：第Ⅲ部3-「音楽科教育のICT化」）

高見仁志（佛教大学教育学部教授：第Ⅲ部4-「音楽科教育に求められる教師の力量」）

山口博明（京都教育大学教育学部教授：第Ⅳ部1-「伴奏法」，3-「歌唱共通教材の研究」「歌唱教材の研究」）

難波正明（京都女子大学発達教育学部教授：第Ⅳ部2）

大澤弘之（大阪成蹊大学教育学部教授：第Ⅳ部3-「歌唱共通教材の研究」「歌唱教材の研究」）

小笠原真也（京都教育大学教育学部教授：第Ⅳ部3-「歌唱共通教材の研究」「歌唱教材の研究」）

楠井淳子（大阪成蹊短期大学准教授：第Ⅳ部3-「歌唱共通教材の研究」「歌唱教材の研究」）

古庵晶子（京都ノートルダム女子大学現代人間学部准教授：第Ⅳ部3-「歌唱共通教

材の研究」「歌唱教材の研究」)

田邉織恵（京都教育大学教育学部准教授：第Ⅳ部3-「歌唱共通教材の研究」「歌唱教材の
研究」)

小林美貴子（北海道教育大学教育学部札幌校准教授：第Ⅳ部3-「鑑賞教材の研究」)

齊藤　豊（東京学芸大学附属世田谷小学校教諭：第Ⅴ部1）

長島　礼（関西学院大学教育学部准教授：第Ⅴ部2-「ダルクローズのリトミック」)

門脇早聰子（茨城大学教育学部助教：第Ⅴ部2-「オルフの音楽教育」)

吉田直子（池坊短期大学准教授：第Ⅴ部2-「コダーイの音楽教育」)

渡会純一（東北福祉大学教育学部准教授：第Ⅴ部2-「創造的音楽学習」)

関口博子（京都女子大学発達教育学部教授：第Ⅴ部3）

日本音楽著作権協会（出）許諾第1715505-701

《編著者紹介》

笹野恵理子（ささの・えりこ）

関西外国語大学英語キャリア学部教授
愛知県生。高知大学教育学部，京都教育大学教育学部，立命館大学産業社会学部を経て，現職。
『日韓教科教育入門』（共著，弘耕出版，韓国）
『音楽教育史論叢第Ⅲ巻（下）』（共著，開成出版）
『音楽教育学の未来──日本音楽教育学会設立40周年記念論文集』（共著，音楽之友社）
ハンネローレ・ファウルシュテッヒ＝ヴィーラント著『ジェンダーと教育──男女別学・共学論争を超えて』（共
　訳，青木書店）
ジークリト・アーベル＝シュトルート著『音楽教育学大綱』（共訳，音楽之友社）

MINERVA はじめて学ぶ教科教育⑦
初等音楽科教育

| 2018年4月30日 | 初版第1刷発行 | 〈検印省略〉 |
| 2024年3月20日 | 初版第5刷発行 | |

定価はカバーに
表示しています

編 著 者	笹　野　恵理子
発 行 者	杉　田　啓　三
印 刷 者	藤　森　英　夫

発行所　株式会社　ミネルヴァ書房

607-8494　京都市山科区日ノ岡堤谷町1
電話代表　（075）581-5191
振替口座　01020-0-8076

ⓒ笹野恵理子ほか，2018　　　　　　　　　亜細亜印刷

ISBN978-4-623-08160-8
Printed in Japan

MINERVA はじめて学ぶ教科教育

監修　吉田武男

新学習指導要領 ［平成29年改訂］ に準拠　　全10巻＋別巻 1

◆　B5判／美装カバー／各巻190〜260頁／各巻予価2200円（税別）　◆

① 初等国語科教育
塚田泰彦・甲斐雄一郎・長田友紀 編著

② 初等算数科教育
清水美憲 編著

③ 初等社会科教育
井田仁康・唐木清志 編著

④ 初等理科教育
大髙　泉 編著

⑤ 初等外国語教育
卯城祐司 編著

⑥ 初等図画工作科教育
石﨑和宏・直江俊雄 編著

⑦ 初等音楽科教育
笹野恵理子 編著

⑧ 初等家庭科教育
河村美穂 編著

⑨ 初等体育科教育
岡出美則 編著

⑩ 初等生活科教育
片平克弘・唐木清志 編著

別 現代の学力観と評価
樋口直宏・根津朋実・吉田武男 編著

【姉妹編】

MINERVA はじめて学ぶ教職 全20巻＋別巻 1

監修 吉田武男　B5判／美装カバー／各巻予価2200円（税別）〜

① 教育学原論　　　　　　　　　滝沢和彦 編著
② 教職論　　　　　　　　　　　吉田武男 編著
③ 西洋教育史　　　　　　　　　尾上雅信 編著
④ 日本教育史　　　　　　　　　平田諭治 編著
⑤ 教育心理学　　　　　　　　　濱口佳和 編著
⑥ 教育社会学　　　　飯田浩之・岡本智周 編著
⑦ 社会教育・生涯学習　手打明敏・上田孝典 編著
⑧ 教育の法と制度　　　　　　　藤井穂高 編著
⑨ 学校経営　　　　　　　　　　浜田博文 編著
⑩ 教育課程　　　　　　　　　　根津朋実 編著
⑪ 教育の方法と技術　　　　　　樋口直宏 編著
⑫ 道徳教育　　　　　　　　　田中マリア 編著

⑬ 総合的な学習の時間
佐藤　真・安藤福光・緩利　誠 編著
⑭ 特別活動　　　　　　吉田武男・京免徹雄 編著
⑮ 生徒指導　　　　　　花屋哲郎・吉田武男 編著
⑯ 教育相談
高柳真人・前田基成・服部　環・吉田武男 編著
⑰ 教育実習　　　　　　三田部勇・吉田武男 編著
⑱ 特別支援教育
小林秀之・米田宏樹・安藤隆男 編著
⑲ キャリア教育　　　　　　　　藤田晃之 編著
⑳ 幼児教育　　　　　　　　　　小玉亮子 編著
別 現代の教育改革　　　　　　　徳永　保 編著

―――――――――――― ミネルヴァ書房 ――――――――――――

https://www.minervashobo.co.jp/